AF553992

प्राचीन कवि

प्राचीन कवि

विश्वम्भर 'मानव'

लोकभारती प्रकाशन

लोकभारती प्रकाशन
पहली मंजिल, दरबारी बिल्डिंग, महात्मा गाँधी मार्ग
इलाहाबाद-211 001

वेबसाइट : www.lokbhartiprakashan.com
ईमेल : info@lokbhartiprakashan.com

शाखाएँ : 1-बी, नेताजी सुभाष मार्ग, दरियागंज
नयी दिल्ली-110 002

अशोक राजपथ, साइंस कॉलेज के सामने
पटना-800 006 (बिहार)

36-ए, शेक्सपियर सरणी
कोलकाता-700 017

वर्तमान संस्करण : 2008
पुनर्मुद्रण : 2011, 2016, 2021

आंस्था पेपर कन्वर्टर
प्रयागराज द्वारा मुद्रित

PRACHIN KAVI
by Vishvambhar 'Manav'

ISBN : 978-81-8031-275-5

मूल्य : ₹ 250

स्वर्गीय मैथिलीशरण गुप्त को

अनुक्रम

●

प्राचीन काव्य

वेद हमारे प्राचीनतम ग्रंथ हैं। जिस भाषा में इनकी रचना हुई है, उसे 'वैदिक भाषा' कहते हैं। वे किसी पुरुष की कृतियाँ नहीं हैं, उनका ज्ञान ईश्वरीय कृपा से हम पर प्रकट हुआ है; इसी से वे 'अपौरुषेय' कहे जाते हैं। इस भाषा को नियमबद्ध करके जब प्रचलित किया गया, तो उसका नाम 'संस्कृत' पड़ा। संस्कृत का अर्थ ही होता है-संस्कार की हुई वस्तु। प्रत्येक देश में एक विद्वानों की भाषा होती है। दूसरी जनता की। विद्वानों में भाषा को दुरूह बनाने की प्रवृत्ति होती है। अत: जब संस्कृत भी दुरूह होने लगी, तो देश में प्रचलित मूल भाषा से प्राकृत का जन्म हुआ। प्राकृत का अर्थ होता है-स्वाभाविक। प्राकृत ने समय-समय पर तीन रूप धारण किए-

प्रथम प्राकृत—पाली

द्वितीय प्राकृत—शौरसेनी

तृतीय प्राकृत—अपभ्रंश

अपभ्रंश के दुरूह होने पर जो भाषा अस्तित्व में आई, उसे 'हिन्दी' नाम दिया गया। अत: जो लोग संस्कृत को हिंदी की जननी समझते हैं, वे भूल करते हैं। हिंदी का जन्म अपभ्रंश से हुआ है। आगे चलकर यह हिंदी तीन धाराओं में विभक्त हो गयी-(1) ब्रज (2) अवधी और (3) खड़ी बोली।

कुछ विद्वान हिन्दी साहित्य के इतिहास का प्रारंभ बहुत पीछे ले जाकर सातवीं शताब्दी से मानते हैं; पर सन् 1000 ऐसा समय है जिसका विरोध कोई नहीं करता। इस दृष्टि से हिन्दी के पिछले एक सहस्र वर्ष के काव्य का विभाजन चार प्रमुख कालों में किया जाता है-

(1) वीरगाथा-काल — सन् 1000-1300

(2) भक्ति-काल — सन् 1300-1650

(3) रीति-काल — सन् 1650-1850

(4) आधुनिक-काल — सन् 1850- अब तक

इस प्रकार हिन्दी साहित्य के इतिहास की धारा पिछले एक हजार वर्ष से अप्रतिहत गति से प्रवाहित होती चली आ रही है। इस बीच इस महान् देश के सिर पर होकर न जाने कितनी राजनीतिक आँधियाँ उतर गयीं, इसकी धरती पर न जाने कितने धार्मिक आंदोलन उठ खड़े हुए और वातावरण में न जाने कितनी सामाजिक तथा अन्य प्रकार की क्रांतियाँ हुई। उन सभी से रस लेकर न जाने कितने छोटे -बड़े स्रोत इसमे आकर मिल गए। नदी में आकर नया जल न मिले, तो वह सूख जाती है। अत: किसी प्रवृत्ति की नवीनता साहित्य के किसी काल को उसके इतिहास से पृथक नहीं करती, वरन् जोड़ती है।

आधुनिक कविता को प्राचीन काव्य से पृथक करने वाली मुख्य बात साहित्य में खड़ी बोली का ग्रहण है। इस आधार पर कुछ लोग आधुनिक साहित्य का अध्यन पृथक रूप से करने लगे हैं और इस प्रयत्न में है कि इसे उसकी गौरवमयी परंपरा से विच्छिन्न कर दें। यह प्रवृत्ति साहित्य के लिये घातक सिद्ध होगी। यह ठीक हैं कि प्राचीन काव्य में ब्रज और अवधि का विकास विशेष रूप से हुआ–खड़ी बोली के कुछ उदाहरण अमीर खुसरों और रहीम आदि के काव्य में ही पाये जाते हैं–लेकिन ब्रज, अवधि और खड़ी बोली तीनों ही हिन्दी की उपभाषाएं हैं, जिन्हे समय–समय पर भाषा के रूप में परिवर्तित होने का गौरव प्राप्त हुआ। ऐसी दशा में, इन तीनों का विकास ही हिंदी का विकास है। इस दृष्टि से हमें 'कामायनी' से पहले, 'रामचरित–मानस' और 'सूरसागर' पर गर्व होना चाहिये। भविष्य में खड़ी बोली की देन कितनी ही महान् क्यों न हो; पर इतना स्मरण रखना चाहिये कि तुलसी–दास को छोड़कर हम जीवित नहीं रह सकते। वे भारतीय संस्कृति के मेरुदण्ड हैं।

आलोचक के लिए साहित्य के सम्पूर्ण विकास की जानकारी अपेक्षित है, अत: आधुनिक काव्य को समझने के लिए भी प्राचीन काव्य का अध्ययन अनिवार्य रहेगा–अपनी परम्परा के परिचय के लिए और उसे उचित परिप्रेक्ष्य में रखकर देखने के लिए भी। यदि हम साहित्य के किसी भी काल से अपरिचित है, तो हम उसके किसी अन्य काल के प्रति भी न्याय नहीं कर सकेंगे। हमें अपने साहित्य को सभी युगों की ऊंचाइयों से परिचित होना चाहिये। मेरा विश्वास है कि जो व्यक्ति रामचरितमानस, पद्मावत और सूरसागर कीं गरिमा को नहीं पहचानता, वह साकेत, कामायनी और प्रिय–प्रवास के सम्बन्ध में भी अतिरंजित ढंग की बातें करेगा।

प्राचीन काव्य ने भाषा की दृष्टि से जिन बोलियों को स्वीकार किया, उन्हें तो विकास की चरम सीमा पर पहुँचा ही दिया, विषयों की विविधता और भावों की उत्कृष्टता एवं गहराई की दृष्टि से भी वह बड़ा समृद्ध है। देश पर आक्रमण और अत्याचार करने वालों के विरोध में जिस वीर–काव्य का सृजन

हुआ, वह हमारी धमनियों में रक्त संचार करने वाला है। इसके अतिरिक्त एक बड़े विषय के रूप में युद्ध के सामान्य वर्णन भी हृदय में स्पंदन जगाते हैं। इस दिशा में च्रंद बरदायी, जागनिक, भूषण और लाल की वीर-रसात्मक वाणी जैसी ओजमयी है, वैसे ही प्रभावशाली युद्ध के वे वर्णन भी हैं जो तुलसी, जायसी, केशव तथा पद्माकर की लेखनी से निकलते हैं। हमारे कुछ श्रेष्ठ आलोचकों ने चंद तथा भूषण आदि को सामंती तथा जातीय कवि कहकर बड़ी भूल का परिचय दिया है। ये लोग अन्याय के विरुद्ध न्याय के पक्ष में, असत् के विरुद्ध सत् के पक्ष में खड़े होने वाले साहस के पुतले हैं; अत: उनकी वीर वाणी को उसी रूप में ग्रहण करना चाहिए। हमारे ये कवि उतने ही आदर के पात्र हैं, जितने इस युग के राष्ट्रकवि स्वर्गीय मैथलीशरण गुप्त, माखनलाल चतुर्वेदी, दिनकर और सुभद्राकुमारी चौहान-बल्कि इनसे भी अधिक। ये वे लोग थे जिन्होंने अपने प्राणों को संकट में डालकर तथा युद्ध को अपनी आँखों से देखकर अपने काव्य का सृजन किया था। इसी से अतीत का वीर-काव्य अपनी स्वाभाविकता, शक्ति और प्रभाव में अतुलनीय है।

प्राचीन काव्य का दूसरा बड़ा विषय अध्यात्म है, जिसे निर्गुण और सगुण तथा रहस्यवाद और भक्ति के रूप में विभाजित करके देखा जाता है। अपनी मूल प्रवृति में यह विभाजन एक प्रकार की पूर्णता का परिचायक है। लेकिन आचार्य रामचन्द्र शुक्ल ने अध्यात्म के विभिन्न स्तरों की चर्चा करते हुये गोस्वामी तुलसीदास का पक्ष लेकर जो इनमें आनुपातिक महत्व की बात उठायी है, वह भ्रामक है और उसका निराकरण होना चाहिए। भक्ति-काल के चार प्रमुख कवियों में कबीर और जायसी निर्गुण के उपासक हैं, सूर और तुलसी सगुण के। पहले दो रहस्यवादी हैं, पिछले भक्त। लेकिन इनके काव्य को यदि एक ही अध्यात्म के विविध सोपानों के रूप में हम देखें, तो एक भिन्न ही प्रकार की बात सिद्ध होती है। कबीर अद्वैतवादी थे, जायसी प्रतिबिंबवादी, सूर शुद्धाद्वैतवादी और तुलसी विशिष्टद्वैतवादी। दार्शनिक शब्दावली की दुरूहता को हटाकर देखें, तो कबीर निर्गण के उपासक होते हुए भी जगत को विरक्ति की दृष्टि से देखते थे। जायसी भी निगुर्ण के प्रेमी थे; लेकिन वे संसार के सौंदर्य को ब्रह्म के सौंदर्य का प्रतिबिंब मानकर सृष्टि को प्रेम का आस्पद भी स्वीकार करते थे। तुलसी धरती को इसलिए प्रणम्य समझते हैं, क्योंकि इस पर ब्रह्म ने राम के रूप में अवतार लिया है। साथ ही मनुष्य-स्वभाव के सत् और असत् पक्ष पर उनकी दृष्टि हैं; वे इस वसुंधरा पर एक आदर्श जीवन की कल्पना भी करते है। सूर इसे भगवान की लीला-भूमि समझते हैं; यही कारण है कि उनके यहाँ गोस्वामी जी का मर्यादा-भाव शिथिल हो गया है। सूर के इस राधा-भाव ने ही रीति-काव्य को जन्म देकर

अध्यात्म के बन्धन से हमें मुक्ति दिलायी। जैसा आचार्य रामचन्द्र शुक्ल का मत है काव्य और लोक की दृष्टि से गोस्वामी तुलसीदास की दृष्टि ही अधिक मंगलमयी है; लेकिन जहाँ तक काव्य में आध्यात्मिक दृष्टि का सम्बन्ध है, मुझे कबीर को चेतना सबसे अधिक विकसित लगती है। काव्य में ग्रहीत अद्धैतवाद का उच्चतम रूप उन्हीं में पाया जाता है। शेष कवियों की कल्पना तो व्यावहारिक अधिक है। यह बात केवल तात्विक दृष्टि से कही जा रही है। वैसे कबीर, कुल मिलाकर, जायसी सूर और तुलसी जैसे बड़े कवि नहीं हैं।

ये कवि मूलत: सत्य के अन्वेषी थे; अत: सभी ने असत् की तुलना में सत् का पक्ष लिया है। काव्य के क्षेत्र में ये सभी चिरंतन, पावन और सुन्दर भावनाओं के पोषक हैं। जीवन में अंतत: ये आध्यात्मिक मूल्यों के समर्थक हैं। किसी ने खुलकर, किसी ने संकेत से, किसी ने प्रतीक रूप में और किसी ने किसी माध्यम द्वारा मानव-जीवन के उत्थान में ईश्वरीय करुणा को सहायक माना है। गोस्वामी तुलसीदास ने तो आत्मा की पुकार को एक महती समस्या के रूप में प्रस्तुत कर 'विनय-पत्रिका' नाम से एक स्वतंत्र ग्रंथ की रचना ही कर डाली। ये सभी सच्चे साधक थे और सबसे बड़ी बात यह कि सभी भारतीय संस्कृति के ज्ञाता, व्याख्याता और प्रचारक थे।

पृथक रूप से भी इन कवियों के व्यक्तित्व की अपनी विशेषताएँ हैं। सबसे पहले कबीर का सत्य के प्रति आग्रह हमे चकित करता है। उनका व्यक्तित्व अनपढ़ शिला के समान दृढ़ है। धर्म के ढोंग को चीरकर सामने रखने वाला यही एक व्यक्ति हैं पंद्रहवी शताब्दी में पंडितों और मुल्लाओं को जैसी खरी बातें उन्होंने सुनायीं, वैसी बातें कहने का साहस आज भी किसी में नहीं है-विशेष रूप से उस समय जब हमारा युग सभी दिशाओं में खुले भ्रष्टाचार का युग है। सत्य के प्रति इस आग्रह के कारण ही कबीर की वाणी में एक प्रकार का तीखापन, कटु व्यंग्य और खुले प्रहार करने का गुण है। अप्रिय होने पर भी यह वाणी हमें प्रिय लगती है, क्योंकि यह सत्य की वाणी है, एक सच्चे व्यक्ति की आत्मा की वाणी है। कबीर सच्चे अर्थ में जनता के कवि थे।

सूफीमत की विशेष देन सौंदर्य की विश्व-व्यापी चेतना है। जायसी में प्रकृति की सुन्दरता भी पायी जाती है, जीवन की सुन्दरता भी और आध्यात्मिक सुन्दरता भी। सुन्दरता के जितने पहलुओं से इस एक कवि का परिचय है, उतना और किसी का नहीं। जायसी ने धरती-आकाश की सुन्दरता को एक कर दिया है। 'पद्मावत' के अध्ययन से सौंदर्य के प्रसंगों में पाठक जिस आनन्द की अनुभूति करता है, वह अवर्णनीय है।

सूरदास मन की मुक्ति के कवि हैं। स्त्री और पुरुष की कल्पना उन्होंने प्रकृति के दो स्वतन्त्र एवं पूरक तत्वों के रूप में की है। प्रणय का जैसा उन्मुक्त वातावरण उनके काव्य में पाया जाता है, वैसा आज के स्वच्छंदतावादी कवियों के काव्य में भी नहीं। रास उस महानंद का प्रतीक है।

तुलसी आस्था के हिमगिरि हैं। जीवन और जगत, कर्म उपासना ज्ञान, भाव विचार और कल्पना, अपने स्थान पर सब ठीक हैं; पर इनके बीच से प्रवाहित होने वाली जो प्राण-शक्ति है, उसका नाम है कवि की आस्था। जीवन में उनकी खोज का आदि मध्य और अवसान, यह आस्था ही है। ऐसा पवित्र आत्म-विवेदन और कहाँ मिलेगा?

इस प्रकार भक्ति-काल में कबीर सत्य के, जायसी सौन्दर्य के, सूर प्रेम के और तुलसी आस्था के कवि हैं।

भक्ति-काल में जैसे काव्य का प्रमुख विषय अध्यात्म था, रीति-काल में वैसे ही नारी हो गई। अध्यात्म के उतार के चिन्ह सूरदास में ही विद्यमान हैं। अष्टछाप के अन्य कवियों में यह प्रवृत्ति और बढ़ती दिखाई देती है। भक्ति और श्रंगार के मेल का परिणाम यही होता है। माधुर्य भाव की उपासिका मीराबाई में लौकिक संकेतों की कमी नहीं हैं। 'रसखान' में, जिन्होंने भक्ति को लोक-प्रिय बनाने का प्रयत्न किया, मानवीय दुर्बलताओं की ओर झुकाव और भी स्पष्ट है। रीति-काल के कवियों, जैसे देव और बिहारी में अध्यात्म का यह ह्रास पूर्ण हो गया। इस प्रकार, रीति-काव्य लौकिक-भावना का काव्य हैं। यह परिवर्तन काव्य और जीवन दोनों के विकास के लिए आवश्यक था।

भावना के इस काव्य में देव और बिहारी, मतिराम और घनानंद , ठाकुर और आलम, पद्मकार और रसलीन सभी का योग है। इनके काव्य में लौकिक जीवन की सुंदरता और महत्व को स्वीकार किया गया है। प्रेम को जीवन का अनिवार्य तत्व माना गया है। इन्हीं मान्यताओं के आधार पर इस काव्य में काम की दुर्दमनीय वृत्ति, नारी-शरीर की कमनीयता, मन के प्रबल आकर्षण, संयोग वियोग पुनर्मिलन तथा प्रणय-जीवन को अन्य अगणित परिस्थितियों का रसमय चित्रण मिलता है। यह काव्य जीवन की स्वाभाविकता का परिचायक है; अत: जो इससे नाक-भौं सिकोड़ता हुआ, इसे हेय सिद्ध करता है, उसे ऊपर से ही नहीं, भीतर से भी भारी पाखंडी समझना चाहिए।

रीति-कालीन-काव्य चिंतन-प्रधान भी है। यह चिंतन जीवन की सीमाओं के भीतर से उसकी ज्वलंत समस्याओं को लेकर हुआ है। जीवन में केवल भावना से काम नहीं चलता, उसके पथ की बाधाओं को पार करने के लिए बुद्धि के सहयोग की भी अपेक्षा है। जीवन की कठिनाइयों पर विजय प्राप्त

करने के लिए जन-साधारण को अनुभवी लोगों के व्यावहारिक ज्ञान की आवश्यकता पड़ती ही है। अतः दीनदयाल गिरि, वृंद और गिरिधर कविराय ने काव्य के आवरण में जो व्यावहारिक बातें कहीं हैं, उन्हें जीवन में आस्था दृढ़ करने वाले तथा उसे सुखमय और सुन्दर बनाने वाले समझने चाहिए।

रीति-काव्य का एक बहुत बड़ा अंश विवेचनात्मक है। हिन्दी में यह विवेचन संस्कृत-साहित्य के आधार पर हुआ है। भक्ति-काल के अंत तक हिंदी-काव्य समृद्धि हो चला था; अतः कवियों की दृष्टि काव्य के विविध अंगों के विश्लेषण, विवेचन और स्थापना की ओर गयी। हिन्दी का गद्य क्योंकि अभी तक विकसित नहीं हो पाया था; अतः यह काम पद्य के माध्यम से सम्पन्न हुआ। काव्य में रस, अलंकार, छंद, नायिका-भेद, शब्द-शक्ति, नख-शिख और ऋतु-वर्णन आदि के निरूपण करने वाले ऐसे ग्रन्थों को शास्त्रीय भाषा में रीति-ग्रन्थ कहते हैं। इसी से इसका नाम 'रीति काल' पड़ा। काव्य-शास्त्र के ऐसे मर्मज्ञ कवियों में हम केशवदास (कवि प्रिया, रसिक प्रिया), चिंतामणि त्रिपाठी (काव्य विवेक, काव्य प्रकाश, छंद विचार), महाराज जसवंतसिंह (भाषा-भूषण), मतिराम (ललित ललाम, रसराज, छंदासार) भूषण (शिवराज भूषण) और पद्माकर (पद्माभरण) आदि के नाम ले सकते हैं।

इस प्रकार रीति-काल भावना, चिंतन और विवेचन के तत्वों को अपने में समेटे हुए है।

संक्षेप में अतीत का काव्य जीवन के संघर्ष का, जीवन के लक्ष्य का, जीवन के आनंद का काव्य है।

888, कल्याणीदेवी
इलाहाबाद-3

—**मानव**

चंद बरदाई

चंद बरदाई का जन्म सन् 1148 में लाहौर में हुआ। इनके पिता का नाम राव वैण था। राणा वेण अजमेर के चौहानों के पुरोहित थे, इसी से चंद को अपने पिता के साथ राजकुल के सम्पर्क मे आने का सौभाग्य प्राप्त हुआ। चंद भट्ट जाति के जगात नामक गोत्र के थे। वाल्यकाल से ही ये प्रतिभाशाली सिद्ध हुए और शीघ्र ही इन्होंने भाषा, साहित्य, व्याकरण, छंद, पुराण, ज्योतिष आदि पर अधिकार प्रदर्शित किया। अजमेर के अधिकारी और दिल्ली के सम्राट् पृथ्वीराज की दृष्टि को इन्होंने आकर्षित किया और ये केवल राज्य-कवि ही नहीं घोषित हुए, महाराज के सम्मति-दाता और मित्र भी बन गये। चंद कोरे कवि ही नहीं थे। अस्त्र-शस्त्र की विधिवत् शिक्षा भी इन्होंने प्राप्त की थीं और आक्रमणों के समय वे सदैव सेना के साथ रहकर अपने रण-कौशल का परिचय देते थें। दुर्गा के ये भक्त थे और उन्हीं के अनुग्रह-दान से अपने काव्य में इन्हें विशेष सफलता मिली।

चंद बरदायी के दो विवाह हुए। पहली पत्नी का नाम कमला और दूसरी का गौरी था। उनके 11 संतानें हुई, जिनमें 10 लड़के और 1 लड़की थी चंद के पुत्रों में जल्दचंद या जल्हण बहुत प्रसिद्ध हुआ। प्रसिद्ध है कि जैसे बाण के पुत्र ने कादंबरी के उत्ताराद्ध को पूर्ण किया था, उसी प्रकार जल्हग ने रासो के अंतिम भाग की पूर्ति की-

रासो जल्हण हत्थ दै चलि गज्जन नृप काज।

महामहोपाध्याय पं हरप्रसाद शास्त्री ने प्राचीन ऐतिहासिक ग्रन्थों की खोज में राजपूताने का भ्रमण किया। इस यात्रा में नानूराम नामक एक भाट से शास्त्री जी की भेंट हुई। नानूराम ने अपने को चंद का वंशज बतलाया और चंद के समय से अपने समय तक की एक वंशावली शास्त्री जी को दी, जो पं0 रामचन्द्र शुक्ल के 'हिंदी साहित्य के इतिहास' में रक्षित है। इससे चंद के केवल दो पुत्रों का पता चलता है—एक गुणचंद, दूसरे जल्लचंद का। गुणचंद की किसी संतान का उल्लेख किसी वंशावली में नहीं है, पर जल्द की वंश-परंपरा पाई जाती है।

चंद की वंश-परम्परा का दूसरा पता सूरदास की 'साहित्य लहरी' से लगता है, जिसके अनुसार स्वयं सूरदास चंद के वंशज ठहरते हैं। इसमें पहले एक यज्ञ से 'ब्रह्मराव' उत्पन्न हुए, जिनका नामकरण-संस्कार स्वयं ब्रह्मा ने किया और जिन्हें दूध देवी ने पिलाया। उन्हीं ब्रह्मराव के उज्ज्वल वंश में हमारे चंद उत्पन्न हुए।

इस प्रकार एक ओर नानूराम जी और 'साहित्य लहरी' की वंशावलियाँ प्रस्तुत की जाती हैं, जिनसे चंद पृथ्वीराज के कृपापात्र और स्नेही ठहरते हैं। नानूराम जी का कहना है कि पृथ्वीराज ने जो नागौर बसाया था वहाँ बहुत सी भूमि चंद को दी थी, जहाँ उनके वंशज अभी तक हैं। 'साहित्य लहरी' में स्पष्ट लिखा है-भूप पृथ्वीराज दीन्हों तिन्हें ज्वाला देश। दूसरी ओर अनेक विद्वान् जिनमें प्रमुख रायबहादुर पं0 गौरीशंकर हीराचन्द ओझा हैं, चन्द को न पृथ्वीराज का समसामयिक मानते हैं और न रासो को उस काल की रचना। अतः इस दृष्टि चन्द का पृथ्वीराज के दरबार में आना, उनका मित्र होना, उनके साथ युद्धों में सम्मिलित होना, गोर में शब्दवेधी बांण द्वारा मुहम्मद गोरी की हत्या होने पर महाराज और चन्द का एक दूसरे के कलेजे में छुरी मारकर आत्म-हत्या कर लेना, सब असत्य सिद्ध होते हैं।

चंद पृथ्वीराज के समकालीन हों अथवा न हों, पर यह विश्वास अभी तक अडिग है कि पृथ्वीराज-रासों चंद की रचना है। यह रासों 69 समयों अथवा सर्गों में समान हुआ है, जिसके अंतिम दस समय चन्द के पुत्र जल्हण ने पूरे किए। पृथ्वीराज-रासो ढाई हजार पृष्ठों का हिंदी का प्रथम महाकाव्य है। हिंदी के लिए यह बहुत बड़े दुर्भाग्य की बात है कि उसके चन्द, तुलसी, सूर जैसे महाकवियों का वास्तविक जीवन-चरित्र अभी तक अन्धकार के गर्भ में विलीन है और उसके उल्लेख के लिये ऐतिहासिक तथ्यों का कम तथा किंवदंतियों का अधिक आश्रय लेना पड़ता है।

रासो से चन्द की विद्वता, वीरता, सह्रदयता और मित्र-भक्ति का परिचय प्रचुर परिणाम में मिलता है। यदि यह सत्य है कि पृथ्वीराज और चन्द को मृत्यु युद्ध-भूमि अथवा आत्म-हत्या से एक दिन और एक साथ हुई, तब चन्द ने अपनी लौकिक लीला सन् 1192 में समाप्त की।

परिस्थितियाँ

पृथ्वीराज के जन्म से सवा चार सौ वर्ष पूर्व मुहम्मद बिन कासिम ने सन् 712 में सिंध पर आक्रमण किया था। राजनीतिक दृष्टि से अरब लोगों की यह विजय अस्थायी और असफल रही। हिन्दुओं ने थोड़ी सुख की साँस ली कि तुर्कों ने इस देश पर आक्रमण कर दिया। अलप्तगीन के एक दास सुबुक्तगीन

ने सन् 994 के आस-पास उत्तरी पश्चिमी पंजाब के शासक जयपाल पर दो आक्रमण किए। इसके उपरांत तो उसके सबसे ज्येष्ठ पुत्र महमूद गजनी ने सन् 1000 और 1026 के बीच भारत पर सत्रह बार आक्रमण करके देश की अपार धनराशि को ही नहीं लूटा, धर्म के अंध आवेश में यहाँ के असंख्य बीरों और निरीह प्रजा के रक्त से भी अपने क्रूर हाथों को रँगा। महमूद के उत्तराधिकारी दुर्बल और विलासी निकले। परिणाम यह हुआ कि गजनवियों का राज्य गोरियों के हस्तगत हुआ। इनमें भारत पर सबसे प्रथम आक्रमण करने वाला मुहम्मद गोरी था। मुहम्मद ने पहले महमूद के भारतीय उत्तराधिकारी खुसरो मलिक को बंदी बनाया और फिर भारत के अंतर में उसने प्रवेश किया। इस समय गुजरात में बघेले, कन्नौज में राठौर, दिल्ली और अजमेर में चौहान तथा बुन्देलखंड में चन्देले शासन करते थे। पहली बार मुहम्मद गोरी का सामना सन् 1191 में तरायन के क्षेत्र में चौहान पृथ्वीराज से हुआ। इस बार परास्त और अपमानित होकर सुल्तान गोर लौट आया, परन्तु दूसरे ही वर्ष 1192 में उसने उसी स्थान पर सम्प्रट् को पराजित ही नहीं किया, उसके जीवन का अंत भी कर डाला। दो वर्ष बाद जयचन्द भी मुसलमानों से लड़ते मारा गया और इस प्रकार शीध्र ही देश शताब्दियो के लिए मुसलमानों की अधीनता भोगने के लिए विवश हुआ।

विदेशियों के आतंक ने ही देश के शरीर पर घाव नहीं किए थे, आपस के द्वेष और मिथ्या गौरव की भावना ने भी मातृ-भूमि की छाति को झीना कर डाला था। देश मंडलों में बँटा हुआ था और एक दूसरे को हानि पहुँचाकर अपमानित करने में ही राजपूत अपना गौरव समझते थे। जहाँ देश एक विदेशी डाकू से सत्रह बार लुट जाये और वहाँ की जनता और शस्त्रधारी सेना कुछ न कर सकें, इससे अधिक जातीय ह्रास और आपस की फूट का और ज्वलंत उदाहरण क्या हो सकता है? पृथ्वीराज मुहम्मद गोरी का सामना करने के लिए कटिबद्ध हो और जयचन्द जैसा प्रतापी राजा देश का साथ न दे, इससे बड़ा आत्मिक पतन और क्या होगा।? मुसलमानों के आक्रमण की चर्चा से छोटे-छोटे राजा तो भय से ही आत्म-समर्पण कर देते थे। अपने-अपने वंश की श्रेष्ठता, अपने-अपने स्वार्थ औ: व्यक्तिगत कलह ने राजपूतों को असमर्थ बना दिया था और क्योंकि युद्ध-कला उनकी अपनी निजी कला थी, अत: सामान्य प्रजा सैनिक शिक्षा के अभाव में कुछ विशेष सहायता न कर पाती थी।

जिस समय विदेशियों के आक्रमण नहीं होते थे, उस समय राजपूत अपनी-अपनी शक्ति का परिचय एक दूसरे को देते रहते थे। यदि रासो में पृथ्वीराज के विवाह और युद्धों पर विश्वास किया जाय, तो समझना चाहिए कि

बिना युद्ध के विवाह हो ही नहीं सकता था। उस समय की बारात का अर्थ था सेना। हो सकता है कि आज की बारात उसी प्रथा की सूचक और स्थानापन्न हो। 'जिसकी लाठी उसकी भैंस' की गँवारू कहावत को यदि दूसरे शब्दों में कहना चाहें तो 'जिसकी तलवार उसकी राजकुमारी कहना होगा।

देश धन-धान्य से पूर्ण था और जनता विष्णु और शिव की उपासक थी। सोमनाथ के मन्दिर के शिवलिंग को जब महमूद गजनी तोड़ना चाहा, तब पुजारियों ने उसे बना रहने देने के लिए असंख्य धनराशि का लोभ दिया था।

इन्हीं स्थितियों में इस देश की भाषा अपभ्रंश से बदलकर हिंदी का रूप धारण कर रही थी। उस समय लेखनी खड्ग की अनिवार्य संगिनी हो उठी थी। चन्द कवि इसी हलचल में उत्पन्न हुये।

हिन्दी की प्रारम्भिक रचनाओं का जन्म युद्ध की गोद में हुआ, युद्ध-प्रिय जाति की यश गाथा गाने के लिए हुआ, युद्ध-भावना को जन्म देने और जगाने के लिए हुआ, ऐसे व्यक्तियों के द्वारा हुआ जो लेखनी उठाना ही नहीं, खड्ग खीचना भी जानते थे। जो स्याही में कलम डुबाना ही नहीं, छाति में भाले भी भोंकना जानते थें। वे केवल राजदरबार में ही अपनी वाणी की गूँज न छोड़ते थे, रणभूमि में भी सैनिकों में उत्साह भरते थे। वह काल एक ओर विदेशी लुटेरों और राज्य लोलुपों के भयंकर आतंक और दूसरी ओर राजपूतों की आपस की कलह और विद्वेष की अग्नि में उनकी समृद्धि के स्वाहा होने का था। उस समय वीरता की बात सुहाती और सुनी जाती थी। परिणामस्वरूप जो वीर रसात्मक रचनायें अस्तित्व में आई, उनकी प्रधानता के कारण यह काल वीरगाथा-काल कहलाया। विद्वानों ने इसका विस्तार सम्वत् 1050 से 1375 तक माना है।

भूपति उस समय कवियों का मान करते थे और उन्हें अपना आश्रय-दान देते थें। भारत में उस समय दो राजा अधिक प्रसिद्ध थे। एक कन्नौज के अधिपति राठौर वंशी महाराजा जयचन्द और दूसरे अजमेर के सम्राट् चौहान वंशी महाराज पृथ्वीराज। महोबे के चन्देल परमाल की भी उनके दो वीर सांमतों आल्हा और ऊदल के कारण बड़ी ख्याति थी। परमाल जयचन्द के मित्र थे। पृथ्वीराज के यहाँ महाकवि चन्द, जयचन्द के यहाँ भट्ट केदार और परमाल के यहाँ जगनिक जैसे वाणी-सिद्ध कवि रहते थे। इन तीनों ने क्रमशः पृथ्वीराज-रासो, जयचन्द प्रकाश और आल्हा जैसी प्रसिद्ध रचनाओं को जन्म दिया।

उस समय कितना लिखा गया, कितना नष्ट हुआ और कितना बच रहा, उसका स्पष्ट लेखा आज हिन्दी के पास नहीं है। पर आज जो बच रहा है वह उस समय की गतिविधि को स्पष्ट करने के लिये यथेष्ट है। खोज से सम्भव है

नवीन लेखकों, नवीन रचनाओं और नवीन तथ्यों पर नवीन प्रकाश पड़े, पर जो प्रस्तुत है उसमें भी बहुत कुछ संशयात्मक है। चन्द का प्रकांड प्रयत्न भी इसी प्रकार के काव्य ग्रन्थों में से एक है।

रासो का एक सर्ग

हिंदी में चंद का नाम महाकवियों की श्रेणी में गिना जाता है। यद्यपि आज के विद्वानों के अन्वेषणों ने यह सप्रमाण सिद्ध कर दिया है कि पृथ्वीराज-रासों अपने आधुनिक रूप में चंद की कृति नहीं हो सकता, उसमें बहुत से प्रक्षिप्त अंश बाद में मिलाये गए हैं, फिर भी उसमें बहुत कुछ अब भी ऐसा है जो हमें चंद की प्रतिभा के दर्शन कराता है। उनके काव्य के विवेचन के लिए हम 'रासो' के 'पद्मावत समय' को लेते हैं। यह रासो का बीसवाँ समय, प्रस्ताव अथवा सर्ग है। पहले ही कह चुके हैं कि रासो में 69 समय हैं।

कहानी–पूर्व दिशा में समुद्र शिखर नामक गढ़ का अधिपति विजयपाल एक यादववंशी राजा था। उसके प्रतापी पुत्र कुंवरसेन की एक अत्यन्त सुन्दरी कन्या थी, जिसका नाम पद्मावती था। पद्मावती इतनी रूपवती थी कि पशु-पक्षी उसके रूप को देखकर ठगे से रह जाते थे। एक बार एक तोते ने उसके अधर को बिंबाफल समझकर उसका रस लेना चाहा और जैसा रस-लोलुपों का परिणाम होता है, पकड़ाई खाकर पिंजरे में डाल दिया गया। पद्मावती का स्नेहभाव जब तोते से बढ़ा और उसने उसका परिचय पूछा तब अपने परिचय के साथ उसने अपने स्वामी युवक पृथ्वीराज की सुन्दरता, शौर्य और प्रताप का भी आकर्षण उल्लेख किया। पद्मावती पृथ्वीराज के प्रेम-पाश में पड़कर विह्वल रहने लगी। इधर उसे सयानी होते देख पिता ने पुरोहित को उपयुक्त वर की खोज में भेजा। पंडित ने कुमायूँ के राजा कुमोदमणि के पास जाकर टीका कर दिया। जब वर धूम-धाम से समुद्र शिखर की ओर बढ़ा, तब कुमारी ने बड़ी अधीरता से एक पत्र लिखकर तोते को सौंपा और उसमें अपने मिलने की विधि का संकेत भी पृथ्वीराज को कर दिया। पृथ्वीराज चामुंड राय को दिल्ली का शासन-भार सौप सैनिकों को लेकर चल पड़ा। एक ही दिन में कुमोदमणि समुद्र शिखर पहुँचा, पृथ्वीराज पद्मावती से भेंटने आया और महाराज के दिल्ली छोड़ने की सूचना गजनी पहुँची। तोते से सम्राट के आगमन का समाचार पा पद्मावती शिवमंदिर मे गई और वहाँ से पृथ्वीराज उसे हरण करके ले गया। पहले समुद्र शिखर के बाहर ही थोड़ा युद्ध हुआ, फिर पृथ्वीराज शहाबुद्दीन को पकड़कर दिल्ली लें गया। वहाँ विधिवत् पद्मावती और पृथ्वीराज का विवाह हुआ। उस प्रसन्नता में शहाबुंद्दीन को मुक्त करके दम्पति सुख-पूर्वक रहने लगे।

प्रबन्ध कल्पना–पद्मावत समय महाकाव्य का एक अंश होते हुये भी स्वयं एक सफल खंडकाव्य का उदाहरण है। एक राजकुमारी है। एक तोते के मुख से एक राजकुमार के रूप-गुण का वर्णन सुनकर मुग्ध हो जाती है। उसका पिता उसकी अनुमति के बिना उसका विवाह अन्यत्र करने की सोचता है। राजकुमार क्षण भर के लिए निराश हो जाती है, परन्तु फिर चातुर्य और साहस से काम लेती है और अपने जीवन सर्वस्व के पास अपनी विवशता और स्नेह की सूचना भेजती हैं। उसने उपयुक्त व्यक्ति से ही प्रेम किया था, यह उसका वीर पति युद्ध में शत्रुओं को पराजित करके सिद्ध करता हे और अंत में विघ्नों के दुर्दिन के उपरान्त यह बालिका अपने मनोनीत प्रणयी की अर्द्धांगिनी बनने में सिद्ध-काम होती है।

इस प्रकार हम देखते हें कि घटनाओं का सृजन कवि ने बड़े कौशल से किया है। कोई पात्र न व्यर्थ है और न आवश्यक से अधिक काव्य-मंच पर रहता है। पराजय के उपरान्त न पद्मसेन की चर्चा है, न कुमोदमणि की। पुरोहित भी टीका चढ़ाने के उपरान्त दिखाई नहीं देता। तोता अपने स्वामी तक पद्मावती की विरह-व्यथा पहुँचाता है और काव्य भूमि से खिसक जाता हे। शहाबुद्दीन अवश्य बंदी के रूप में दिल्ली तक घसीटा जाता है। यह पृथ्वीराज के वैभव, शौर्य और उदारता की सिद्धि के लिए आवश्यक है। यदि कोई बात इस कहानी में खटक सकती है तो वह केवल तोते का मनुष्य की भाँति बात चीत करना। बीसवीं शताब्दी इसे थोड़ा अस्वभाविक समझेगी। वैसे पक्षियों द्वारा संदेश भेजने का काम तो इस शताब्दी के दोनों महासमरों में लिया गया है। पर वह एक समय था जब प्राकृतिक जीवन मानवीय जीवन से इतना विच्छिन्न न था। उसी में धुल-मिलकर एक हो गया था। परिणाम-स्वरूप चंद ही नहीं, जायसी ने भी हीरामन तोते से काम लिया और तुलसी तक ने अपनी गीतावली में शुक्रसारिकाओं के कथोप कथन की सृष्टि की। यह कथानक की पूर्णता में कोई बड़ा व्याघात नहीं है और न इससे उसकी महत्ता में कोई अन्तर पड़ता हैं। तोते का अस्तित्व एकदम नहीं अखरता, प्रत्युत अत्यन्त मनोरम लगता है। इस सम्बन्ध में कवि का यह कौशल सराहनीय है कि जब अधरामृत के उस लोलुप को पद्मावती पकड़ती है तब पाठकों को यह भान तक नहीं होता कि राजकुमारी के जीवन की सबसे महत्वपूर्ण घटना के निर्माण में यह तोता ही बीज रूप से प्रविष्ट होगा। कहने की आवश्यकता नहीं कि नायक इस कथा का पृथ्वीराज और नायिका पद्मावती है।

वर्णन-कथानक के वर्णन में कवि को पूर्ण सफलता मिली है। क्या राजाओं के वैभव और प्रताप के वर्णन, क्या वीरों के शरीर और शौर्य के अंकन, क्या पद्मावती के रूप-माधुर्य के चित्रण और क्या युद्ध के दृश्य सभी

स्थानों पर कवि की लेखनी ने चमत्कार दिखाया है। इस गाथा में अधिकता हैं युद्ध और सौंदर्य के वर्णनों की। पद्मावती के रूप का आभास देने के लिए जहाँ कवि प्रकृति के उन चिरपरिचित उपमानों को जुटाता है जो आगे चलकर कमल, भ्रमर, खंजन, हंस, मृग, बिंबा और सर्प के रूप में रूढ़ हो गए. वहीं पद्मावती के मुख के माधुर्य के लिए एक अनूठी कल्पना करता है। उसका कहना है कि चंद्रमा में जो सुधा पायी जाती है उसका कारण यह है कि उसने हमारी राजकुमारी की बाल्यावस्था में उसके निकट बैठकर अंग से थोड़े से अमृत का पान कर लिया था। इसी से–

मनहु कला ससिभान, कला सोलह सो बन्निय।
बाल वैस ससि ता समीप अम्रित रस पिन्निय।।

शिव–मंडप में जब पद्मावती को पृथ्वीराज के प्रथम दर्शन हुए तब पहले तो मुग्ध होने के कारण वह देखती ही रह गई; पर तुरन्त ही नारी–सुलभ लज्जा ने हृदय में प्रवेश किया और अवगुंठन खिंच गया। कवि की इस भावुकता ने इस दृश्य में कैसे प्राण डाल दिये हैं–

सोब्रन्न थार मोतिन भराय
झलहल करंत दीपक जराय।
पूजियइ गउरी शंकर मनाय
दइछिनै अंग करि लगिय पाय।
फिर देषि देषि प्रथिराज राज
हँसी मुद्ध मुद्ध चर पट्ट लाज।

इस दर्शन के पूर्व आह्लद और विषाद भरी किसी के पथ को जोहनेवाली प्रतीक्षा की उन पक्तियों को देखिए–

बिलषि अवास कूंवर बदन, मनौं राहु छाया सुरत।
झंषति गवाष्षि पल पल पुलकि दिषति पंथ दिल्ली सुपति।

और देखिये शहाबुद्दीन की सेना में विभिन्न जातियों के वीरों को। इनकी बिल्ली जैसी आँखों और गीदड़ जैसे मुखों को देखने के लिए साहस की आवश्यकता है। एक–एक योद्धा हजारों को भारी पड़ता है–

षुराषान सुलतान षंधार मीरं
बलक स्यो बलं तेग अच्चूक तीरं।
रूहंगी, फिरंगी, हलंबी, सुमानी
हटी हट्ट बल्लोच ढांल निशानी।
मजारी चषी, मुष्ष जंबुक्क लारी
हजारी हजारी इकैं जोध भारी।

एक क्षण में ही पृथ्वीराज के इस अजेय खड्ग के भयंकर कार्य पर दृष्टिपात कीजिए। कहाँ पद्मावती का वह मधुर रूप और कहाँ उसी स्वप्न को सत्य करने के प्रयत्न में रक्त की यह धारा। दृश्य ही बदल गया-

कहुं कमंध, कहुं मथ्थ, कहौं कर, चरन, अन्तरुरि।
कहौ कंध बह तेग, कहौं सिर जुट्टि फुट्टि उर।।
कहौ दंति मत हय शुर षुपरि, कुंभ भुसुंडह रुंड सब।
हिंदुवान रान भय भान मुष, गहिय तेग चहुवान जब।

कला-प्रत्यक्ष है कि इस ग्रन्थ में वीर और श्रंगार दो ही रस प्रमुख हैं। इनमें भी प्रधानता वीर रस की है। सुन्दरी राजकुमारियों का अपहरण भी वीरों की वीरता प्रदर्शन के लिये एक पथ खोलता था; अतः उनके रूप और प्रेम-वर्णन में श्रंगार के संयोग और वियोग दोनो पक्षों की अभिव्यक्ति के अवकाश में वीभत्स भी भाग रखता है। कवि के युद्ध के वर्णन इसलिए और भी सजीव हो उठे है कि वह इन युद्धों में पृथ्वीराज के साथ रहता था। पद्मावत समय में स्पष्ट लिखा हैं-

सकल सूर सामान्त लिए सब बोलि बंब बजि
अरु कवि चंद अनूप.......

अलंकार प्रयत्लपूर्वक कहीं नहीं लाए गए, इसी से इन वर्णनों में एक प्रकार का वह प्रवाह रक्षित है जो रीतिकाल के कृत्रिम वर्णनों से एकदम पृथक दिखाई दे जाता है। शब्दालंकारों में उत्प्रेक्षा कवि को बहुत प्रिय है, वैसे उपमा, भ्रम, रूपकातिशयोक्ति भी है। युद्ध के वर्णनों में अतिशयोक्ति से स्वभावतः काम लिया गया है-

अ- सकल सूर सामन्त समरि बल जंत्र तंत्र तिस। -अनुप्रास
आ- वर गोरी पद्मावती गहि गोरी सुलतान -यमक
इ- पद्मनिय रूप पद्मावतिय मनहु काम कामिनी रचिय। -उत्प्रेक्षा
ई- नष स्वाति बुन्द जस। -उपमा
उ- अरून अधर तिय सधर
बिंब फल जाति कीर छवि -भ्रम
ऊ- विगसि कमल स्त्रिग भमर। -रूपकातिशयोक्ति
ए- जंग जुरन जालिम जुझार
भुज सार भार भुअ,
धर धमंकि, भजि सेस
गगन रवि लुप्त रैनि हुआ। -अनुप्रास और अतिशयोक्ति

चंद की भाषा को 'डिंगल' संज्ञा मिली है। पढ़ने से ही पता चलता है कि यह ब्रज भाषा मिश्रित राजस्थानी है। साथ ही इसमें फारसी शब्दों का ही प्रयोग नहीं, कहीं-कहीं खड़ी बोली का पुट भी है। भाषा चंद की मिश्रित है। ऊपर जो उदाहरण दिए गए हैं उनमें भाषा की समस्त विशेषताएँ सरलता से पकड़ी जा सकती है। अनुस्वार का अत्यधिक प्रयोग अपनी अति के कारण मधुर न लगकर, कर्कश लगता है और विरक्ति उत्पन्न करता है। अपनी प्राचीनता के कारण यद्यपि यह भाषा सुग्राह्य नहीं रहीं, फिर भी ऐसी दो एक रचनाओं को पढ़ने पर भाव-ग्रहण में कठिनाई नहीं रहेगी। खड़ी बोली का जैसे-जैसे प्रचार बढ़ रहा है और अपनी चिर-परिचित ब्रज और अवधी से जैसे जैसे हम दूर और उदासीन होते जा रहे हैं, उसमें अशंका होती है कि किसी दिन जब तक ब्रज और अवधि के पृथक कोश सामने न होंगे, तब तक पुरानी कविता ही समझ में न आया करेगी। ऊपर के उदाहरणों में देषि, विलषि, झंषति, गवाष्षि, दिषत, षुरासान, चषी, मुष्ष, आदि पहले अनभ्यस्त से शब्द लगेंगे, पर यदि 'ष' के स्थान पर 'ख' रख दें तब देखि, विलखि, झंखति (झाँकती है) गवाक्ष, दिखत, खुरासान, चखी(आँख वाले) मुख, खुर, एकदम स्पष्ट हो जायेंगे। इसी प्रकार अन्य शब्द भी।

'पद्मावत समय' चंद के महाकाव्य का ऐसा प्रतिनिधि अंश है जो एक प्रकार से कवि की वीर-रसात्मक रचना के समस्त गुणों को पूर्ण रूप से प्रतिबिंबत करने में समर्थ है।

रासो की प्रामाणिकता-अपने वर्तमान रूप में पृथ्वीराज-रासो किसी एक काल की अथवा किसी एक कवि की कृति नहीं जान पड़ता। अब तक विद्वानों ने इसकी प्रमाणिकता पर पर्याप्त विचार किया है। अधिकतर विद्वानों की रासों की प्रामाणिकता राय है कि पृथ्वीराज-रासो अत्यन्त अप्रामाणिक ग्रन्थ हैं। इनमें श्री मुरारिदान श्री श्यामल दान, डा० बूलर, मु० देवीप्रसाद, श्री गौरीशंकर हीराचन्द ओझा, पं0 राजचन्द्र शुक्ल और राजकुमार वर्मा मुख्य है। कुछ विद्वान् इसे प्रामाणिक मानते हैं, यद्यपि साथ ही वे यह भी स्वीकार करते हैं कि इसमें प्रक्षिप्त अंशों की भरमार है। इनमें श्री मिश्रबन्धु श्री श्यामसुन्दरदास और पंडित मोहनलाल विष्णुलाल पंड्या मुख्य है। आधुनिक अनुसंधान के आलोक में रासों को प्रमाणिक माननासत्य का अपलाप मात्र होगा। इस सम्बन्ध में सबसे अधिक डटकर कहा है श्री ओझा जी ने। पृथ्वीराज के समकालीन कवि जयानक की पुस्तक 'पृथ्वीराज विजय' के अध्ययन के उपरान्त यद्यपि डाक्टर बूलर ने इसके जाली रूप पर पर्याप्त प्रकाश डाला था, पर ओझा जी ने स्पष्ट शब्दों में कहा-

"पृथ्वीराज-रासों बिलकुल अनैतिहासिक ग्रंथ है। उसमें राजपूतों की उत्पत्ति की कथा, चौहानों की वन्शावली, पृथ्वीराज की माता, भाई, बहिन, पुत्र और रानियों आदि के विषय की कथाएँ तथा बहुत सी घटनाओं के संवत् अशुद्ध और कल्पित हैं। कुछ सुनी सुनाई बातों के आधार पर उक्त वृहत! काव्य की रचना की गई है। भाषा की दृष्टि से भी यह ग्रन्थ प्राचीन नहीं दिखता। इसकी डिंगल भाषा में जो कहीं-कहीं प्राचीनता का आभास होता है, वह तो डिंगल की विशेषता ही है, जिसका बीसवीं सदी में सूर्यमल का 'वंश भास्कर' प्रत्यक्ष उदाहरण है। रासों की भाषा में फारसी शब्दों की बहुलता भी उसके प्राचीन होने में बाधक है। 'अनंद विक्रम संवत्' की कल्पना तो बहुत ही व्यर्थ और निर्मूल है।"

इस प्रकार रासो को जाली ठहराने में जो प्रमाण दिए गए हैं, उन्हें हम तीन भागों में विभक्त कर सकते हैं-

1. उसमें इतिहास सम्बन्धी अनेक भ्रांतियाँ हैं, जो शिलालेखों और 'पृथ्वीराज विजय' से सिद्ध हो जाती हैं।

2. उसमें तिथियाँ अशुद्ध दी गई है।

3. उसकी भाषा में इतना अन्तर है कि वह एक काल को नहीं हो सकती।

पहले तथ्यों और घटनाओं को ले। रासों में चौहान अग्निवंशी बताए गए है, परन्तु शिलालेखों, पृथ्वीराज विजय और हम्मीर महाकाव्य में वे सूर्य वंशी कहे गए हैं। रासो की वंशावली भी 44 नामों में से 7 नामों को छोड़, किसी भी प्राचीन शिलालेख या ग्रन्थ में नहीं मिलती। पृथ्वीराज की माता का नाम कमला बताया गया है, किन्तु उनका नाम कर्पूरदेवी था और वे दिल्ली के राजा अनंगपाल की पुत्री न होकर त्रिपुरी के अचलराज की कन्या थी। 11 वर्ष की अवस्था से लेकर 66 वर्ष की अवस्था तक पृथ्वीराज के 14 विवाह रासों में लिखे है, जो निर्मूल हैं। पृथ्वीराज केवल 30 वर्ष की अवस्था में ही मारा गया। पृथ्वीराज के पुत्र का नाम रैणसी दिया है, पर उसका नाम गोविंदराज था। इसी प्रकार अनंगपाल का अपने दोहते पृथ्वीराज को दिल्ली का राज्य देने के लिए गोद लेना, जयचन्द का ईर्ष्या करना, उसके राजसूय यज्ञ तथा उसकी पुत्री संयोगिता के हरण को कथाएँ भी मनगढ़त हैं। इसी प्रकार शाहबुद्दीन की मृत्यु भी पृथ्वीराज के बाण से नहीं हुईं। वह गक्खरों के हाथ धमेक स्थान के पास नमाज पढ़ता हुआ मारा गया।

इन प्रमाणों के विरोध में बाबू श्यामासुन्दरदास से सहमत होकर मिश्रबन्धुओं का कहना है कि इतिहास सम्बन्धी भ्रान्तियों के तीन कारण हो

सकते हैं। रासो काव्य-ग्रन्थ है, अत: उसमें अतिशयोक्तिपूर्ण कथन हो सकता है। जो भ्रांतियाँ प्रतीत होती हैं, वे नागरी-प्रचारणी सभा की ओर से प्रकाशित कुछ तत्कालीन पट्टे परवानों से दूर हो जाती हैं। तीसरे ये भ्रांतियाँ क्षेपकों के कारण हो सकती हैं।

इस पर यह कहा जा सकता हैं कि माना रासों इतिहास-ग्रन्थ नहीं, काव्य-ग्रंथ है, पर काव्यग्रन्थ में ऐतिहासिक घटना सम्बन्धी उलटफेर सकारण होता है। 'पृथ्वीराज विजय' भी तो काव्य-ग्रंथ है, फिर उसमें घटनाएँ और नाम क्यों ठीक-ठीक है? अतिशयोक्ति और बात है और माता, पुत्र आदि तक के नाम अशुद्ध देना और बात। पट्टे परवानों के विषय में ओझा जी का कहना है कि वे जाली हैं।

रासों की अशुद्धि के सम्बन्ध में पंडित मोहनलाल विष्णुलाल पड्या ने 'अनंद' संवत् की कल्पना दोहे के इस पद के आधार पर की है।

11 15

एकादस सै पंचदह विक्रम साक अनन्द।
तिहिं रिपुजय पुरहरन कौं, भय प्रिथिराज नरिंद।

अ = 0, नन्द 9, अंकनाम् वामतो गति: से 90।

पंड्या जी ने रासो के पक्ष-समर्थन में इस बात की ओर ध्यान दिलाया कि रासो के सब संवतों में यथार्थ संवतों से 90/91 वर्ष का अंतर एक नियम से पड़ता है। अत: अनन्द विक्रम संवत् की कल्पना करके उन्होंने यह कहना चाहा कि यह अन्तर भूल नहीं, बल्कि सकारण है। नन्द शूद्र थे, इसलिये उनका राजत्व-काल सम्भवत: राजपूत भाटों ने निकाल दिया।

विद्वानों का विचार है कि यह अत्यन्त क्लिष्ट कल्पना है। शुक्ल जी का कहना है कि आज तक और कहीं प्रचलित संवत् में से कुछ काल निकालकर संवत! लिखने की प्रथा नहीं पाई गई। ओझा जी का मत है कि यहाँ 'आनन्द' का अर्थ 'शुभ' है- जैसे शुभ संवत् प्राय: लिखा जाता है वैसे ही यहाँ भी पृथ्वीराज के जन्म पर 'आनन्द' विक्रम साक लिखा है।

यदि पंड्याजी की यह बात मान भी लें तो जिस प्रकार उन्होंने पृथ्वीराज के जन्म (1115) उसके दिल्ली गोद जाने (1122) कैमास युद्ध (1140) कन्नौज यात्रा (1151) और अन्तिम युद्ध (1158) के संवत् दिये हैं, उनमें मृत्यु के अतिरिक्त और कोई संवत् शुद्ध नहीं ठहरता।

रासो के अनुसार पृथ्वीराज की बहिन पृथा का विवाह समरसिंह के साथ हुआ, जो पृथ्वीराज की ओर से लड़ता हुआ शहाबुद्दीन से लड़ाई में मारा गया। पर बहुत बाद तक के शिलालेख समरसिंह के मिले हैं और पृथ्वीराज

की मृत्यु से 109 वर्ष बाद उसका जीवित रहना पाया जाता है; अतः यह घटना काल्पनिक है। इसी प्रकार रासो के अनुसार गुजरात के राज भीम ने सोमेश्वर को मारा। सोमेश्वर की मृत्यु सं० 1236 में हुई और उसी समय भीम गद्दी पर बैठा मात्र था। भीम के सम्बन्ध में लिखा है कि उसे पृथ्वीराज ने मारा, पर उसके शिलालेख पृथ्वीराज की मृत्यु के बाद तक के पाए जाते हैं। इसी प्रकार 1229 में चामुन्ड राय द्वारा गोरी का बन्दी होना लिखा है। यह भी असंभव है, क्यों उसी वर्ष गोरी और पृथ्वीराज दोनों ही गद्दी पर बैठे।

भाषा की दृष्टि से रासो का समर्थन और भी दुर्बल है। इस विषय में बाबू श्यामसुन्दरदास और मिश्रबन्धुओं का कहना है कि चन्द लाहौर का निवासी था और पंजाब में मुसलमानों का प्रभाव बहुत पहले से था, अतः फारसी अरबी के शब्दों का आना अस्वाभाविक नहीं। रासो का बहुत सा अंश प्रक्षिप्त है, इस दृष्टि से विदेशी शब्दों की अतिशयता हो सकती है। ओझा जी का कहना है कि रासो की भाषा तो दूर, उसके संवतों की शुद्ध सिद्ध करने के लिए जो पट्टे और परवाने दिये गये हैं उनकी लिखावट बहुत बाद की है। पट्टों के लिखनेवाले दरबारी लेखक पुराने लकीर के फकीर होते है। पृथ्वीराज के समय में पट्टों को लिखावट संस्कृत में थी। फिर पट्टों में मुहर के पास 'सही' शब्द लिखा है जो मुसलमानों की देखा-देखी बाद का है। रासों में भी पास-पास एक ही व्यक्ति द्वारा एक ही शब्द के भिन्न-भिन्न रूप में पाये जाते हैं जो छंद के आग्रह के कारण नहीं, वैसे ही प्रयुक्त हुए हैं। यह स्थिति भाषा के सम्बन्ध में शंका उत्पन्न करती है।

अब अनन्द विक्रम संवत के सम्बन्ध में थोड़े विस्तार से कुछ कहें-

संवत-अनन्द विक्रम संवत् है जिसकी कल्पना पंडित मोहनलाल विष्णुलाल पंड्या ने रासो के संवतों को शुद्ध और प्रमाणिक सिद्ध करने के लिए की।

हुआ यह कि उदयपुर के कविराजा श्यामलदान जी ने 'वीर विनोद' नाम से मेवाड़ का एक इतिहास लिखा। उसके लिये सामग्री एकत्र करते समय उन्होंने देखा कि पृथ्वीराज-रासों के संवत और बहुत-सी घटनाएँ ऐतिहासिक दृष्टि से अशुद्ध हैं, अतः सन् 1886 में 'पृथ्वीराज रहस्य की नवीनता' नाम से एक पृथक पुस्तक के रूप में इस तथ्य पर प्रकाश डाला। इसके उत्तर में पंडित मोहनलाल विष्णुपाल पंड्या ने सन् 1887 में 'पृथ्वीराज-रासो की प्रथम संरक्षा' नामक पुस्तक में श्यामलदान की धारणाओं का विरोध करते हुए यह सिद्ध करने का प्रयत्न किया कि चन्द पृथ्वीराज के समय में वर्तमान थें।

पंड्याजी ने एक नहीं दो संवतों की कल्पना की। उनकी बात का सार थोड़े शब्दों में इस प्रकार है-

भटायत संवत-भाट लोग जो संवत अपने लेखों में लिखते हैं उनमें और शास्त्रीय संवत् में 100 वर्ष का अन्तर है। विक्रमी संवत को चलाने वाले विक्रम को जब शालिवाहन ने बन्धन में डालकर मार डाला, तब अपना संवत स्थापित करना चाहा। पर उसने देखा कि उसके कर्म से प्रजा इतनी क्षुब्ध हो उठी कि विक्रम का संवत बन्द करके उसका संवत् चलेगा नहीं। अत: उसने आज्ञा दी कि दोनों संवत चलें। विक्रम का संवत् पहले से चल ही रहा था। वह संवत नाम से ही चले। उसका संवत् 'शक' नाम से प्रसिद्ध हो। पंड़ितों और ज्योतिषियों ने इस बात को स्वीकार कर लिया, पर विक्रम के भाट, राव, याचक आदि इसे कैसे स्वीकार करते? अत: उन्होंने विक्रम की मृत्यु के दिन से अपना एक तीसरा ही नवीन संवत् चलाया। विक्रम के राज्य को 100 वर्ष का मानकर उन्होंने विक्रम संवत् और अपने संवत् में 100 वर्ष का अन्तर रखा। यह भाटों का संवत् या 'भटायत संवत' कहलाया। पंड्ाजी के अनुसार इसका प्रचार दिल्ली और अजमेर के चौहानों के काल तक तो अच्छा रहा, फिर कम हो गया।

ध्यान रखना चाहिए कि पंड्याजी ने इस संवत की कल्पना रासो के संवतों को शुद्ध प्रमाणित करने की दृष्टि से की थी। जब उसके परखने का समय आया, तब उन्होंने देखा कि मुसलमान लेखकों के इतिहास के अनुसार हिजरी 587 में पृथ्वीराज की मृत्यु तरायन में हुई। यह समय विक्रमी संवत का 12-48।9 बैठता हैं

रासो में पृथ्वीराज का जन्म संवत 1115 दिया हुआ है। उसकी अवस्था 43 वर्ष की मानी जाती है। अत: यदि यह संवत भटायत संवत है, तब पंड्याजी की गणना के अनुसार (1115/43/100) 1258 विक्रमी में महाराज की मृत्यु हुई। मुसलमान इतिहसकारों के अनुसार वह 1248।9 में बैठती है। यहां भी 9।10 वर्षों का अन्तर रह गया। अपने श्रम को व्यर्थ होते देख पंडाजी की उर्वर कल्पना ने दूसरी खोज की जिसमें अन्तर 100 वर्ष का न बैठकर 90।91 वर्ष का बैठे। इस खोज का नाम है 'अनन्द विक्रम संवत।'

(अ) पृथ्वीराज के जन्मकाल के इस दोहे को एक बार फिर ध्यान से देखिए-

11 15

एकादस सै पंचदह विक्रम ***साक अनन्द*****–**
तिंहु रिपु जय पुरहरन कौं भय प्रिथिराज नरिंद।।

इस दोहे का सीधा अर्थ है शुभ अनन्द विक्रमी संवत् 1115 (पंचदह-पंचदश) में पृथ्वीराज का जन्म हुआ। परन्तु पंड्याजी जी ने 'विक्रम साक अनंद' का विचित्र अर्थ किया। इसे पलटकर उन्होंने 'अनन्द विक्रम साक (संवत)'माना। इसमें अनन्द का अर्थ किया (अ-रहित या शून्य (0)और नन्द क्योंकि 9 थे अत: 9) विक्रम के संवत से 90 कम अर्थात अनन्द विक्रम संवत वह संवत है जिसमें वास्तविक विक्रम से संवत से 90।91 वर्ष का अन्तर हो। इस हिसाब से 1115 43 90।91 अपने आप ही 1248।9 हो गए।

इसकी आलोचना करने से पहले यह भी जान लेना मनोरंजक होगा कि सन 1900 में बाबू श्यामसुन्दरदास ने हस्तलिखित पुस्तकों की खोज की एक अंग्रेजी रिपोर्ट में इस पर विचार किया। यह रिपोर्ट सर जार्ज ग्रिअर्सन के पास पहुँची। उन्होंने विसेंट स्मिथ से चर्चा की। यहीं तक नहीं, डाक्टर रूडोल्फ होर्नली ने सन् 1906 में रयल एशियाटिक सोसाइटी के जर्नल में इस पर विचार किया और डा0 वार्नेट ने इसे एक पुस्तक में स्थान दिया। इधर मिश्रबन्धुओं ने पंड्या जी अथवा श्यामसुन्दरदास जी के तर्कों को तो सबल मानने से इनकार किया, पर संवत् के अस्तित्व में अपना विश्वास प्रकट करके, होने और न होने में सामंजस्य स्थापित किया। इस प्रकार काफी धूम रही इस 'आनन्द विक्रम संवत्' की।

आलोचना

(क) यदि अनन्द का अर्थ 100 में से 9 रहित का है, तब दोहे में 100 का वाचक शब्द कहाँ हैं? क्यों 100 में से 9 घटाए गए?

(ख) यदि अनन्द (अ-0, नन्द 9) का अर्थ अंकों की गणना उल्टी होने वाले सिद्धान्त के अनुसार 90 है, तब विक्रम संवत से 'कम' का अर्थ कैसे लगा?

(ग) यह तर्क कि नन्द शूद्र थे और उन्होंने कुल मिलाकर 90 वर्ष राज्य किया था। अत: उनके काल को ब्राह्मणों ने निकाल दिया, कहाँ तक बुद्धि संगत है?

सच बात यह है कि 'विक्रम साक अनन्द' का सीधा अर्थ शुभ विक्रम संवत् है।

(घ) इस संवत् को कल्पना करके पंड्याजी ने यह घोषणा कि थी कि अब रासो के समस्त संवत् खरे उतरेंगे। नीचे कुछ अत्यन्त प्रसिद्ध घटनाओं के संवतों को लेते है-

पृथ्वीराज का	रासो का अनन्द संवत	अन्तर	विक्रम संवत
जन्म	1115	90।91	1205।6
दिल्ली गोद जाना	1122	,,	1212।3
कैमास युद्ध	1140	,,	1230।1
कन्नौज यात्रा	1151	,,	1241।2
अंतिम युद्ध	1158	,,	1248।9

जन्म-पृथ्वीराज के पिता सोमेश्वर की मृत्यु 1234।36 के बीच हुई और उसने बालक पृथ्वीराज को अपनी रानी पर छोड़ा था। यह इतिहास से प्रमाणित है। यदि रासो के अनुसार पृथ्वीराज का जन्म 1205 में हुआ, तब उस समय वह बालक न होकर 30 वर्ष का हुआ, जो असंगत है।

गोद जाना-जयानक के 'पृथ्वीराज विजय' से सिद्ध हो चुका है कि पृथ्वीराज अनंगपाल का धेवता नहीं था। उसकी माता देहली की न होकर त्रिपुरी राज्य की थी। अत: नाना की गोद जाकर दिल्ली प्राप्त करने का प्रसंग ही नहीं उठता और फिर उसके पूर्व ही बीसलदेव के समय से दिल्ली चौहानों के राज्य का एक अंश थी।

कैमास युद्ध-कहा जाता है कि 1140 में पृथ्वीराज ने अपने मन्त्री कैमास को शहाबुद्दीन से लड़ने सिंधु नदी के इस पार भेजा। यह विक्रम संवत 1230 में हुआ। जैसे जन्म वाली घटना से सिद्ध कर चुके हैं, उस समय तो पृथ्वीराज शिशु था। साथ ही 1232-3के पूर्व तो स्वयं शहाबुद्दीन ने भारत पर आक्रमण तक नहीं किया।

पृथ्वीराज की कन्नौज यात्रा-रासो में लिखा है कि कन्नौज के राजा विजयपाल ने सोमेश्वर के श्वसुर देहली के राजा अनंगपाल पर चढ़ाई की और उसकी दूसरी कन्या 'सुन्दरी' से विवाह किया। इस संयोग से जयचन्द की उत्पत्ति हुई। कुछ काल उपरान्त विजयपाल ने दिग्विजय की और कटक के सोमवंशी राजा मुकुन्द देव की पुत्री से जयचन्द का परिणय कराया। जयचन्द के एक पुत्री हुई। उसका नाम संयोगिता था। राजसूय यज्ञ में जब जयचन्द ने संयोगिता के प्रेमी पृथ्वीराज की अवज्ञा की, तब पृथ्वीराज अपनी प्रेयसी को कन्नौज से हरण करके ले गया।

इतिहास से सिद्ध हो चुका है कि न तो पृथ्वीराज के पिता सोमेश्वर के समय अनंगपाल दिल्ली का राजा था, न विजयपाल ने कभी दिग्विजय की, न कटक में उस समय सोमवंशी राजा राज्य करते थे। संयोगिता के स्वयंवर की कथा तो एकदम मनगढ़ंत है।

अंतिम युद्ध-रासो का 1158 वाला संवत् जिसमें 90।91 जोड़ने से 1248।9 विक्रमी संवत् बनता है अवश्य ठीक बैठता है। पर पहले ही दिखा चुके है कि इसी संवत को लेकर तो यह सारी कल्पना हुई। इतना होने पर रासो में जो शहाबुद्दीन की मृत्यु पृथ्वीराज के शब्द-वेधी बाण से लिखी है, वह इतिहास-विरुद्ध है। वह तो गक्खरों के हाथ मारा गया। जैसा रासों में लिखा है। पृथ्वीराज के उपरान्त अजमेर के सिंहासन पर रैणसी नहीं बैठा, शहाबुद्दीन की अनुमति से गोविंदराज बैठे।

इस प्रकार हम देखते है कि पंड्या जी की श्रमासाध्य कल्पना कितनी व्यर्थ और दुर्बल है। उन्होंने यह भी घोषणा की थी। कि 'अनंद संवत् ' के मानने से चौहानों की तिथियाँ ही नहीं, जोधपुर और जयपुर के राजाओं के संवत् भी ठीक बैठते हैं, पृथ्वीराज के जो पट्टे पाये जाते हैं, उनकी तिथियाँ भी शुद्ध होंगी। कहने की आवश्यकता नहीं कि इनमें से एक भी बात प्रमाणिक नहीं निकली। ओझा जी ने पृथ्वीराज के 1122 के कुछ पट्टों का निरीक्षण करके उन्हें जाली सिद्ध किया है। सीधी सी बात यह है कि 1122 अनंद संवत् 1212 विक्रम संवत हुआ। उस समय तो पृथ्वीराज ने इस पृथ्वी का मुख भी नहीं देखा था। साथ ही उन पट्टों की लिखावट भी पुरानी नहीं है। उनमें विदेशी शब्दों की भरमार है और मुहर के पास 'सही' लिखा है, जो मुसलमानी प्रभाव को स्पष्ट सूचित करता है।

कहने का तात्पर्य यह है कि पंडित मोहनलाल विष्णुलाल पंड्या का 'अनंद विक्रमी संवत्' जिसकी एक दिन बड़ी धूम थी, अब आलोचकों के विनोद का एक साधन बनकर स्मृति से क्षीण होता जा रहा हैं।

रासो हमारे साहित्य के शैशव के तुतलेपन की प्रौढ़ वाणी हैं। उसे खोना एक प्राचीन निधि को खोना है। फिर भी क्या उसकी घटनाएँ, क्या संवत् और क्या भाषा, जिस बात की भी परीक्षा की जाती है, उसी से यह सिद्ध होता है यह काव्य-ग्रन्थ अपने वर्तमान रूप में पृथ्वीराज के किसी समकालीन चन्द की कृति नहीं।

क्या महाकाव्य नहीं हैं-क्षण भर को यदि हम इन विवादस्पद सम्मतियों को भुला दें कि रासों जाली है अथवा प्रामाणिक, उसमें मूल लेखक की कृति अधिक है अथवा प्रक्षिप्त अंश, तब वह भाव, वर्णन, छंद, अलंकार, भाषा सभी दृष्टियों से हमारे प्राचीन साहित्य की एक अमूल्य सम्पत्ति है। बाबू श्यामसुन्दरदास ने 'हिंदी भाषा और साहित्य' में रासों के महाकाव्य होने में अनेक आपत्तियाँ उठाई हैं।

1. इसमे जातीय स्थिर चित्त-वृत्तियों का अभाव है।

2. महाकाव्य में एक ही प्रधान युद्ध होता है। रासो में कोई एक प्रधान युद्ध नहीं।

3. उसमे दो विभिन्न जातियों का संघर्ष दिखाया जाता है।

4. उसका परिणाम बड़ा व्यापक तथा विस्तृत होता है।

5. रासो में घटनाएँ एक दूसरी से असंबद्ध हैं कथानक शिथिल है।

इसमें कथानक वाली बात को छोड़कर और कोई तर्क जमता नहीं। 'वस्तु' का भी जहाँ तक सम्बन्ध है, वहाँ एक तो रासो में प्रक्षिप्त अंशों की निश्चित ही भरमार है, जिनसे गाथा के विकास के विभिन्न अनुपात विषम हो गए है। रासो का पिछला अंश चन्द के पुत्र का लिखा हुआ है और निश्चित रूप से अपने पिता जैसी प्रतिभा उसमें नहीं थी। इतना होते हुए भी लक्षण-ग्रंथों के सिद्धान्तों के आधार पर ही हमें किसी काव्य-ग्रन्थ को नहीं परखना चाहिए। सिद्धान्त काव्यों के ही आधार पर बनते हैं। कवि कभी उन सिद्धान्तों का अतिक्रमण न करे, ऐसा नियम नहीं है। रासो व्यक्ति-प्रधान महाकाव्य है। उनकी घटनाएँ एक वीरमूर्ति के चारों ओर उसके जन्म से लेकर मृत्यु पर्यन्त घूमती है। पृथ्वीराज इस काव्य-परिधि का मध्यबिन्दु है। अनेक शत्रु होने पर भी मोहम्मद गोरी उसका प्रमुख शत्रु है, अनेक प्रेमिकाएँ होने पर भी संयोगिता उसकी प्रमुख प्रेमिका है, अनेक बार विजयी होने पर भी शब्द-बेधी बाण से गोरी की हत्या करना उसकी सबसे बड़ी विजय है और अनेक बार रक्त की नदियाँ बहाने पर भी चन्द के हाथ पृथ्वीराज का अपनी मृत्यु स्वीकार करना सबसे करुण दृश्य है। अपने जीवन में जिस क्षत्रियोचित वीरता, उदारता, शरणागत-वत्सलता और प्रेम-भावना का परिचय पृथ्वीराज ने दिया, अपनी मृत्यु में भी वह एक राजपूती आन की झलक दिखा गया। पृथ्वीराज में राजपूतों की समस्त वृत्तियाँ प्रतिनिधित्व करती है। वीरता के साथ ही उस राजपूत की श्रंगारी-वृत्ति का पूर्ण उल्लेख रासों में मिलता है। संघर्ष देखा जाये तो हिन्दू और मुसलमान दो ही जातियों का है। पृथ्वीराज की मृत्यु से जो व्यापक और भंयकर प्रभाव विदेशियों का इस देश पर पड़ा, वह क्या किसी से छिपा है?

पृथ्वीराज और चन्द का संयोग अनुपम था। महाराज ने चन्द को अपनाकर यदि अपनी गुण-ग्रहकता का परिचय दिया, तो चन्द ने भी एक सच्चे वीर के जीवन-मरण का साथी बनकर उसकी गाथा अमर बनाने में कुछ उठा नहीं रखा।

ऐसी स्थिति में हजार बार रासो अप्रामणिक सिद्ध हो जाय, पर हिंदी में जब कभी महाकवियों के नाम गिनाये जायेंगे, तब बरदाई को सबसे पहले चन्द स्मरण किया जायेगा।

विद्यापति

विद्यापति का जन्म सन् 1350 में दरभंगा जिले के विसपी गाँव में हुआ। जाति के ये मैथिल ब्राह्मण थे। इनके पिता का नाम गणपति ठाकुर और माता का हाँसनी देवी था। हरिमिश्र इनके गुरु थे। इनके पुत्र का नाम हरिपति और पुत्री का दुलही बतलाया जाता है। विद्यापति के पूर्वज विद्वान और नीतिज्ञ होने के कारण मिथिला दरबार में सदैव मान पाते रहे और राज्य के ऊँचे पदों पर प्रतिष्ठित रहे। विद्यापति अपने पिता के कारण बाल्यकाल से ही राजकुल के सम्पर्क में रहे। उन्होंने मिथिला के गणेश्वर, कीर्तिसिंह, देवसिंह और शिवसिंह चार-चार राजाओं का दरबार देखा था। शिवसिंह ने तो इन्हें अपना मित्र ही बना लिया और अपनी गुण-ग्राहकता के परिचय-स्वरूप विसपी गाँव कवि को दान कर दिया। कवि ने भी अपनी ओर से इसका उचित प्रतिदान दिया। उसने शिवसिंह और उनकी रानी 'लखिमा देई' को अपने पदों में स्थान देकर अमर कर दिया।

विद्यापति संस्कृत, मैथिली और अवहट्ठ भाषा के प्रकांड पंडित थे। उन्होंने एक दर्जन ग्रन्थों का प्रणयन किया, जिनमें कीर्तिलता और कीर्तिपताका मुख्य हैं। परन्तु जैसे फारसी के मार्मिक ज्ञाता और प्रसिद्ध लेखक गालिब की प्रसिद्धि उनके उर्दू दीवान के कारण है, उसी प्रकार विद्यापति की ख्याति उनकी हिन्दी पदावली के कारण।

विद्यापति को अपने जीवन काल में अनेक उपाधियाँ मिलीं, जिनमें 'अभिनव जयदेव' 'कवि रंजन' 'कवि शेखर' 'कवि कंठहार' आदि मुख्य है। विद्यापति को लोग उनकी वाणी की सरसता के कारण 'मैथिल कोकिल' के नाम से पुकारते है।

धर्म में विद्यापति अत्यन्त उदार वृत्ति के थे। अपनी रचनाओं में राधा, कृष्ण, शिव, दुर्गा, गंगा और सीता जी के प्रति उन्होंने अपनी आस्था प्रकट की है।

विद्यापति का जीवन वैभव और सौन्दर्य के बीच व्यतीत हुआ। 90 वर्ष की अवस्था में संवत् 1497 की कार्तिक शुक्ल त्रयोदशी को-सन् 1440 में-उन्होंने अपनी इहलोक लीला समाप्त की।

विद्यापति की पदावली का विषय तीन भागों में विभाजित किया जा सकता है-

पदावली
1-वन्दना और नचारी
2-राधाकृष्ण की प्रणयलीला
3-विविध-युद्ध, दृष्टिकूट, बाल-विवाह आदि

प्रारम्भ में कृष्ण, राधा एवं देवी की वन्दना है और अन्त में प्रार्थना और नचारियां जिनमें दुर्गा, सीता और गंगा जी की स्तुति के अतिरिक्त शिव के विवाह सम्बन्धी पद है। उन पदों ने बहुत थोड़ा स्थान घेरा है। तीन चौथाई से अधिक में वे पद (श्री रामवृक्ष बेनीपुरी संकलन) हैं जिनमें राधाकृष्ण की क्रीड़ाओं का वर्णन है। सम्भव है विनय के और भी बहुत से पद विद्यापति ने लिखे हों, जो या तो किसी कारण से नष्ट हो गए हों या किसी कोने में छिपे पड़े रहने के कारण उपलब्ध न हो सके हों।

पहले राधा कृष्ण सम्बन्धी पदों को लेते हैं। इनमे विद्यापति की समस्त काव्य प्रतिभा निहित है।

वयः संधि-नारी के जीवन में वय:-संधि एक विशिष्ट काल है। तब शिशुता का अंत होकर यौवन का प्रारम्भ होता है। विद्यापति ने इस सिथिति का चित्रण बड़ी कुशलता से किया है। उनकी दृष्टि बाहर-भीतर सर्वत्र घूमती है। बाह्य शरीर में अनेक परिवर्तन होते हैं। नेत्र कटाक्ष करना सीखते हैं, हँसी स्मिति में परिवर्तित हो जाती है, वक्ष किंचित् उभर कर विकास ग्रहण करता रहता है, कटि क्षीणता प्राप्त करती है, चरण की गति में मन्दता आ विराजती है। बहुत से नवीन भावों से प्रथम परिचय जीवन की इसी भूमिका में होती है जिनका विशद, मनोवैज्ञानिक वर्णन कवि ने किया है। यौवन अपने को छिपाना जानता ही नहीं। आवेग और लज्जा का एक साथ उदय होने से कभी तो छल से रस की बातें जानने के लिए समवयस्क सखियों का सहारा लिया जाता है, कभी एकान्त का आश्रय, जहाँ अपने शरीर के अंगो को मन भर कर देखने में कोई बाधा डालने वाला नहीं। शरीर को सजाने का ध्यान स्वाभाविक रूप से आ जाता है। कुछ प्रसन्नता, कुछ आश्चर्य, कुछ मस्ती, कुछ लज्जा, कुछ चतुराई, कुछ भोलेपन, कुछ मर्यादा, कुछ वासना, कुछ सुख पीड़ा का यह मिला-जुला काल है। जिस चंचल स्थिति को समय बाँधने में असमर्थ रहता है, उसे विद्यापति ने अपनी कला की पंखुरियों में बन्दी कर दिया है।

खने लने दसन छटा छुट हास।
खने खने अधर आगे गहु बास।
हिरदय मुकुल हेरि हेरि थोर।
खने आँचर दए, खन होए भोर।।

नख-शिख-नख-शिख वर्णन में विद्यापति ने प्रकृति से उन उपमानों को चुना है, जो सामान्य रूप से संस्कृत में पहले से ग्रहीत थे और हिन्दी में आगे चलकर प्रचलित हुए। शरीर के लिए कनकलता, केश के लिए मेध, सम्पूर्ण मुख के लिए चन्द्रमा, सिंदूर-बिंदु के लिए सूर्य, भौंह के लिए भ्रमर या धनुष, नेत्र के लिए हिरण और कमल, नासिका के लिए कोर, ओठ के लिए बिंबा और माधुरी-पुष्प, दर्शन के लिए दाड़िम और गजमुक्ता, ग्रीवा के लिए शंख, कुच के लिए पर्वत, कटि के लिए सिंह, नाभि के लिए विवर, जंघा के लिए कदली, चरण और कर के लिए कमल या पल्लव। इसी प्रकार वाणी के लिये कोकिल और गति के लिए गजराज। कहीं एक ही उपमान अनेक उपमेंयों के काम आया है जैसे कमल मुख, ललाट, लोचन, उरोज, शरीर की गन्ध, कर, चरण आदि के लिये और कभी एक ही उपमेय के लिए स्थिति और भाव के अनुसार अनेक उपमान लाए गये हैं। जैसे केश के लिए कहीं अंधकार, कहीं राहु, कहीं भँवरा, कहीं मेघ, इसी प्रकार कुच के लिए कहीं चकोर, कहीं घट, कहीं सुमेर, और कही आकार के अनुसार बेर, नीबू, नारंगी, बेल आदि।

वैसे युग-युग के संस्कारों के संकलित होने के कारण अंग-प्रत्यंग के उपमानों में कोई विशेष भाव भर गया हैं, पर कवि का काम वस्तुओं का केवल नाम लेने से नहीं चलता। सौन्दर्य की सृष्टि करने के लिए उसे वस्तुओं को एक क्रम और अनुपात में सजाना पड़ता है। इस कार्य में विद्यापति बहुत कुशल हैं। कहीं-कहीं तो अलंकारों का सहारा लेकर वे हमारी दृष्टि के सामने एक चित्र सा खींच देते है। इसके लिए उपमा, उत्प्रेक्षा, विरोधाभास, रूपकातिशयोक्ति , संदेह और अतिशयोक्ति, से काम लेते हैं।

क. *अधर बिंब सन*

ख. *सुन्दर बदन, सिंदूर बिंदु*
सामर चिकुर भार।
जनि रवि ससि संगहि उगल
पाछ घटा अंधकार

ग. *चिकुर निकर तम सम*
पुनि आनन पुनिम ससी
नयन पंकज, के पतिआओत
एक ठाम रहु बसी।

घ. *कनक कदलि पर सिंह समारल*

ड. *केहु कह सैकत छपला*

केहु बोले नहिं नहिं, मेघे झपला
केहु कह भमए भँवरा।

च. *कवरी भय चामरि गिरि कंदर*
मुख भय चाँद अकासे,
हरिन नयन भय, स्वर भय कोकिल,
गति भय गज बनराजे।

कहीं-कहीं कवि ने किसी विशेषण के प्रयोग में रूप की रेखाओं को उभार दिया है। भौह को धनुष कहना रूढ़ि है, पर विद्यापति ने उन्हें 'कज्जल धनु' कहकर आकर और वर्ण दोनों को स्पष्ट कर दिया है। इसी प्रकार शरीर, कुच और जंघाओं के लिये कनकलता, कनक-शम्भु, कनक-कदलि कहने से और ही आभा और रम्यता झलकती है। (ग) उदाहरण में श्याम और श्वेत रंगो की स्थापना इस ढंग से की हैं कि एक दूसरे के विरोध में आकर मुख और उज्जवल, केश और घने, नेत्र और अरूणारे लगते हैं कितना माधुर्य है इस चित्र में!

चिकुर निकर तम सम
पुनि आनन पुनिम ससी,
नयन पंकज के पतिआओत
एक ठाम रहु बसी।

दूसरे स्थल पर एक ही रंग से नीली साड़ी और श्याम केश अंकित होने पर भी कितने स्पष्ट लगते हैं।

नील वसन तन घेरल सजनि गो
सिर लेल चिकुर सँभारि।

पंचवरण के तीरों का यह स्पष्ट लेखा देखिए-

तिन बान मदन तेजल तिन भुवने,
अवधि रहल दओ बाने;
विधि बड़ दारून बधए रसिकजन
सोंपल तोहर नयाने।

कभी आपने यह सोचा है कि चाँदनी का उद्गम क्या है? विद्यापति का कहना है कि ब्रह्मा ने चन्द्रमा का सार लेकर राधा के मुख को निर्माण किया था। राधा ने अपना मुख धोकर कुछ बूंदें इधर-उधर छिटका दीं। उन्हीं से दशों दिशाओं में अब उजाला होता रहता है। कैसी रम्य, कैसी विलक्षण, कैसी भावभरी, साथ ही कैसी सटीक कल्पना है!

चाँद सार लए मुख घटना करु,
लोचन चकित चकोरे;
अमिय धोय आंचर धनि पोंछल,
दह दिस भेल उँजोरे।

सद्यः स्नाता-सुन्दरता का अंगड़ाई लेना, उठना, पलक उठाना, हँसना, क्रोध करना रोना, कहीं भी अपनी कांति बिखेरते चलना और सोना, एक इन्द्रजाल की सृष्टि करना है। उसका स्नान करना, यौवन के सम्यतम दृश्यों में सद्यः स्नाता से एक है। यह दृश्य इतना आकर्षक है कि यदि कवि से वर्णन करने के लिए कहा जाये तो वह दृष्टि-लीनता और हृदय-मग्नता को सामने रखते हुए मैथलीशरण गुप्त के शब्दों में यही कहेगा-

किन्तु स्वयं अनुभूति यहाँ है निश्चला।

विद्यापति ने स्नान करती हुई राधा का जो चित्र अंकित किया है, उसे चित्र कहें? चित्र तो जड़ होता है। उसमें इतनी स्फूर्ति कहाँ? पर यह तो माधुर्य का एक अनिर्वचनीय अजस्र निर्झर है। यहाँ कीट्स की वह भावना अक्षरसः सत्य प्रमाणित हो रही है जहाँ उसके अनुसार सुन्दरता का कोई दृश्य चिरंतन आह्लाकारी होता है-

A thing of beauty is a joy for ever.

कवि ने दर्शक को स्नान करती हुई नायिका को चोरी से दिखाने का आयोजन किया है। ऐसी चोरी भी बड़ी प्यारी लगती है। ऐसा न करे, तो नायिका के थोड़े सजग होने से स्नान की स्वच्छन्दता चली जाय और दृष्टि का सारा माधुर्य विलीन हो जाये! केशों से बूंदें झड़ने का वर्णन कवि ने उत्प्रेक्षा के आधार पर अनेक प्रकार से किया है-

(अ) चिकुर गरए जलधारा
जनि मुख-ससि डर रोअए अँधारा।

(आ) चिकुर गरए जलधारा
मेह बरस जनु मोतिम धारा।

(इ) केस निगारइत बह जलधारा
चमर गरए जनि मोतिम हारा।

जैसे इन पंक्तियों के पढ़ने मात्र से बूंदों के टपकने का दृश्य आँखों के सामने घूम जाता है, वैसे ही नीचे की पंक्तियों को दुहाराने से पुछे हुए उजले शरीर की कांति सामने झलक उठती है।

बदन पोंछल परचूरे
साजि धएल जनु कनक मुकेरे।

ऐसी स्थिति में अमोघ प्रभावशाली चित्तवन के घूमने, यहाँ वहाँ के अंगों के खुलने, फिर स्वाभावित लज्जा से उन्हें ढकने, वस्त्रों के शिथिल और अस्त-व्यस्त होने, नेत्रों से काजल धुलने पर उनमें हल्की अरुणाभा के छाने का तो उल्लेख इन पदों में है ही, पर सबसे अधिक रमणीक कल्पन है विद्यापति की भीगे वस्त्रों का शरीर से चिपटे रहने की। वस्त्रों को इस बात का पता चल गया है कि राधा मोह-रहित होकर उन्हें पृथक कर ही देगी; अतः वे और भी अधीरता से चिपटे चले जाते है। इधर जल-धारा ने अनुभव किया है कि ऐसा रस अन्य शरीर में नहीं मिलेगा; अतः वह विदाई पर आँसू बहा रही है। जड़ वस्तुओं में इस प्रकार प्राण-प्रतिष्ठा करना विद्यापति के अतिरिक्त क्या किसी और से सम्भव था?

(अ) ओ नुकि करलहि चाहि किए देहा।
अबहि छोड़व मोहि तेजब नेहा।।

(आ) ऐसन रस नहि पाओब आरा।
इथे लागि रोइ गरए जलधारा।।

प्रेम प्रसंग-पथ में आते-जाते राधा कृष्ण कहीं मिल जाते हैं राधा सुन्दरी है, श्रंङ्गार किए हुए हैं ऊपर से नटखट भी हैं; अतः कृष्ण उन्हें देखते ही विकल हो जाते हैं। राधा भी कृष्ण के दर्शन से एक प्रकार की पीड़ा का अनुभव करती है। वैसे अपनी-अपनी आकुलता का निवेदन दोनों दूतियों से करते है; पर राधा की वाणी में थोड़ा अधिक संयम है। कृष्ण जहाँ खुले शब्दों में अपनी बात प्रकट कर देते हैं, वहाँ राधा थोड़ी विदग्धता का परिचय देती हैं-

कृष्ण- काहिक सुन्दरि के ताहि जान।
आकुल कए गेल हमर परान।।

राधा- साओन धनसम झर दु नयना।
अविरत धस धस करए परान।।

अंचल के खिसकने का आवश्यकता से अधिक वर्णन इन पदों में है। राधा के कितने असीम रूप को पंक्तियों की सीमित परिधि में कवि ने बाँधा है, पहिले यह देखिए-

जहँ-तह पग जुग धरई।
तहिं-तहिं सरोरुह भरई।।
जहँ-जहँ झलकत अंग।
तहिं-तहिं बिजुरि तरंग।।

जहँ-जहँ नयन विकास।
तहिं-तहिं कमल प्रकास।।
जहँ-जहँ कुटिल कटाख।
ततहिं मदन सर लाख।।

राधा इसी शक्ति के प्रभाव से मन हरतीं, धैर्य हरती हैं। क्योंकि साथ बनाए रखनी है; अतः सहसा आत्म-समर्पण नहीं करतीं, क्योंकि रस बनाए रखना है; अतः हावों से अपने हृदय की गति का परिचय तो देती हैं, पर तुरन्त ही खिसक जाती हैं।

क. आड़ बदन कए, मधुर हास दए;
सुन्दर रहु सिर नाई;
अऔंधा कमल कांति नहिं पूरए,
हेरइत जुग बहि जाई।

ख. आध बदन-ससि बिहसि देखाओलि
आध पीहलि निअ बाहु,
किछु एक भाग बलाहक झाँपल
किछक गरासल राहू।

दूति, नोक-झोंक, शिक्षा-एक दूसरे का एक दूसरे पर प्रेम प्रकट होने के उपरान्त एक को दूसरे से मिलने के लिए मध्यस्त की आवश्यकता होती है। दोनों ओर से दूतियाँ छुटकर दोनों की दारुण दशाओं का उल्लेख करती है। दूतियों को पूरी आग भड़काने वाली समझिए। कृष्ण की दूती कृष्ण के प्रेम, कृष्ण की आकुलता, कृष्ण की अनन्यता का एक ओर वर्णन करके कृष्ण के प्रति राधा के आकर्षण को दृढ़ करती, राधा के मुख पर ही राधा के गुणों का उल्लेख करके उसकी रुचि को जगाती और साथ ही यह भी समझाती है कि यौवन क्षणिक है, किसी गुणवान के साथ उसका उपभोग ही जीवन की सार्थकता है। दूसरी ओर राधा की दूती राधा के गात के कृश होने, मूर्च्छित रहने और रात दिन रोने की चर्चा करके कृष्ण की उतावली को गति देती है। राधा अभिसार और कृष्ण मिलन के लिए उद्यत होते है।

नोंक-झोंक में उस स्थिति का वर्णन है जहाँ युवतियाँ अपनी 'हाँ' को 'ना' शब्द से व्यक्त करती हैं। इस 'ना' में माधुर्य का एक पूरा सागर लहराता रहता है। पर विद्यापति इस मधुर 'ना' के अनुकूल एक रोमांटिक वातावरण की सृष्टि भी करते हैं।

छाँड़ु कन्हैया मोर आँचल रे
फाटत नव सारी।

अपजस होएत जगत भरि हे
जनि करिअ उधारी।
संग का सखि अगुआइल रे
हम एकसरि नारी।
दामिनि आए तुलाएल हे
एक रात अँधेरी।

इस थोड़ी सी छेड़-छाड़ और निकल भागने के उपरान्त दूतियाँ निश्चित मिलन के लिए दोनों को उद्यत करती हैं और समयानुकूल शिक्षा देती हैं। कृष्ण को तो इतना ही समझती हैं कि राधा उन्हें हृदय से बहुत चाहती हैं, अत: बाहर से वह अधिक उत्साह प्रदर्शित न करे तो अनुत्साहित न होंना, पर राधा को पूरी रस-रीति सिखाई गई है।

पहिरल बैठबि सयनक सीम।
हेरइत पिया मुख, माड़बि गीम।।
परसइत दुहु कर बारबि पानि।
मौन रहिब पहुकर इत बानि।।
जब हम सौंपब करे कर आपि।
साधस धरबि उलटि मोहे काँपि।।

मिलन और उसके उपरान्त-राधा कृष्ण कभी वैवाहिक बन्धन में नहीं बँधे थे। जैसा मानभंग प्रसंग से स्पष्ट है, विद्यापति की दृष्टि में भी राधा परकीया ही थीं। परन्तु पदावली के मिलन-प्रसंग के प्रारम्भ में उस लौकिक रीति का पालन किया है जिसके अनुसार स्त्रियाँ दुलहिन को पहले घर में प्रवेश करातीं और फिर रात्रि के समय कुछ समवयस्काएँ उसे पति के कक्ष में धोखे से ठेल खिसक आती हैं। इस प्रथम भेंट में घूँघट अपने पूर्णा माधुर्य के साथ विद्यमान है। विजड़ित चरणों से, झुकी पलकों से, सुकुमारता के भार से देबी नायिका शैया के निकट आकर पैरों की उँगली से पृथ्वी पर कुछ लिखने लगती है।

जतने आएलि धनि सयनक सीम।
पांगुर लिखि खिति नत रहु गीम।।

ये रात के पल नहीं हैं, लज्जा, संकोच, अनुनय, हठ, भय, प्रबोध, छल, अल्प सम्भाषण और मधुर परस के पल हैं। दीपक इतनी दूर पर जल रहा है कि दुष्ट बुझाया भी तो नहीं जा सकता।

प्रभात होते ही सखियाँ घेर लेती हैं। पूछती है; अरे नेत्रों का काजल कैसे फैल गया? ओठ फीके क्यों हैं? हार कब टूट गया? चोटी मे गुथें पुष्प, सिर का सिंदूर, मांथे का तिलक क्या हुए? तेरी आँखों में नींद कैसे भरी हुई है? नायिका चुप है। एक प्रश्न हो तो उत्तर दे। ये कोई पूछने की बातें हैं? सखियाँ हँस पड़ती हैं और मानों उनकी वह हँसी ही सब प्रश्नों का उत्तर बन जाती है।

परकीया के साथ प्रेम का निर्वाह बहुत ही कठिन काम है। इस कठिनाई को यदि प्रेमिकाएँ अपने साहस से सरल न कर देतीं, तो पार पाना, सम्भव न होता। इस साहस का नाम अभिसार है जिनमें नायिका सबसे छिपकर नायक से मिलने जाती है। विद्यापति की पदावली में दिवा और निशाभिसारिका दोनों का वर्णन है। निशाभिसारिकाओं में शुक्लाभिसारिकाओं के चित्र भी हैं। और कृष्णभिसारिकाओं के भी। लज्जा का वर्णन प्रथानुसार है। राधा एक बार पुरुष वेश में भी अभिसार करके कृष्ण को चकित करती हैं, पर स्पर्श से पहचानी जाकर पकड़ी जाती हैं। कितनी विषम परिस्थितियों में अभिसारिका अपने अविचल प्रेम का परिचय देती है, यह समझाने की बात नहीं। रीति मर्यादा का भय, गुरुजन परिजन का भय, लोक लज्जा का भय, एक भय है? घर से आँख बचाकर निकले तो पथिक हैं। पथिकों से प्राण बचे, तो प्रकृति है। कभी उज्जवल चन्द्रमा भेद खोलने पर तुला है, कभी मध्यान्ह की तप्त बालू सुकुमार चरणों को झुलसाने को तत्पर है, कभी घोर वर्षा, घनांधकार, कड़कती विद्युत मुँह खोले हुए हैं, कभी मार्ग में काँटे, बिच्छू, सर्प डटे हैं।

पर विघ्नों के सामने प्रेम क्या हार स्वीकार करता हैं? नायिका अब अधिक चतुर हो गई हैं। पहले जिन बातों का उत्तर देने में वह लजाकर रह जाती थी, अब बहकाकर बच जाती है। यदि चूड़ियाँ मौर गई और हार टूट गया तो क्या बात है। यमुना पार करनी थी। नौका मिली नहीं। जल में धँस कर किनारे लगी। इसी से हार अस्त-व्यस्त हो गया, चूड़ियाँ चटक गई, कुंडल खिसक गए, तिलक धुल गया। श्रंगार करने के लिए ताल से एक कमल तोड़ा, तो भौंरे ने निकल कर अधर पर चिन्ह बना दिया। मार्ग के काँटों में उलझ कर वस्त्र फट गए। जलभरा घड़ा शीश पर रखकर लाई, इसी से कबरी शिथिल हो गई। सखियों से पीछे पड़ गई; अतः लम्बी-लम्बी सांसें चल रहीं हैं। मार्ग से दुष्टों ने कुछ अपवाद-जनक बातों का प्रचार किया। उन पर क्रोध करने से कंठ से गदगद वाणी निस्सृत हो रही है। वास्तविक स्थिति तो है यह। इंस पर बैरिन ननद यदि अन्य अर्थ लगाती है, तो यह उसका अत्याचार है।

मान और मान-भंग-प्रणय में अनन्य न रहना उसका सबसे बड़ा अपमान है। प्रेम में सब कुछ सहा जा सकता है, प्रेमपात्र द्वारा अन्य का चिन्तन नहीं सहा जा सकता। कृष्ण में सब गुण हैं, पर उनकी रसिकता अवगुण की सीमा तक पहुँच गई है। राधा के सामने किसी अन्य नायिका का नाम वे भूल से ले बैठते हैं। इस पर आँखों में नींद भरी है, वक्षस्थल पर महावर के चिन्ह हैं, कपोलों पर कुँकुम लगा रह गया हैं, नख-क्षत यहाँ-वहाँ उभरे हैं। राधा की भवें तन जाती हैं। उन्हें बड़ी पीड़ा होती हैं। यह मानों उनके अतुल सौंदर्य, अनन्त गुणों, अगाध नेह का खुला उपहास है-

एकहि नगर बसु माधव, सजनी
पर भामिन बस भेल।
हम धनि एहनि कलावति, सजनी
गुन गौरव दुर गेल।।

इस मान के आवेश में वे एकमात्र कृष्ण से ही अप्रसन्न नहीं हो जातीं, श्याम रंग की जितनी वस्तुएँ हैं उन्हें दृष्टि के सामने से हटा देती हैं। नीली साड़ी नहीं पहनतीं, नीलम का हार उतार कर फेंक देती हैं, कस्तूरी का तिलक और काजल धो डालती हैं, काले बादलों को नहीं देखतीं, श्याम तमाल पर चूना पुतवा देती हैं। दर्पण में केशराशि श्याम दिखाई देती हैं, उसे पृथ्वी पर पटक कर चूर-चूर कर डालती हैं। सखियाँ समझाती हैं तो बिगड़ पड़ती हैं और अत्यन्त परिताप के साथ कहती हैं-

कबहुँ रसिक सयँ दरस न होए जनु,
दरसन होए जनु नेह
नेह विछोह जनु काहुक उपचए
बिछोह धरए जनु देह
सजनी, दुर करु ओ परसंग।।

इस भारी मान और कोप को मिटाने के लिए कृष्ण चातुरी से काम लेते हैं। कभी जोगी और कभी जोगिन के वेश में राधा के द्वार पर जाते हैं। जब राधा कुछ देना चाहती हैं, तब कृष्ण कहते हैं-

मनोरथ कर्म जांचलि जदि सुन्दरी,
मान रतन देह मोय।

उस खीझ में भी राधा रीझ उठती हैं और समस्त मान एक मुस्कान में बह जाता है।

विदग्ध-विलास-मान-भंग से आगे पदावली में विदग्ध-विलास शीर्षक एक प्रणय-प्रंसग हैं, जिसे यदि विद्यापति बचा जाते तो अच्छा होता । परन्तु

उसे बचाना सम्भव नहीं था, क्योंकि जहाँ प्रेम में शरीर भी चलता है, वहाँ यह स्थिति जीवन नाटक की सारभूमि बनकर अनिवार्य रूप से सामने आती है। विदग्ध-विलास अपने नाम से ही अपने विषय को बहुत कुछ स्पष्ट कर देता है। इसमें उन क्षणों को बांधने का प्रयत्न किया गया है, जो एकदम ऐकान्तिक हैं।

विरह-वियोग संयोग के साथ वैसे ही गुँथा हुआ है, जैसे छाया प्रकाश के साथ ग्रीष्म बसंत के साथ, काँटा पुष्प के साथ। संयोग का सुख जितना ही व्यापक और बहुमुखी होता है, वियोग का दु:ख उतना ही गहरा और तीव्र। कृष्ण के मथुरा-गमन की बात सुनते ही राधा आकुल हो जाती हैं और सखियों से उन्हें रोकने के लिए कहती हैं। अशकुन न घटे, इसीसे अपने मुख से मना करना नहीं चाहती। पर कृष्ण चले जाते हैं-चले जाते हैं राधा को अगाध दु:ख के समुद्र में सदैव को डुबाकर।

दु:ख की अनुभूति भावुकता की मात्रा पर निर्भर करती हैं। जो जितना अधिक भावुक है, वह उतना ही अधिक दु:खी है। राधा से अधिक भावुक नारी न इस सृष्टि से उत्पन्न हुई और आगे होगी भी या नहीं, निश्चयपूर्वक नहीं कहा जा सकता। राधा और भावुकता जैसे एक ही भाव की दो संज्ञायें हों।

कृष्ण के मथुरा चले जाने पर राधा के दिन भिन्न हैं।, रातें भिन्न, गति भिन्न, जीवन भिन्न।

विरह के पदों में सबसे पहली बात है चारों ओर के वातावरण में सूनेपन, एकाकीपन और विषाद की भावना। प्रियतम के बिना घर नहीं भाता, शरीर नहीं भाता, यौवन नहीं भाता, चंदन नहीं भाता, कपूर नहीं भाता, केशर नहीं भाती। शैया तो भाये क्या? सब सूना-सूना सा लगता है। बाह्य सृष्टि में अब कुछ सुन्दर प्रतीत नहीं होता। सब कुछ दाहक लगता है। एक-एक वस्तु पीड़ा को गहराई देने आती है। भ्रमर पुष्पों का रस ले रहे हैं, पवन मंद गति से बह रहा है, कोकिल कूक रहीं है, ज्योत्स्ना खिल रहीं हैं। प्रकृति का यह हास राधा को और उदास कर जाता है। इसी प्रकार वर्षा के दिनों में जब बादल घिरते, वज्रपात होता, अन्धकार भर जाता और इस पर घर सूना रहता है, तब नयन और हृदय विषाद की जिस धनी छाया में डूबे रहते हैं, तब नयन और हृदय विषाद की जिस घनी छाया में डूबे रहते हैं, वह अनुभूति से ही सम्भव रखती हैं।

राधा दिन पर दिन दुबली होती जाती है। मुख पीला पड़ गया, ओंठ सूख गये, वाणी क्षीण हो गई, ग्रीवा की हड्डियाँ निकल आई। नयनों में झाँई छा गई। थोड़ी-थोड़ी देर में मूर्च्छित हो जाती हैं। सखियाँ व्यजन डुलाकर शीतल जल के छीटों से उपचार करती हैं, पर परिणाम और भी भयंकर होता है।

प्रतीक्षा का ही अब एक मात्र सहारा रह गया है। पर जब कोई कभी न लौटने के लिए ही चला गया हो, तब प्रतीक्षा और भी कसक दे उठती है। अनेक प्रकार की कल्पनाएँ राधा करती है। सोचती हैं-यदि उड़कर कृष्ण के पास जा सकती तो कैसा होता?

राधा की अनन्यता और कृष्ण की कठोरता दोनों का चित्रण पदों में है। कृष्ण की कठोरता के सहारे राधा की अनन्यता और भी निखर गई है।

राधा यद्यपि कुब्जा और उद्धव का नाम भी लेती है, पर यहाँ इन दोनों को वह स्थान प्राप्त नहीं है, जो सूरदास के पदों में आगे चलकर मिला। विद्यापति ने इस प्रंसग को उठाया मात्र है, बढ़ाया नहीं। राधा सोचती है-सबके प्रियतम अपनी-अपनी प्रेमिकाओं का स्मरण करके घर लौट आये, पर कृष्ण किसी के ऐसे वश में हुए कि लौटे ही नहीं। यद्यपि विरह के अन्तिम दो पदों में कृष्ण की अधीरता भी प्रदर्शित हुई है, पर राधा के प्रेम के सामने वे निर्मोही लगते हैं।

राधा को अपने विरह काल में एक शंका बार-बार होती है,-वे सोचती है कृष्ण का जो आदर था वह सम्भवतः उनके यौवन और रूप के कारण। अब यौवन रूप ही हानि से वह नहीं रहा। इस कल्पना से उन्हें बड़ी पीड़ा होती है। अन्तर के गुणों पर आधारित न होकर प्रेम जहाँ शरीर-सौन्दर्य पर निर्भर रहता है, वहाँ इस स्थिति का सामना करने पर जाने कितने प्राणियों को उस मरोर की अनुभूति होती है जो उनके मन की गहराई में ही घुमड़कर रह जाती है। इतना सब होने पर भी राधा का प्रणय अडिग है। न दोष दूषकों की बातें उन पर प्रभाव डालती हैं, न कृष्ण की निर्ममता, न विधि का विपरीत विधान। इतना दुःख उन्हें अवश्य है कि कुब्जा जैसी अनधिकारिणी के वश में होकर कृष्ण उस अनिर्वचनीय सुख का अनुभव करने से वंचित रह गये, जो राधा के भरे हृदय के सम्पर्क से उन्हें प्राप्त होता। कुछ मिला नहीं इस बात का दुःख प्रेमी को नहीं होता, मन भरकर अपना सब कुछ दे भी न पाए, इतनी सी साध काँटा बनकर कसकती रहती है। विरह सम्बन्धी दो एक मार्मिक उदाहरण देखिए—

क. *बनहिं गमन करु होएति दोसर मति*
विसर जाएब पति मोरा।
हीरा मनि मानिक एको नहिं मांगब
फेरी माँगव पहु तोरा।।

ख. *नखर खोआओलु' दिवस लिखि-लिखि*
नयन अँधाओलुँ पिया पथ देखि।।

ग. *तेल बिंदु जैसे पानि पसारिए*
ऐसन मोर अनुराग
सिकता जल जैसे छनहि सूखिए
तैसन मोर सुहाग।।

घ. *अंकुर तपन-ताप जदिं जाराब*
कि करब बारिद मेंह?

इस विरह-वर्णन में एक बारहमासा भी है। जायसी ने भी बारहमासे का सहारा लिया है। पहली बात है इसमें प्रत्येक मास की वस्तुओं का परिगणन, जैसे आषाढ़ में बादलों का घिरना, सावन-भादों में घोर वर्षा का होना, क्वार में सरोवरों में चक्रवाक का खेलना, जाड़े के दिनों में रातों का बड़ा होना, तुषार पड़ना, वसंत में कोकिल का कूकना। दूसरी बात सृष्टि से नायिका को अपनी दशा की तुलना है। कभी वह प्रकृति पर दृष्टि डालती हुई कहती है कि भ्रमर पुष्पों का रस ले रहा है, पर उसका नागर बड़ा असयाना है। कभी वह मानव-जगत को सामने रखती है। कार्तिक में सभी सुखी हैं; केवल वही दुःखी है। जायसी का बरहामासा आकार में दीर्घ है, अतः उसमें हृदय की जितनी मनोवृतियों को स्थान मिला है, उतनी को इसमें नहीं। फिर भी विद्यापति के बारहमासे की मार्मिकता कम नहीं।

जैसे साधना-जगत में जीव और ब्रह्म की एकता प्रसिद्ध है वैसे ही स्नेह जगत में प्रेमिका और प्रिय की। यह प्रेम की पराकष्ठा है। राधा आकुलता की तल्लीनता में अपने को कृष्ण समझाने लगती है और राधा-राधा चिल्लाती है। संज्ञा प्राप्त करती है तो फिर कृष्ण-कृष्ण पुकारती है-

असुवन माधव माधव सुमरत
राधा भेल मघाई।

प्रकृति वर्णन विद्यापति का बहुत सफल नहीं हुआ। विरह वर्णन के अंतर्गत चौमासे और बारहमासे में यद्यपि विभिन्न ऋतुओं की वस्तुओं पर कवि की दृष्टि थोड़ी गई है, पर स्वतन्त्र रूप से उसने केवल बसंत का वर्णन किया है। वह भी रुढ़ि-बद्ध है। वहाँ भी अधिकतर वस्तुओं के नाम गिनाए हैं-

नव वृन्दावन नव नव तरुगन
नव नव विकसित फूल।
नवल बसंत नवल मलयनिल
मातल नव अलि कूल।।
नवल रसाल मुकुल मधु मातल

नव कोकिल कुल गाय।
नव जुवतीगन चित उमताअइ
नव रस कानन धाय।।

इनके अतिरिक्त जो वर्णन है वे रूपकों में बँधे हुए हैं। उनमें कहीं जन्मोत्सव, कहीं युद्ध, कहीं विवाह और कहीं अदालत के सांग-रूपक हैं, जिनमें बसंत में उत्पन्न होने वाली वस्तुओं को विविध रूपों में बाँधा है। इस प्रकार के पद बड़े कृत्रिम और रूखे हैं। ऐसे पदों में एक स्थान पर चन्द्रमा के सम्बन्ध में यह कल्पना की है कि दही जम गया है। बसन्त कहीं बालक, कहीं राजा, कहीं दुल्हा और कहीं प्रतिवादी हेमन्त के साथ वादी के रूप में आता है। ऐसा प्रतीत होता है कि महाराज और महारानी के सम्पर्क में निरन्तर रहने के कारण विद्यापति को प्रकृति के सौंदर्य के रहस्यों के उद्घाटन का अवसर नहीं मिला। हाँ, जीवन के सुख और उसकी मादकता तथा उस सुख और मादकता की वृद्धि करने वाले नृत्य एवं संगीत की चर्चा अनिवार्य रूप से वसन्त के वर्णनों में विद्यमान है-

मधु रितु मधुकर पाँति।
मधुर कुसुम मधु माति।।
मधुर मृदंग रसाल।
मधुर मधुर कर ताल।।
मधुर नटन गति भंग।
मधुर नटिनी नट संग।।

श्रंगारी, भक्त अथवा रहस्यवादी?-विद्यापति की कविता के कलेवर पर यदि दृष्टि डाली जाये तो वे सामान्य रूप से एक श्रंगारी कवि ही प्रतीत होते हैं। उनकी पदावली जिस प्रकार नायिका को वय: संधि, नखशिख के वर्णन, सद्य: स्नाता के चित्र, प्रेम की अठखेलियाँ, दूती की चतुरता, सखी की शिक्षा, अभिसार को तत्परता, मिलन और विदग्ध विलास के प्रसंग, मान और मान-भंग के दृश्य तथा विरह की व्याकुलता से लहराकर पाठक को अपूर्व प्रेम-रस से सिक्त कर देती है, उसमें साधारणत: उसे लौकिक श्रंगार की रंगरेलियाँ ही दिखाई पड़ती हैं, और जब पंडित रामचन्द्र शुक्ल जैसे विद्वान अपने साहित्य के इतिहास में लिखते हैं कि-'विद्यापति के पद अधिकतर श्रंगार के ही हैं जिनमें नायिका और नायक राधाकृष्ण हैं। विद्यापति को कृष्ण भक्तों की परम्परा में न समझना चाहिए।' तब विद्यापति के रसिक प्रेमियों को उन्हें केवल श्रंगारी समझने की एक सनद भी मिल जाती है। बात शुक्लजी तक ही नहीं है, अभी कुछ दिन हुए डाक्टर उमेश मिश्र ने कवि के अंतर्हृदय के

स्थायी भाव को खोजने का प्रयत्न करते हुए यह सिद्ध करने की चेष्टा की है कि कवि 'केवल श्रंगारिक' था। उनका कहना है कि विद्यापति का जीवन प्राय: श्रंगार प्रिय लोगों के साथ राज-सभाओं में व्यतीत हुआ था तथा विद्यापति न किसी विरक्त भक्तों के संगठन में कभी थे, जिनसे उनका भाव भक्ति की ओर उद्‌बुद्ध होता। फिर विद्यापति के घर मिथिला में ही जो वैदिक काल से दार्शनिक विचारों का केन्द्र रहा है, विद्वानों ने इनकी कविताओं का आदर नहीं किया। उनकी यह भी खोज है कि विद्यापति की श्रंगारिक कविताएँ केवल श्रंगारिक जीवन व्यतीत करनेवाली मैथिली स्त्रियों में ही विशेष आदृत होती है। विद्यापति को केवल श्रंगारिक कवि मानने का सबसे दृढ़ प्रमाण उनके पास यह है कि मिथिला में विद्यापति को कोई वैष्णव कवि नहीं मानता और न इन्हें भक्त ही कहता है। बंगाल में विद्यापति जो वैष्णव कवि तथा भक्त कहलाते हैं, उसका कारण उन्होंने यह बतलाया है कि विद्यापति की कविता ने वहाँ राधाकृष्ण की भक्ति की रचनाओं की जड़ बोई थी। डाक्टर उमेश इतना अवश्य मानते हैं कि कवि राधा और कृष्ण के सच्चे स्वरूप से अपरिचित नहीं था। पर साथ ही वह यह भी कहते हैं कि सच्चा प्रेम जिसे हम राधाकृष्ण की भक्ति कहते हैं कवि ने अपनी कविताओं में कही नहीं दिखाया। यदि डाक्टर साहब अपनी खोज को पूर्ण बनाना चाहते तो यह भी कह सकते थे कि विद्यापति के पद 'लखिमा देई तथा सिव सिंह' के प्रसन्न करने को अन्त:पुर में गाए जाने के लिए लिखे जाते थे और अन्त:पुर ऐसा स्थान नहीं है, जहाँ भक्ति की चर्चा की जाय। यदि वे चाहते तो विद्यापति की पदावली से श्रंगार के कुछ नग्न चित्र देकर अपने कथन को और भी दृढ़ कर सकते थे। परन्तु सम्भवत: उन्होंने जितने भी प्रमाण दिए हैं उन्हे ही अपनी बात पुष्ट करने की पर्याप्त समझा है। इस प्रकार की अनेक बातें विद्यापति को श्रंगारिक सिद्ध करने के लिए कही जाती हैं।

विद्यापति के शिव भक्ति को सादर प्रशंसा की जाती है। एक किवदंती तो यहाँ तक प्रचलित है कि स्वयं महादेव इनकी भक्ति पर मुग्ध होकर 'उगना' नाम से किसी व्यक्ति के रूप में इनके साथ रहते थे और एक बार जब कवि तृष्णाकुल था तब उन्होंने अपने कर-कमलों से उसे गंगाजल पिलाया था। समझ में नहीं आता कि एक कवि जो किसी भी देवता की भक्ति के इस स्वर्गीय परिवेश से आवृत है, वह सांसारिक श्रंगार की कलुषतापूर्ण सरिता को कैसे प्रवाहित कर सकता है? प्रसिद्ध है कि विद्यापति पूजा समाप्त करते ही अपने पदों की रचना करते थे। समझ में नहीं आता कि वह समय श्रंगार के पंक में फँसने का कैसे हो सकता था? सुनते हैं कि प्रेमावतार चैतन्यदेव विद्यापति के पदों को गाते-गाते कृष्ण-प्रेम से विह्लल हो अश्रुपात करने लगते थे। समझ में

नहीं आता कि लोग उस महात्मा के हृदय की अमलता तथा विद्यापति के पदों में श्रृंगार की दुर्गंध-ये दो विरोधी बातें एक साथ कैसे देखते हैं।

विद्यापति के इस पद को पकड़कर-

माधव हम परिनाम निरासा
तुहुँ जगतारन दीन दयामय
अतए तोहर विश्वासा।।
आध जनम हम नींद गमायन
जरा सिसु कत दिन गेला।।
निधुबन रमनि रभस रंग मातनु
तोहे भजब कौन बेला।।

कुछ लोग समझते है कि विद्यापति ने अपने समस्त काम कलापूर्ण कामिनियों के सुसंसर्ग में बिताया और जीवन के कुछ अंतिम दिनों में जब उनकी आँखें खुलीं, तो उनका हृदय पश्चात्ताप की अग्नि से जल गया। पर भक्त कवियों में यह प्रथा रहीं हैं कि वे अपने को 'पतितों का राजा' ही कहते हैं। यह उसी प्रथा का अनुमोदन है।

साथ ही इन पंक्तियों में जिसे विद्यापति 'जगतारन' 'दीनदयामय' कहते, जिस पर उनका विश्वास है, वे कोई और नहीं, 'माधव' हैं। एक और लोग इन पंक्तियों को विद्यापति के हृदय की सच्ची प्रेरणा से लिखी मानते हैं, दूसरी ओर उन्हें माधव का भक्त (कृष्ण भक्तों की परम्परा में) नहीं मानते, कैसी विषमता है! जिस तन्मयता के साथ उन्होंने राधाकृष्ण के अलौकिक अमल प्रणय का विशद वर्णन किया है, वह भक्ति की ही सीमा तक पहुँचा हुआ है। इसके अतिरिक्त और कुछ है भी नहीं। यदि विद्यापति के शब्दों का सहारा लिया जाय, तो पता चलता है कि वे शिव और माधव में कोई अन्तर मानते ही नहीं थे-

खन गोकुल भये चराइअ गाय।
खन भिख मागिए डमरू बजाय।।

और पहिले जिस पद के आधार पर विद्यापति को जीवन भर रमणियों का सखा मानकर उन्हें कृष्ण-भक्ति के क्षेत्र से बहिर्गत कर दिया, उसी के अन्त की ओर कृष्ण के स्वरूप सम्बन्धिनी ये पंक्तियाँ भी विद्यापति के ही हृदय से निकली हैं-

कत चतुरानन मरि मरि जाओत
न तुअ आदि अवसाना।

तोहे जनमि पुन तोइ समाओत
सागर लहरि समाना।।

जहाँ भक्तों ने कृष्ण को सखा स्वामी, पिता के रूप में देखा है, वहाँ उनकी आत्मा ने उन्हें पति-रूप में भी पहचानता है। संसार के समस्त सौंदर्य, समस्त प्रेम, समस्त विरह-व्याकुलता को मथ कर कवियों ने एक सुकुमार मंजुल मूर्ति का निर्माण किया। यह मूर्ति है। राधा की। राधा और कृष्ण के मध्य होने वाले अभिसार, मान, विरह और मिलन में 'मधुर भाव' की पुष्टि होती है। राधा का प्रेम इतना प्रबल है कि वे धर्म, कर्म, मान सम्भ्रम, कुलकानि, विधि-विधान सब अपने प्रेमी पर न्यौछावर कर देती हैं। आत्मा को ऐसे उद्दाम वेग से बहने वाले प्रेम का ही आदर्श उपयुक्त हो सकता है। विद्यापति इसी मधुर-भाव के उपासक थे। उनकी राधा अनन्त सौंदर्यमयी, अनन्त प्रेममयी तथा प्रेममयी अनन्त व्यथामयी हैं।

इस रूपमयी, इस छलनामयी, इस कामकेलिमयी, इस प्रेममयी राधा की समस्त लीलाओं का सार जब हम उसी के मुख से सुनते हैं तो अवाक रह जाते हैं-कुछ-कुछ उसी प्रकार जब जायसी अपनी प्रेमगाथा 'पद्मावत' को 'अत्योक्ति' पुकारते हैं तब। जो राधा अपने हार को तोड़कर सखियों को बिखरे मोती बीनने का आदेश इसलिए देती हैं कि इस अवकाश में आँख बचाकर लीला-बिहारी को तनिक देख लें, जो राधा अभिसार के समय सर्प को पैर से निपटा हुआ देखकर उसे इसलिए अपना हितैषी मानती हैं कि अच्छा हुआ नुपुर अब शोर नहीं करेंगे, जो चतुर राधा केलि के समय कृष्ण से भोली बनकर यह कहती हैं कि 'मेरी गाँठ' में 'सुरत धन' कहाँ है, मैंने तो इसका नाम भी नहीं सुना, अच्छा सखियों से पूछूँगी कि यह वस्तु मेरे घर में है कि नहीं; वहीं पगली राधा अपने समस्त जीवन के अनुभव को इन अमर शब्दों में व्यक्त करती हैं—

सखि, कि पूछसि अनुभव मोय।
से हो पिरीत अनुराग बखानिए
तिल तिल नूतन होय।।
जनम अवधि हम रूप निहारल
नयन न निरपित भेल।।
से हो मधु बोल स्त्रवनहि सूनल
स्तुति पथ परस न मेल।।
कत मधु जामिनि रभस गमाओल
न बूझल कइसन केल।

लाख लाख जुग हिय हिय राखल
तइयो हिय जुड़ग न गेल।

यह प्रेम निश्चय ही संसार का कृत्रिम प्रेम नहीं है जिसमें प्रागी दो दिन में ऊब जाते है। इस प्रेम में काम की दुर्गन्ध कहाँ है? शब्द-शब्द से जैसे आत्मा की विह्लल मूक पुकार मुखरित हो रही है। इन्हीं पंक्तियों को अंग्रेजी बाना पहनाकर रवीन्द्रनाथ ठाकुर ने एक स्थान पर खड़ा किया। उसमें संसार के विद्वान परमात्मा के प्रति आत्मा की उत्कट अभिलाषा का दर्शन करने लगे।

" It seems to me that I have gazed at your beauty from the beginning of my existence, that I have kept you in my arms for countless ages, yet it has not been enough for me."

विद्यापति को श्रंगारी सिद्ध करने के लिए यह भी कहा जाता है कि भक्त तो वे केवल भगवान शिव के थे। किन्तु उनकी पदावली के आधार पर इस बात को प्रमाणिक करना कठिन होगा। प्रार्थना और नचारी के अंतर्गत जो पद दिए गए हैं उनमें दुर्गा, गंगा, जानकी, शिव, कृष्ण सभी के आराधना-गीत हैं। जैसा जीवनी के प्रसंग में कह चुके हैं हमारी यह दृढ़ धारण है कि विद्यापति एक आस्तिक हिन्दू मात्र थे। सबको आदर, श्रद्धा की दृष्टि से देखते थे। परम-पुरुष को जैसे वे विविध रूपों में देखते थें, उसी प्रकार महाशक्ति को भी -

(अ) खन पंचानन, खन भुज चारि।
खन संकर, खन देव मुरारि।।

(आ) कजल रूप तुअ काली कहिए,
उजल रूप तुअ बानी,
रवि मंडल परचंडा कहिए,
गंगा कहिए पानी;
ब्रह्मा घर ब्रह्मनी कहिए,
हर घर कहिए गौरी,
नारायन घर कमला कहिए,
के जान उतपति तोरी।

कहीं तो शक्ति को ब्रह्मा, विष्णु और महेश के ऊपर भी प्रतिष्ठापित किया है-

जगत पालन, जनन, मारण,
रूप कार्य सहस्त्र कारण,
हरि विरंचि महेश शेखर चुम्ब्यमान पदे।

अब सभी देवताओं के प्रति विद्यापति की आस्था को देखिए-

कृष्ण- *भनहि विधापति शेष शयन मय,*
तुअ बिन गति नहीं आरा।

राधा- *करू अभिलाख मनहि पद पंकज*
अहोनिसि कोर अगोर।

शिव- *हर जनि विसरव मो ममिता,*
तुअ सम अधम उधार न दोसर,
हम सम जग नर्हि पतिता।

देवी- *विद्यापति कवि तुअ पद सेवक,*
पुत्र विसरु जनि माता।।

गंगा- *जग गंगे, जय गंगे!*
शरणागत भय भंगे।

जानकी- *रे नरनाह सतत भजु ताही।*
ताहि नहि जननि, जनक नहीं जाही।।

नचारियों के आधार पर जो उन्हें शिवभक्त कहा जाता है, वह निराधारसा है। शिव को एक स्थान पर अवश्य अर्द्धनारीश्वर के रूप में देखा गया है। अधिकतर पदों में शिव के विवाह और गृहस्ती का वर्णन है, जिनमें उनका पूरा बावलापन चित्रित है।

एक बात और भी है। पदावली में विद्यापति ने कुच की उपमा अनेक स्थलों पर शिव से दी है। यदि शिव विद्यापति के परमाराध्य होते तो कम से कम ऐसा अनादर तो उनका न करते-

क. *कनक सम्मु सम अनुपम सुन्दर।*

ख. *उरज सम्भु निरमान।*

अब रहस्य सम्बन्धी धारणा पर आइए-

विद्यापति रहस्यवादी कवि नहीं हैं। खीचतान करने से कहीं-कहीं अर्थ चतुरता के कारण उनके पदो के दुहरे अर्थ लगने से उनमें रहस्यवाद बतलाया जा सकता है। यह कवि की प्रतिभा की विशेषता और उससे भी अधिक लेखक के उर्बर मस्तिष्क की ग्रहकता है कि वह एक भक्त में रहस्यवाद के तत्वों को देखे।

विद्यापति के रहस्चवादी कवि होने में जो सबसे बड़ी आपत्ति खड़ी होती है वह यह कि रहस्यवाद ब्रह्म के किसी साकार स्वरूप को ग्रहण नहीं करता। उसका प्रिय निराकार ब्रह्म होता है। राम, कृष्ण अथवा शिव नहीं। विद्यापति ने जो कुछ कहा है वह स्पष्टतः राधा कृष्ण, शिव पार्वती, सीता राम के सम्बन्ध में ही।

विद्यापति के समय में ब्रह्मवैवर्त पुराणोक्त राधाकृष्ण की भक्ति का प्रचार हो चुका था। आगे चलकर कुछ ऐसा हुआ कि राधा के अनन्य प्रेम की समता जीवात्मा के प्रेम से की जाने लगी। प्रेम के रंगरहस्यों में अभिसार एक मुख्य वस्तु है और गोपनीय बातों के लिए दूती की भी आवश्यकता पड़ती है, इसलिए राधाकृष्ण सम्बन्धी पदों में प्रेमिका की कल्पना जीवात्मा से, प्रेमी की परमात्मा से और दूतों की इन्हें मिलानेवाले मार्ग-दर्शक सतगुरु से होने की सम्भावना हुई। इस सम्भावना के बल पर लोग कवि की समस्त रचना को रहस्यमयी कहने लगे। परन्तु जब विद्यापति की रचना में आत्मा राधा और परमात्मा कृष्ण के स्वरूप निर्दिष्ट है, तब कोई कारण नहीं है कि उन्हें भक्त के अतिरिक्त कुछ कहा जाय।

राधा-राधाकृष्ण जैसी रस-मूर्तियाँ सृष्टि में और कहीं कभी एकत्र हुई, स्मरण नहीं आता और यौवन की पदावली जैसी व्याख्या बाहर कहीं हुई, पता नहीं? परकीया रहकर भी अनन्य अनुरागिनी होने के कारण राधा का नाम कृष्ण के नाम के साथ उनकी सहधर्मिणियों से भी अधिक गुँथ गया। कृष्ण का स्मरण करते समय आज कोई रूक्मिणी-कृष्ण अथवा सत्याभामा-कृष्ण नहीं कहता, सभी राधाकृष्ण कहते है। राधा की प्रमुखता यहाँ तक हुई कि वे संप्रदाय विशेष की आराध्या बन बैठी। विद्यापति की पदावली में यद्यपि राधा और कृष्ण दोनों की चर्चा है; पर विशेष स्थान राधा को ही मिला है। प्रेम प्रसंग, दूती, सखी शिक्षा, मान और विरह में यद्यपि दोनों को लक्ष्य करके अलग-अलग पद लिखे गये हैं पर कवि ने राधा के शरीर और मन के सौन्दर्य का विश्लेषण अधिक मनोयोग से किया है। इसके अतिरिक्त वय: संधि, नख-शिख, सद्य:स्नाता आदि के प्रसंग तो केवल राधा को लेकर ही है। राधा की ओर अधिक ध्यान देने के दो कारण हो सकते हैं। पहला यह कि रूप स्पष्टत: नारी का विशेष गुण है। शरीर की कोमलता और रम्यता बाँटने में कुछ प्रकृति ने ही उसके साथ पक्षपात किया है। कृष्ण भी अनन्य सुन्दर है- मनमथ कोटि मथन करु जे जन-पर राधा के अनिर्वचनीय सौन्दर्य के लिए तो कोई विशेषण ही नहीं। दूसरे, विद्यापति में रूप वर्णन की जो प्रचुरता है वह उनकी परिस्थिति के कारण भी। शिवसिंह के अन्त:पुर के रूप में राधा की रूप-रेखा निर्मित करने में उनकी बहुत सहायता की होगी। इसका प्रमाण पदों की वह सजीवता है जो सीधे अनुभव से फूटती है। कहीं अलंकारों के आधार पर, कहीं हावों के सहारे और कहीं स्नानागार, पथ अथवा यमुना तट पर राधा को दिखाकर सृष्टि की अनन्त माधुरी से उनके अंग-प्रत्यंग का कवि ने अभिषेक किया हैं।

इस अनन्त माधुर्य में अपरिचित नटखटपन मिल कर यौवन में अपूर्व रस-ज्वार उठा गया है।

सुन्दरी होने के साथ ही राधा अगाध स्नेहमयी है। वह यौवन, वह सौंदर्य, वह नटखटपन प्रेम की धारा बन कृष्ण के लिए निवेदित होकर सफल हो गया है। राधा का उपयुक्त साथी सिद्ध होने के लिए ही मानों रसराज ने अवतार लिया था। राधा और कृष्ण का मिलन सौन्दर्य और सौन्दर्य का, आकर्षण और आकर्षण का तथा रस और रस का मिलन है।

पर राधा की ख्याति का जो प्रमुख कारण हुई है, वह है उनकी पीड़ा। जैसी तीखी पीड़ा का अनुभव उन्हें हुआ, उसकी कल्पना मात्र से शरीर सिहर उठता है। कृष्ण की निठुरता को जीवन भर प्रतीक्षारत रहकर उन्होंने जिन अश्रुबिन्दुओं के सहारे सँभाला, उनके पार झाँकने का साहस आज किसमें है?

कला-विद्यापति के पद कला की दृष्टि से पूर्ण हैं। वे आकार में छोटे, भावपूर्ण, सरस और संगीतात्मक हैं। भाव को अधिक विस्तार देने से वह बिखर जाता है; अत: उसे संक्षेप में व्यक्त करने से ही वांछित प्रभाव पड़ता है। संक्षेप का अर्थ यह नहीं है कि बात को सूत्रों में कहा जाय। विद्यापति ने हृदय के उमड़ते भावों को ऐसा उचित आकार दिया है कि उसमें परिवर्तन करना सम्भव नहीं। एक भी पंक्ति हटाने से समस्त भावधारा विश्रंखल हो जायेगी। वर्णन में यद्यपि ब्राह्म शरीर पर विद्यापति की दृष्टि अधिक पड़ी है, पर मन की गहराई में भी वे पूरे उतरे हैं। यौवन-काल का इतना मनोमुग्धकरी और सूक्ष्म वर्णन करने वाला हिन्दी में दूसरा कवि नहीं है। इन पदों की सरसता तो अद्वितीय है, यहाँ तक कि इसी रस के साथ किसी भी अन्य भाषा में पदावली का अनुवाद असम्भव है।

पदों और गीतों की यह परम्परा वैदिक भाषा, संस्कृत और प्राकृत से होती हुई हिन्दी को प्राप्त हुई। विद्यापति पर जयदेव का थोड़ा प्रभाव है, यह मानना पड़ेगा। कहीं-कहीं तो उनकी किसी-किसी पंक्ति का अनुवाद सा करके इन्होंने रख दिया हैं। विद्यापति और जयदेव में कौन अधिक सरस है, यह कहना कठिन होगा। सम्भव है संस्कृतवालों को जयदेव अधिक सरस लगें, हिन्दीवालों को विद्यापति। पदों को पढ़ते ही ऐसा लगता है जैसे कोई हमारे प्राणों में मधु-निर्झर उड़ेल और घोल रहा हो। उच्चारण करते ही लगता है जैसे किसी न मुँह में शहद भर दिया हैं विद्यापति का एक-एक पद महाराज शिवसिंह के अन्त:पुर में उस काल की कोकिलाओं द्वारा गाया गया है और यह गूँज आज भी उस प्रदेश में वैसी बनी हुई है।

विद्यापति के उपरान्त कबीर, तुलसी, सूर मीरा आदि ने उस पद-परम्परा को पल्लवित किया; पर भाव और संगीत का यह अपूर्व सम्मिलन कुछ-कुछ मीरा को छोड़कर दुर्लभ ही रहा। आधुनिक काल में राग का अच्छा परिचय

अपनी कृतियों में निराला जी ने दिया, पर राग रागनियों की ओर ही अधिक ध्यान देने से वैसी रचनाओं में से अधिकतर या तो भव-विरल हैं या फिर उनके भाव प्रच्छन्न हैं। भावों और स्वरों का संतुलन इस युग में केवल महादेवी जी के काव्य में पाया जाता है। रश्मि का रचनाकाल समाप्त होते ही वे नीरजा, सांध्यगीत और दीप-शिखा में भावनाओं और स्वरों को निरन्तर कोमल बनाने में सिद्ध-काम हुई हैं।

बंगाल के वैष्णव कवियों और रवीन्द्रनाथ के अतिरिक्त सौन्दर्य और प्रणय की चर्चा करने वाले हिन्दी के अनेक परवर्ती कवियों पर विद्यापति का प्रभाव एकदम स्पष्ट है:-

माधव कि कहब सुन्दरि रूपे
पल्लव राज चरन जुग सोभित,
गति गजराज क भाने,
कनक कदलि पर सिंह समारल,
ता पर मेरु समाने। *-विद्यापति।*

अदभुत एक अनूपम बाग
जुगल कमल पर गजवर क्रीड़त,
ता पर सिंह करत अनुराग,
हरि पर सरवर, सर पर गिरवर,
गिरि पर फूले कंज पराग। *-सुरदास*

नाभि विवर सयँ लोम लतावलि
भुजगि निसास पियासा,
नासा खगपति चंचु भरमभय
कुच-गिरि-सन्धि निवासा। *-विद्यापति*

साम भुअंगिनि रोमावली,
नाभी निकस कमल कहँ चली।
आइ दुऔ नारङ्ग बिच भई,
देखि मयूर ठमकि रह गई। *-जायसी*

मदन का भाव पहिल परचार।
भिन जन देल भिन्न अधिकार।।
कटि क गौरव पाओल नितम्ब।
एक क खीन, अओक अवलम्ब।। *-विद्यापति।*

अपने तन के जानि कै
जोवन नृपति नवीन,
स्तन, मन, नयन, नितम्ब कहँ
बड़ौ इजाफा कीन।। —*बिहारी*

तिल एक सयन ओत जिउ न सहए
न रहए दुहु तनु भीन।
माँझे पुलक गिरि अन्तर मानिए
अहसन रहु निस दीन। —*विद्यापति*

रहिमन एक दिन वे रहे,
बीच न सोहत हार।
वायु जो ऐसी बह गई,
बीचन परे पहार।। —*रहीम*

भाषा विद्यापति की मधुर और स्निग्ध है। आदि से अन्त तक कहीं कर्कशता का नाम नहीं। ओज उत्पन्न करने के लिये कवि लोग परुष शब्दों का आश्रय लेते हैं; पर विद्यापति का ओज शब्दों में नहीं, भावों में निवास करता है। ओज की बानगी उन्होंने दुर्गा की वंदना और शिवसिंह के युद्ध-वर्णन में दिखाई है। इन वर्णनों में महाराज को कवि ने युद्धवीर, दानवीर, और दयावीर तीन रूपों में देखा है, पर विशेषता ऐसी रचनाओं की यह है कि जिन शब्दों में से वे माधुर्य की सृष्टि करते हैं, उन्हीं से आज की।

दोनों के उदाहरण लीजिए-

(अ) ससन परस खसु अंबर रे,
देखल धनि देह।
नव जलधर तर संचर रे,
जनि बिजुरी रेह।

(आ) तरल तर तरवारि रंगे,
बिज्जु दाम छटा तरंगे;
घोर धन संघात बारिस,
काज दरसेओ रे,

संस्कृत के पुट के कारण मैथिली भाषा की इन सभी रचनाओं में प्रसाद गुण वर्तमान है। केवल दृष्टिकूट के तीन-चार पद इसका अपवाद हैं। पर उनमें विद्यापति जान-बूझ कर चमत्कार-प्रिय बने हैं। राधा कृष्ण सम्बन्धी पदों से

प्रार्थना और नचारियों में ठेठ मैथिली का प्रयोग कुछ अधिक है।

शब्दालंकारों में अनुप्रास तो अपनी समस्त स्वाभाविकता के साथ विद्यापति की भाषा के जैसे चरण पकड़े बैठा है। अर्थालंकारों में कई अलंकारों की चर्चा रूप-वर्णन में हम कर चुके हैं। उनके अतिरिक्त अनेक स्थलों पर प्रतीत, रूपक, स्मरण उल्लेख आदि आए हैं। एक स्थल पर अपन्हुति (कतन वेदन मोहि देसि मदना)का बहुत स्पष्ट और लम्बा उदाहरण पदावली में पाया जाता है। पर उपमाओं और सरस उत्प्रेक्षाओं की तो भरमार है।

विद्यापति में चित्रांकन की कितनी क्षमता थी, इसकी थाह नहीं। इस सम्बन्ध में उनकी बार-बार प्रशंसा करने पर भी जैसे जी नहीं भरता। एक बार इस कभी न विस्मृत होनेवाले विविध हाव समन्वित, अमित माधुर्य भरे चल-चित्र का चुपचाप निरीक्षण कीजिए-

अंगने आओब जब रसिया,
पलट चलब हम ईषत हँसिया।
आबेसे आंचर पिया धरवे।
जाएव हम न, जतन बहु करबे।।
कंचुआ धरब जब हठिया।
करे कर बाँधव कुटिल आध दिठिया।।
रभस माँगव पिया जब ही।
सुख मोड़िबिहँसि बोलब 'नहिं' 'नहिं'।।

विद्यापति मुक्तक के रचयिता हैं, अतः तुलसी, प्रसाद, और जायसी जैसे प्रबन्धकारों से तो उनकी समता करना असंगत है; पर सूर, बिहारी, मीरा आदि से उनकी तुलना की जा सकती है। इन्हीं की श्रेणी में वे हैं। ब्राह्म और आंतरिक सृष्टि के बिखरे सौंदर्य की जो कुशलतापूर्वक फिर से सृष्टि कर सकता है वह चाहे प्रन्बन्धकार हो तो, मुक्तककार हो तो, प्रचुर परिणाम में लिखें तो, थोड़ा लिखें तो, काव्य की दृष्टि से महान् है। रवीन्द्रनाथ ठाकुर ने कोई महाकाव्य नहीं लिखा, पर अपने मुक्तकों के बल पर उनकी गणना विश्वकवियों में होती है। रसों में विद्यापति ने अपने को श्रंङ्गार तक ही सीमित रखा है, फिर भी उनके काव्य में जो माधुर्य है, उसकी प्रतिद्वन्द्विता करने वाला साहित्य अभी तक तो दिखाई नहीं दिया।

संसार में जब तक यौवन है, रूप है, उमड़ता हुआ मन है; आकर्षण हैं, मिलन है, विरह का रुदन है; तब तक विद्यापति की पद्‌ावली को जरा-मरण का भय नहीं।

कबीर

कबीर का जन्म सन् 1399 में एक ब्रह्मण विधवा के गर्भ से हुआ। लोक लज्जा के भय से मा ने अपने हृदय के टुकड़े को काशी के लहराता ताल के पास रख दिया, जहाँ से नीरू और नीमा नाम के एक संतानहीन जुलाहा दम्पति ने संयोग से पाकर उसे उठा लिया और बड़े स्नेह से उसका पालन-पोषण किया। इस बालक का नाम कबीर रखा गया।

बचपन से ही कबीर में विरक्त व्यक्तियों के लक्षण विद्यमान थे। उनका विवाह भी हुआ, पर संसारी बनकर रहने से उनकी आत्मा घुटती सी थी। उनकी पत्नी का नाम लोई था, जिसे संबोधित करके उन्होंने थोड़े से पद भी लिखें हैं इस संयोग से उनके एक पुत्र और एक पुत्री उत्पन्न हुए। पुत्र का नाम कमाल और पुत्री का नाम कमाली रखा गया। कमाल अपने पिता के विपरीत धन-लोलुप और व्यवसायी वृत्ति का था। इसी से कबीर उससे असंतुष्ट रहते थे। कहावत प्रसिद्ध ही है-बूड़ा वंश कबीर का उपजे पूत कमाल।

कबीर स्वामी रामानन्द के शिष्य थे। स्वयं एक सम्प्रदाय के गुरु होने पर भी कबीर ने अत्यन्त दृढ़ भक्ति अपने गुरु के चरणों में प्रदर्शित की है। कहीं-कहीं तो उन्होंने गुरु को ईश्वर का समकक्षी कहा है।

कबीर पढ़े-लिखे न थे। उन्होंने स्वयं कहा है—मसि कागज छुयो नहीं कलम गही नहिं हाथ। ध्यान की मस्ती में गाते-गाते जो शब्द उनके मुँह से निकल जाते थे, वे ही कविता का रूप धारण कर लेते थें।

कबीर ने पर्यटन खूब किया था और सभी प्रकार के व्यक्तियों के सम्पर्क में वे रहे थे। सिकन्दर लोदी के वे समकालीन थे। विरोधियों के भड़काने से सिकंदर ने उन्हें अनेक प्रकार के कष्ट दिए, पर वे अविचल रहे। उनके जन्म, जीवन और महाप्रयाण सम्बन्धी अनेक अलौकिक चर्चाओं का प्रचार जन-साधारण में हो गया है, जिसे हम श्रद्धा का विकृत रूप मात्र समझते हैं।

भिक्षावृत्ति पर निर्भर रहने वाले वैरागियों में कबीर न थे। विरक्त होने पर भी अपने पैतृक व्यवसाय को शरीर-रक्षा और साधु-सेवा के लिए वे चलाते थे और कभी-कभी जब साधुओं के आने पर उनके यहाँ खिलाने-पिलाने को कुछ नहीं होता था तो उन्हें और उनकी सहधर्मिणी को बड़ी पीड़ा होती थी। ज्ञान और कर्म का ऐसा सुनहला समन्वय बड़ा ही स्पृहणीय प्रतीत होता है।

गृहस्थ होकर भी कबीर त्यागी, सदाचारी, सत्यवादी, स्पष्टवादी और तीव्र आलोचक थे। खरेपन के स्वभाव उनकी वाणी में कहीं-कहीं उद्दंडता और अश्लीलता आ गई है। वैसे हृदय से वे बड़े कोमल थे। उनके अन्तर की यह कोमलता उनके रहस्य-पदों में पूर्ण रूप से प्रस्फुटित हुई है।

कबीर की वाणी का संग्रह 'बीजक' नाम से प्रसिद्ध है। इसके तीन भाग हैं-रमैनी, सबद और साखी। तुलसी, सूर और मीरा की भाँति कबीर के पदों और दोहों का प्रचार घर-घर में हैं। कबीर के नाम पर एक सम्प्रदाय चला जो 'कबीर-पन्थ' कहलाया है। उन्होंने जीवन भर हिंदु-मुसलमान की एकता के लिए उत्कट प्रयत्न किया। उनके इस उपकार को भुलाकर काशी के लोगों ने उनकी वृद्धावस्था में उन्हें बहुत तंग किया। परिणाम-स्वरूप अपने अन्तिम क्षणों में वे मगहर चले गए और 120 वर्ष की अवस्था में सन् 1518 में उन्होंने अपना शरीर त्याग दिया।

संसार कबीर के लिए दु:ख रूप होकर आया था। जगत का दु:ख मनुष्य को दो दिशाओं में मोड़ सकता है (1) संघर्ष की ओर (2) उदासीनता की ओर। जो संसार के सुख का उपभोग करना चाहते हैं, वे संघर्ष में लीन हो जाते हैं और पथ के संकटों को कुचलते हुए आगे बढ़ते है। कुछ लोग भगवान बुद्ध की भाँति जन्म में, रोग में वृद्धावस्था में, स्नेहियों के बिछुड़ने और अवांछित व्यक्तियों के मिलन में तथा मृत्यु में दु:ख ही दु:ख का दर्शन कर व्यक्तिगत रूप से सृष्टि में वैराग्य-दृष्टि जमा लेते हैं। कबीर का अनुभव तीखा और उनका दृष्टिकोण इंद्रियों के सुख से उपरामता का था-

ऐसा कोई न मिलै, हमको दे उपदेश।
भौ सागर में डूबता, कर गहि काढ़ै केस।।

इस दु;ख-दग्ध जिज्ञासु अंत:करण को निरंतर खोज के उपरांत एक उपयुक्त मार्ग-दर्शक मिला-स्वामी रामानंद के रूप में। गुरू-प्राप्ति कबीर के जीवन में इतनी महत्वपूर्ण थी कि अपनी रचनाओं में लक्ष्यसिद्ध के लिए उन्होंने गुरु को विशिष्ट स्थान दिया हैं।

सबसे पहले उन्होंने गुरु की आवश्यकता पर जोर दिया है। जीवन का स्वभाविक झुकाव पतन की ओर है। ऊपर उठना कठिन है। मनुष्य ऊपर उठना चाहे, तब भी उसके मार्ग में एक बाधा आ खड़ी होती है। यह बाधा है माया की। रूपासक्ति के कारण मनुष्य दीपक पर पतंगों के समान गिरते और झुलसते चले जा रहे हैं। संसार के साथी अपनी समस्याओं में ही उलझे हुए हैं। वे क्या साथ देंगे? एक गुरु ही ऐसे हैं जो उन्नति के साधक हैं। वे कठिन पंथ को भी सरल बना देते हैं। गुरु अज्ञान की नदी के नाविक हैं।

शिष्य के साधना-पथ में गुरु का ज्ञान उज्जवल आलोक विकीर्ण करता है। वह हृदय में भगवान का प्रेम भरता, पथ पर दृढ़तापूर्वक चलना सिखलाता, दुर्बलताओं पर विजयी होने की शक्ति प्रदान करता और अन्त में ईश्वर से ही मिला देता है-

पीछैं लागा जाइ था, लोक वेद के साथ,
आगे थैं सतगुरु मिल्या, दीपक दीया हाथ।
सतगुरु की महिमा अनंत, अनंत किया उपगार,
लोचन अनंत उघाड़िया, अनंत दिखावन हार।

कबीर जानते थे कि संसार में लोभी और बनावटी गुरु भी होते है। ऐसे लोगों को गुरु की संज्ञा देना वे उचित नहीं समझते थे। जो जीव को निर्मल कर दे, उसी को वे गुरु मानते थे। दूसरी और यदि शिष्य को सफलता नहीं मिलती, तो इसमें उन्होंने अधिकतर शिष्य का ही दोष बतलाया है। छिद्रभरी वंशी में कोई कितने ही रहस्य का मंत्र फूंके, वहाँ क्या कुछ ठहर पाता है? अपने गुरु को 'पूर्ण' और 'पारस' कहने से उनका मन ही नहीं भरता। उसे उन्होंने 'ब्रह्म स्वरूप' ही कह दिया हैं-

गुरु गोविंद तो एक हैं, दूजा यह आकार।

गुरु के इस महत्व-प्रदर्शन में हमें तो कबीर के हृदय की महत्ता ही लक्षित होती है। सच बात यह है कि स्वामी रामानंद का सम्पर्क उनकी साधना के लिए बहाना मात्र था। रामानंद ने जनता को जो पथ दिखाया, उस पर कबीर चले नहीं। उस पथ के समर्थक तो गोस्वामी तुलसीदास थे। योग के आधार पर जिस आलोक के दर्शन से उनकी आत्मा तृप्त हुई, वह उनकी स्वतंत्र साधना का फल था। फिर भी इस कृतज्ञता-प्रदर्शन में उनके अंतर की सात्विकता का आभास तो मिलती ही है। संभव है यह आदर्श उन्होंने अपने शिष्यों के अनुकरण के लिए छोड़ा हो।

निर्गुणवादी कबीर की रचनाओं में सगुण के प्रतीक राम नाम की भरमार देखकर पुराने ढर्रे के आलोचकों ने अनेक प्रकार की कल्पनाएँ की हैं जैसे-

(1) राम शब्द उन्हें रामानंद से मिला; अतः साधना के प्रारंभिक दिनों में वे भक्त रहे। उस आवेश में भक्तिपरक कुछ रचनाएँ लिखीं। उन्हें वे नष्ट तो नहीं कर सकते थे।

(2) किसी रामोपासक ने उनके दोहों और पदों में भक्ति के दोहे और पद मिला दिए, जिसमें उनकी गणना रामानन्द ही रामोपासक शाखा में होने लगे।

(3) ज्ञान भक्ति से आगे का सोपान है; अत: स्वाभाविक था कि कबीर पहले भक्ति की ओर झुकते, फिर ज्ञान की ओर।

ऐसी कल्पनाएँ प्राय: ऐसे लोग करते हैं जो कबीर के काव्य का अध्ययन मनोयोगपूर्वक नहीं कर पाते। तथ्य यह है कि कबीर का राम ब्रह्म का पर्याय है। इस ब्रह्म को जनता ने अनेक रूपों में अपनाया है। कबीर को किसी सम्प्रदाय से कोई रागद्वेष नहीं था; अत: उन्होंने ईश्वर के प्रतीक सभी नामों का प्रयोग बिना भेद-भाव के खुलकर किया है जैसे-

(1) हरि रस जे जन बेधिया।

(2) राम कहे भला होइगा।

(3) दान एक माँगों कमलाकान्त।

(4) गोव्यंदा गुण गाइ रे।

(5) कहै कबीर भजि चरन मुरारि।

(6) भगवंत भगति सहेत।

(7) अच्यंत च्यंत ए माधौ।

(8) अनंत कला नटवर गोपाल।

(9) दास कबीर भज सारंगपानि।

(10) कहै कबीर रघुनाथ 'सूं'।

(11) कृसन कृपाल कबीर की।

(12) खालिक पनह तुम्हारी।

(13) करम करीमा लिख रह्या ।

(14) अलह अलख निरंजन देव।

इन विविध नामों की एकसूत्रता को कबीर ने स्वयं थोड़ी व्याख्या के साथ एक पद में स्पष्ट कर दिया है-

अलह अलख निरंजन देव,
किहि विधि करौं तुम्हारी सेव।
विश्न सोई जाको विस्तार
सोई कृस्न जिनि कियौ संसार।
गोव्यंद जो ब्रह्मांडहि गहै,
सोई राम जे जुगि-जुगि रहै।
अलह सोई जिनि उगति उपाई,
दर-दर खोलै सोई खुदाई।

लख चौरासी रब परवरै,
साई करीम जे एती करै।
गोरख सोई ग्यांनि गमि रहै,
महादेव साई मन की लहै।
अपरंपार का नांउ अनंत,
कहै कबीर सौई भगवंत।

परन्तु कबीर थे निर्गुण के ही उपासक। इस संबध में उन्होंने अपनी ओर से ही संदेह के लिए कोई स्थान नहीं छेड़ा–

(1) पूजा करूँ न निमाज गुजारूं
एक निराकार हिरदै नमस्कारूं।

(2) जोगी गोरख गोरख करैं,
हिंदु राम राम उच्चरैं,
मुसलमान का एक खुदाई,
कबीर का स्वामी रह्या समाई।

(3) निरगुण राम निरगुण राम जपहु रे भाई।

अपने इस स्नेही के प्रति आत्म-निवेदन के लिए कबीर ने बहुत से नामों के साथ एक नाम मुख्य रूप से चुन लिया है। वह है राम। इस राम का स्वरूप यह है–

जो जाँचों तो केवल राम,
आंन देव सूं नांहीं काम।
जाके सूरिज कोटि करै परकास,
कोटि महादेव गिरि कविलास।
ब्रह्मा कोटि वेद उच्चरैं,
दुर्गा कोटि जाकै मरदन करैं।
कोटि चन्द्रमा गहैं चिराक,
सुर तैतीसूं जीमें पाक।
वासिग कोटि सेज विस्तरैं;
पवन कोटि चौबारैं फिरैं।
कोटि समुद्र जाकै पणिहारा,
रोमावली अवारह भारा।
कन्दप कोटि जाकै लांवन करैं,

घट-घट भीतरि मनसा हरैं।
विद्या कोटि सबै गुण कहैं,
पार ब्रह्म कौ पार न लहैं।

इन उद्धरणों से हम इस निर्णय पर पहुँचते हैं कि कबीर अवतारी राम के भक्त कभी नहीं रहे। राम शब्द को अपनी बात समझाने के लिए ब्रह्म का एक प्रतीक मानकर उन्होंने ग्रहण किया। वे चाहते तो कोई और नाम भी दे सकते थे; पर उन्होंने जन-साधारण में प्रचलित नाम को ही चुन लिया। उनकी मानसिक उन्नति के सोपान कर्म, भक्ति, ज्ञान नहीं रहें, प्रारम्भ से अन्त तक ज्ञान की ही अनेक सरणियाँ रहीं।

ये राम कल्याणकारी हैं। उनके ध्यान से जीवन के ताप-शाप शांत होते है। वे सर्वव्यापी हैं, पर हृदय में प्रकट हो जाते हैं। उनके विधान में कोई अन्तर नहीं डाल सकता। वे समर्थ हैं-पशु, पक्षी, कीट, पतंग सभी को नित्य प्रति भोजन देते हैं। हमारे कुटुम्बी, हमारे मित्र, विद्वान् लोग, ज्ञान के ग्रन्थ, इनमें से कोई अपना नहीं है, केवल राम ही जीवन-मरण के सच्चे साथी हैं। वे आवागमन के बंधन को नष्ट और माया की शक्ति को व्यर्थ करने वाले हैं। कबीर के अनुसार ऐसे राम का ज्ञान न होने से जिह्वा का गलना अच्छा था, मनुष्य का शूकर की योनि प्राप्त करना अच्छा था, मा का गर्भ गिर जाना अच्छा था, जननी का विधवा होना कहीं अच्छा था। ऐसे राम का केवल नाम रटने से कुछ नहीं होता। नाम तो तोता भी रट लेता हैं। वास्तविक बात है अनुभव से उसके महत्व को जानना-

(1) *सात समंद की मसि करौं,*
लेखनि सब बनराइ;
धरती सब कागद करौं,
तऊ गुन लिख्या न जाय।

(2) *चलि चलि रेभँवरा कँवल पास,*
तेरी भँवरी बोलै अति उदास।
तैं अनेक पहुप कौ लियो भोग:
सुख न भयौं तब बढ़्यौ है रोग।
हौं जु कहत तोसुं बार-बार,
मै सब बन सोध्यों डार-डार।
दिना चारि के सुरंग फूल,
तिनहि देखि कहा रह्यो भूल।

या वनास्पति में लागेगी आग,
तब तू जैहै कहाँ भागि।
कहैं कबीर मन को सुभाव,
राम गति बिन जम को डाव।

कबीर की तीन-चौथाई कविता उपदेशों से भरी हुई है। कहना चाहिए किं काव्य का उपयोग वे लोक-मंगल के लिए करते थे। इन उपदेशों को हम तीन कोटियों में विभक्त कर सकते हैं।

1-संसार के प्रति विरक्ति और भगवान के चरणों में अनुरक्ति ko दृढ़ करने वाली रचनाएँ।

2-मानसिक विकारों पर व्याख्यान।

3-मिथ्याचारों का खंडन।

शारीरिक सौंदर्य और सांसारिक वैभव दो बहुत बड़े आकर्षण मनुष्य के सामने हैं। कबीर ने दोनों के प्रति अरूचि उत्पन्न कराने का प्रयत्न किया हैं। शरीर को कहीं धूलि की पुड़िया, कहीं धुएँ का महल, कहीं काठ की हाँड़ी, कहीं वृक्ष से टूटा फल, कहीं पानी का पुतला बतलाया है। विरक्ति दृढ़ करने के लिए शरीर को गंदा तक कहा है। चंदन और सुगंधित द्रव्यों से इसे सुवासित रखने वाले मनुष्यों का उन्होंने मजाक सा उड़ाया हैं। कबीर की दृष्टि अवयवों के लावण्य पर न जाकर, प्रायः शरीर की विकृति पर जाती हैं। इसका अन्तिम परिणाम उनकी आँखों में घूमता रहता है। श्मशान को पृष्ठभूमि में रखकर कबीर इसे शूकर, कुत्ता, कौआ और कीड़ों का भोजन मात्र समझते हैं। यही दृष्टिकोण उनका संसार के प्रति है। उसे वे हाट मात्र, स्वप्न मात्र, सराय मात्र समझते हैं।

कबीर के उपदेशों की दूसरी भूमि मन और उसके अनंत विकार है। इस सम्बन्ध में उन्होंने सामान्य रूप से हिंदु महात्माओं का अनुसरण किया है। उन्होंने काम, क्रोध, लोभ, अहंकार की बार-बार निंदा की है। कामिनी के यप में स्त्री कबीर के शब्दों में विष के समान है, नरक के समान है, जूठी हैं, दुर्गध से भरी है, भक्ति-ज्ञान को नष्ट करने वाली है। असत् वृत्तितों के तिरस्कार के साथ सत् वृत्तियों भक्ति, संतोष, नम्रता, सत्य, सत्संग की प्रशंसां कबीर ने हृदय खोलकर की है। उनमें सद्सद्विवेक पूर्णरूप से विद्यमान था। स्त्रियों की जो निंदा उन्होंने की है, वह पर-स्त्री-प्रसंग में, जिसका समर्थन शायद ही कोई करे। लक्ष्य-प्राप्ति के लिए हृदय की उज्जवलता पर उन्होंने बराबर जोर दिया है-

पंच चोर गढ़ मंझा,
गढ़ लूटैं दिवस रसंझा।
जो गढ़पति मुहकम होई,
तो लूटि न सकै कोई।
जो दरसन देखा चाहिये,
तो दरपन मंजत रहिये।
जब दरपन लागै काई,
तब दरसन किया न जाई।

उपदेशों का एक रूप वह है जहाँ मिथ्याचारों पर आक्रमण करते समय उनमें उग्रता आ जाती हैं। उसमें कबीर के स्वभाव का उतना दोष नहीं है, जितना उस समय के बिगड़े समाज का। उन्होंने देखा कि मनुष्य की 'कथनी' और 'करनी' में सामंजस्य नहीं हैं। वह मन्दिर-मस्जिद, काशी-काबे की ओर दौड़ा चला जा रहा है; पर हृदय में संतोष नहीं है। वह हिंसा करता है, ठग है, लोभ-परायण है, व्याभिचारी है।

हिंदु-मुसलमानों के आचार-व्यवहार, संस्कार और विचारों पर कबीर को निर्दयता से आक्रमण करते बतलाया गया है। निश्चय ही उन्होंने तीर्थ, व्रत, मूर्ति-पूजा, बलिदान, जप-तप आदि का खंडन किया है। परन्तु जब वे देखते थे कि उनमें से प्राण निकल गए हैं, केवल शव रह गया है, तब वे उसे कलेजे से चिपकाये फिरने का उपदेश कहाँ तक देते है? शक्ति के उपासकों की उन्होंने जो निंदा की है, वह उनके भ्रष्ट आचरण को सामने रखकर। जहाँ आचरण का प्रश्न आ खड़ा हुआ हैं, वहाँ वैष्णवों का निरस्कार करने में भी वे नहीं चूके।

(1) *ऊँचे कुल क्या जनमिया,*
जे करणी ऊँच न होई;
सावन कलस सुरैं भरया
साधू निंद्या सोइ।

(2) *ज्ञान मूल गँवाइया,*
आपण भये करता;
ताथैं संसारी भला
मन मे रहै डरता।

कबीर ने संत-जीवन से संबन्धित सभी बातों पर विस्तार और स्पष्टता से विचार किया है। ब्रह्म-मिलन में सबसे बड़ी बाधा कबीर की दृष्टि में माया है।

माया सम्बन्धिनी तीन बातें उनके काव्य में पायी जाती हैं (1) माया का स्वरूप, (2) माया की शक्ति और (3) माया के प्रति कबीर के हृदय की विरक्ति। माया का प्रतिनिधि कहीं मन माना है, कहीं वैभव, कहीं सांसारिक सम्बन्धियों को, कहीं कर्मेन्द्रियों को, कहीं कंचन-कामिनी की और कहीं सम्पूर्ण प्रसार को। इस माया के प्रभाव से कोई नहीं बचा-न योगी, न यति, न मुनि, न पीर पैगम्बर, न सनक-सनन्दन, शिव-विरंचि नारद। प्रियतम से पृथक करने वाली इस माया को कबीर ने निकृष्टतम नामों से पुकारा है। उसे कहीं पापिनी, कहीं डायन, कहीं ठगिनी और कहीं वेश्या कहा है। माया के इस जाल को देखिए-

रमैया की दुलहिन लूटा बजार।
सुरपुर लूट, नागपुर लूटा,
तीन लोंक मचा हा हा कार।
ब्रह्मा लूटे, महादेव लूटे,
नारद मुनि के परी पिछार।
कनफूंका चिंदकासी लूटे,
लूटे जोगेसर करत विचार।
हम तो बचिगे साहब दया से,
सब्द डोर गहि उतरे पार,
कहत कबीर सुनो भाई साधो,
इस ठगिनी से रहो हुशियार।

आत्मा-परमात्मा की पारस्परिक प्रणयानुभूति को रहस्यवाद करते हैं। कबीर हिंदी के प्रथम महान् रहस्यवादी कवि है। यद्यपि उन्होंने उस महाचेतन को माता, पिता और सखा रूप में भी कहीं-कहीं स्मरण किया है, पर उनका विशेष झुकाव अपने को पत्नी और ब्रह्म को पति रूप मे देखने का है। ब्रह्म के प्रति कबीर के हृदय में प्रेम वैराग्य के मार्ग से आया है। कबीर संसार को दु:ख रूप, क्षणभंगुर और माया का प्रसार समझते थे। उनका रहस्यवाद अधिकांश में हठयोग पर आधारित है। अत: उनकी रचनाओं के बहुत से पारिभाषिक शब्दों, प्रतीकों और साधना-स्तरों को समझाने के लिए इस विषय की थोड़ी जानकारी हो जानी चाहिए।

योग की क्रियाओं द्वारा अन्त में आत्मा का परमात्मा से संयोग हो जाता है, इसी से इस विद्या का नाम योग है। योग कोई कल्पना अथवा भावना की वस्तु नहीं, वह एक क्रियात्मक साधना है। योग दो प्रकार का होता है-(1)

हठयोग (2) राजयोग। हठयोग के द्वारा साधक शरीर को अपने वश में करता है, राजयोग के द्वारा मन को। शरीर और मन पर अधिकार होते ही व्यक्ति वीतराग हो जाता है।

हमारे शरीर में जो मेरुदंड या रीढ़ की हड्डी है, सके समानान्तर एक नाड़ी जाती है- उसका नाम है सुषुम्ना। सुषुम्ना की बाई ओर की नाड़ी इड़ा और दहिनी ओर की पिंगला कहलाती है। ये तीनों नाड़ियाँ त्रिकुटी पर (नासिका के ऊपर दोनों भौहों के बीच) मिलती हैं। इड़ा पिंगला इधर उधर हो जाती हैं, सुषुम्ना ऊपर की ओर तालुमध्य तक पहुँचती हैं। इड़ा का नाम वरुणा और पिंगला का असी भी है, इसी से जहाँ ये मिलती हैं, उसे वाराणसी (काशी) भी कहते हैं। इड़ा और पिंगला क्रमशः गंगा और यमुना भी कहलाती हैं।

सुषुम्ना में छः चक्र हैं

(1) मूलाधार	4 दल का	सुषुम्ना की जड़ में
(2) स्वाधिष्ठान	6 दल का	उससे कुछ ऊपर
(3) मणिपूर	10 दल का	नाभि में
(4) अनाहत	12 दल का	हृदय में
(5) विशुद्ध	16 दल का	कंठ में
(6) अज्ञा	2 दल का	त्रिकुटी में

सुषुम्ना के मूल में कुंडलिनी रहती है। इसके स्वरूप के सम्बन्ध में विद्वानों में मतभेद है। इसका आकार कुंडली सारे सर्प जैसा बतलाया जाता है। कुछ सन्तों का कहना है कि यह एक प्रकार की वायु मात्र है। कुछ कहते हैं यह एक अत्यन्त सूक्ष्म नस है। सुषुम्ना के अन्त में तालुमध्य में एक चक्र है जिसे सहस्त्रदल कमल कहते हैं। यहीं एक छिद्र है जिसे शून्य की संज्ञा दी गयी है। इसी में योगी अनहदनाद सुनते है। प्राणायाम की शक्ति से चक्रों को पार करती हुई कुंडलिनी जब यहाँ पहुँचती है, तब एक उज्जवल आलोक के दर्शन साधक को होते हैं। इसी को ब्रह्म के दर्शन कहते हैं। यही त्रिकोणाकार एक चन्द्रमा है जिससे बहने वाले रस को सुधा कहते है। इसकी शक्ति से अपरिचित व्यक्तियों के शरीर से यह सुधा प्रस्वेद या मलमूत्र के मार्ग से निकल जाती है। मूलाधार चक्र में स्थित सूर्य द्वारा भी यह असावधानी के कारण सूख जाती है। साधुओं का कहना है कि जो इस सुधा को रोकना जानता है, वह वृद्धावस्था को प्राप्त नहीं होता और जब तक चाहे जीवित रह सकता है। हंठयोग के इन्हीं पारिभाषिक शब्दों के आधार पर वंशी का बजना (अनहदनाद), रस गगन गुफा में अजर भरे (शून्य में स्थित चन्द्रमा से सुधा-

स्राव होना), नदियों (इड़ा पिंगला) का बहना, काशी (त्रिकुटी), सूर्य चन्द्र का उगना आदि समझ में आ सकते हैं।

ब्रह्म के स्वरूप-निरूपण में कबीर ने अनेक उपायों का अवलम्बन लिया है। पहली स्थिति में उन्हें अनिर्वचनीय कहते हैं। अपनी इस विवशता को उन्होंने कहीं 'अकथ' कहीं 'अद्‌भुत' कहीं 'सबद अतीत' और कहीं 'गूंगे का गुड़' कहकर प्रकट किया है। दूसरी स्थिति में नकारात्मक शैली का प्रयोग किया है। अवर्ण, अविनासी, अलख, ना हल्का ना भारी, कहा है। तीसरी स्थिति में उन्होंने अपने निर्णय को कुछ निश्चित रूप देने का प्रयास किया है। इसी प्रयास का फल हैं—पानी हूँ ते पातला, धूआँ हूँ ते झीण, पवना वेग उतावला आदि। पर जैसा कि हठयोगी को अनुभव होता है, उस परम तत्व को उन्होंने अपरिमित प्रकाश पुन्ज कहा है।

(1) परम जोति परकास

(2) कबीर तेज अनन्त का मानो उगी सूरज सेणि

(3) तेज पुंज पारस धणीं

इस प्रियतम के मिलन में एक ही वस्तु बाधक है-वह है मायां जिन दिनों माया परमात्मा को दूर रखती है, उन दिनों का बड़ा ही हृदय-द्रावक वर्णन कबीर ने किया है। इस विकारी मन पर उन्हें बड़ी झुँझलाहट उत्पन्न होती है। सोचते हैं-इस मन को मैदा करौ, नान्हा करि-करि पीस। समाज की कुरीतियों पर निर्दयतापूर्ण आघात करने वाले, मुल्लाओं और पंडितों को निर्भीक होकर खरी-खोटी सुनाने वाले संयमी सन्त कबीर का हृदय कितना कोमल था, यह केवल उनके विरह-वर्णन से ही जाना जा सकता है। कबीर अपनी दशा की समता कभी प्यासे, चातक कभी व्याकुल मछली, कभी पिंजड़े में बद्ध सुआ, कभी घायल पक्षी और कभी सर्प से डसे शरीर की बेचैनी से करते हैं। इतना कहने पर भी जैसे वे अपनी दशा का ठीक-ठीक निरूपमा नहीं कर पाते। इसी से वे कहते हैं कि सुनने वाले उनकी वास्तविक दशा को उसी प्रकार नहीं जान पावेंगे, जैसे प्रसव की पीड़ा का अनुभव लाख प्रयत्न करने पर भी बंध्या स्त्री नहीं कर सकती।

(1) जद सर जल परिपूरिता चात्रिग चितहिं उदास।

(2) तन मन खोजों चोट न पाऊँ।

(3) बिरहिनी फिरै है नाथ अधीरा।

उपजि बिना कुछ समझि न परई,
बाँझ न जाने पीरा।

इस विरह के उपरांत साधना की समाप्ति पर कबीर का अपने प्रियतम से मिलन होता है और उस मिलन से जो तृप्ति होती है उसके अत्यन्त विशद वर्णन कबीर की रचनाओं में पाए जाते हैं। मिलन के लिए उन्होंने विवाह का प्रतीक पूरे रूपक के साथ स्वीकार किया है—

दुलहनी गावहु मंगलाचार।
हम घर आये हो राजा राम भरतार।
तन रति करि, मैं मन रति करि हौं,
पंच तत बराती,
राम देव मोरे पाहुने आये,
मैं जीवन में माती।

इस अध्यात्मिक-मिलन में कहीं अहं के विनाश, कहीं रस-प्राप्ति और कहीं तृप्ति की चर्चा है। इनके लिए भी हठयोग के आधार पर अन्तर में उनके प्रकट होने, शून्य में आत्मा के स्नान करने या मानसरोवर में हंस के कीड़ा करने के उल्लेख हैं। प्रारम्भ में थोड़ा संकोच अवश्य होता है; परन्तु अद्वैतवाद की अंतिम स्थिति में पहुँचकर साध्य से एकाकार होने की यह घोषणा भी है—

हम सब मांहि, सकल हम मांही
हम थे और दूसरा नांही।।
तीन लोक में हमारा पसारा।
आवागमन सब खेल हमारा।।
खट दरसन कहियत हम भेखा।
हमहीं अतीत रूप नहीं रेखा।।
हमहीं आप कबीर कहावा।
हमही अपना आप लखावा।।

प्रेम की तीव्रता और कोमलता के कुछ वर्णन तो बड़े ही हृदयग्राही बन पड़े हैं जैसे—

विरह कमण्डल कर लिए, वैरागी दो नैन,
माँगे दरस मधुकरी, छके रहैं दिन रैन।
नैना अन्तर आव तू, ज्यौं हौं नयन झपेउँ,

ना हौं देखौं और कौं, ना तोहि देखन देउँ।
सपने में सांई मिले, सोते लिया जगाइ,
आँखि न खोलूँ डरपता, मत सपना ह्वै जाइ।
जा कारणि मैं ढूढ़ता, सनमुख मिलिया आइ,
धन मैली पिव ऊजला, लागि न सकौ पाइ।

कबीर के काव्य में प्रतीकों का विशेष स्थान है। ये प्रतीक चार श्रेणियों में विभक्त किए जा सकते हैं-

(1) प्रकृति सम्बन्धी-

(क) गगन, समुद्र, सरोवर, कुआ, उद्यान, बन, मृणाल,नलिनी, केला आदि।

(ख) जलचर : मछली आदि।

(ग) स्थलचर : ऊंट, हाथी, भैंस, बैल, गाय, गधा, कुत्ता, हिरन, बिल्ली, खरगोश, चूहा, सर्प आदि।

(घ) नभचर : हंस, चकवा, मधुकर, कौआ आदि।

(2) व्यवसायी सम्बन्धी-

संगीतज्ञ और उसकी तंत्री, रसायनिक, रंगरेज और उसकी चूनर, बढ़ई और उसका चर्खा, धोबी, कुम्हार, कलाल, बनजारा आदि।

(3) विवाह सम्बन्धी-

(4) विविध-

हाट, सवारी, हार इत्यादि।

इन प्रतीकों के सम्बन्ध में ध्यान देने योग्य पहली बात यह है कि इनमें से अधिकांश हठयोग के विविध पारिभाषिक शब्दों को व्यक्त करने के लिए प्रयुक्त हुए है। दूसरी बात इन पर दृष्टि डालते ही आभासित होती हैं वह यह कि ये सामान्य जीवन से चुने गये है। अपनी स्थिति और वातावरण के अनुसार कबीर ने उन्हें ग्रहण किया है। इनमें से कुछ प्रतीत असंस्कृत और गँवारू ढंग के भी हैं। तीसरी बात इन प्रतीकों के सम्बन्ध में यह है कि इनमें से कोई प्रतीक अर्थहीन नहीं है। रासायनिक, कलाल, मछली, मृणाल आदि के प्रतीक तो बौद्ध तांत्रिक और सिद्धों के द्वारा पहले से ही प्रयुक्त होते आ रहे थे। स्मरण रखना चाहिये कि कबीर का हठयोग उनकी स्वतन्त्र उद्भावना नहीं उनके पूर्व के सिद्धों और नाथों की उपासना-पद्धति का सुथरे रूप में

अनुकरण मात्र है। अतः ऐसे प्रतीकों में रूढ़ हो जाने से एक प्रकार की भावधारा बद्ध है ही। अन्य प्रतीक भी जनता में किसी न किसी भाव के पर्याय समझे जाते हैं। ऊँट व्यर्थ बलबलाता है; बैल, गधा, और भैंस मूर्खता और आलस्य प्रदर्शित करते है, हंस विवेक का प्रतिनिधि है, सिंह शक्ति का। अतः इनके प्रयोग से थोथेपन, अज्ञान उज्जवल ज्ञान और दुर्दमनीय मन का रूप सामने आता है। इसी प्रकार समुद्र, उद्यान, सरोवर आदि से जीवन की भावना जगती है। बिल्ली, चूहा और सर्प अपनी विनाशकारी वृत्ति के कारण माया अथवा पीड़ादायक वृत्तियों से सम्बन्धित है। बढ़ई, धोबी, रंगरेज आदि चर्खा बनाते, मैल मिटाते और कपड़ों को रँगते है; अतः ईश्वर और गुरु के स्थानापत्र है। बहुत से स्थानों पर स्वयं कबीर ने प्रतीक और रूपक की व्याख्या-सी करके उनमें अंतर्निहित भाव को काफी स्पष्ट कर दिया है।

(1) *मैं बुनि-बुनि सिरानां हो राम,*
नालि-करम नहीं ऊबरे।

(2) *बाजै जंत्र बजावै गुनी*
रजगुन सतगुन तमगुन तीन,
पंच तत्त लै साजा बीन,।

(3) *सकल दुनीं में लोभ पियारा,*
मूल ज राखै सोई बनिजारा,

(4) *मन मेरौ रहठा, रसना पुरइया,*
हरि कौ नाडँ लै लै काति कहुरिया।

प्रसंग की सहायता और थोड़े बुद्धि-निग्रह से कबीर के कठिन से कठिन पद का अर्थ खुल जाता है। उलटबासियों में भी जैसे मंछी रूखा चढ़ि गई (कुंडलिनी सुषुम्ना में प्रवेश कर रहीं हैं) नदी ने सिंधु सोख लिया (ज्ञान की धारा में संसार का भान नष्ट हो गया) आदि में कबीर की कविता को सहानुभूतिपूर्वक पढ़ने वाले जिज्ञासु को दुरूहता का सामना नहीं करना पड़ेगा। यह बात नहीं है कि कबीर अपने चारों ओर एक रहस्य का वातावरण उत्पन्न न करना चाहते हों। धर्मगुरू के आसन पर बैठते ही एक प्रकार की अतिरिक्त गम्भीरता व्यक्ति को आ घेरती है। कबीर में ऐसा कुछ भी नहीं है जिसकी व्याख्या न की जा सके; फिर भी शिष्यों में श्रद्धा के वेग को उद्दीप्त करने के लिए ललकार से भरी वे ऐसी बात कह बैठते थे।

अवधू सो जोगी गुरु मेरा,
जो या पद को करै निवेरा।

मलिक मुहम्मद जायसी

मलिक मुहम्मद जायसी का जन्म सन् 1494 (900 हिजरी) में हुआ। रायबरेली जिले में जायस के निवासी होने के कारण ये जायसी कहलाये। कुरूप होने के साथ ये बाईं आँख से काने भी थे। शेरशाह से जब इनका साक्षात्कार हुआ तो सुनते हैं वह इन्हें देखकर हँस पड़ा। इस पर इन्होंने सहज भाव से प्रश्न किया : मोहि काँ हँसेसि कि कोहरहि- तू मुझ पर हँसा कि मुझे बनाने वाले उस कुम्हार पर? इस पर बादशाह ने लज्जित होकर अपनी भूल के लिए क्षमा माँगी।

मलिक मुहम्मद गाँव में खेती करके अपना पेट पालते थें। वे बड़े अतिथिपरायण थे। उनके एक पुत्र भी हुआ था जिसकी अकाल मृत्यु हो गई। इसके उपरान्त ये विरक्त हो गये और एक फकीर के वेश में इधर-उधर घूमते रहे। अमेठी के राजा रामसिंह उनका बहुत सम्मान करते थे। एक घने जंगल में उन्होंने उनके रहने का प्रबन्ध कर दिया था। जायसी की मृत्यु होने पर राज्य की कोठी से थोड़ी दूर पर उन्होंने उनकी कब्र भी बनवा दी।

जायसी निजामुद्दीन औलिया की शिष्य परम्परा में एक प्रसिद्ध सूफी हो गये हैं। उनके गुरु का नाम शेख मुहीउद्दीन था। अपने धर्म पर उन्हें पूरी आस्था थी और हिन्दु धर्म को वह अत्यन्त उदार दृष्टि से देखते थे। योग, दर्शन और ज्योतिष की बहुत सी बातों का ज्ञान उन्हें सत्संग से उपलब्ध हुआ था। स्वभाव से वे बड़े विनम्र थे। अपनी काव्य-क्षमता पर गर्व न करके वे बराबर यही घोषित करते रहे-हौं पंडितन केर पछलगा।

जायसी सिकन्दर लोदी (1488-1517), इब्राहीम लोदी, बाबर, हुमायूँ तथा शेरशाह (1540-45) के समकालीन थे। शेरशाह का उल्लेख तो उन्होंने 'पदमावत के स्तुति-खंड में भी किया है- शेरशाह देहली सुलतानू, चरिउ खंड तपै जस भानू। इसके अतिरिक्त, अपने चार मित्रों के नाम भी इन्होंने दिये हैं जो इस प्रकार है-यूसुफ मलिक, सालार कादिम, सलोने मियाँ और बड़े शेख।

जायसी के तीन काव्य-ग्रन्थ पाये जाते हैं (1) पद्मावत (2) इखरावट और (3) आखिरी कलाम पद्मावत हिंदी के प्रसिद्ध महाकाव्यों में से हैं। इसका रचना-काल सन् 1540 है। पद्मावत का तो बँगला में भी अनुवाद

हुआ। तीनों ग्रन्थ अवधी में होने पर भी अधिकतर फारसी अक्षरों में लिखे पाये जाते हैं। हिन्दी में जायसी के ग्रन्थों का उद्धार करने का सबसे बड़ा श्रेय आचार्य रामचन्द्र शुक्ल को है। 'पद्मावत' का सम्पादन सबसे पहले उन्होंने सन् 1924 में किया था।

सूफी कवियों में सबसे प्रसिद्ध जायसी ही हुए है। उनके काव्य में लौकिक प्रेम और दिव्य प्रेम में कोई अंतर नहीं प्रतीत होता। सन् 1542 तक उनके जीवित रहने का पता चलता है। उनकी मृत्यु वृद्धावस्था में किसी समय हुई।

'पद्मावत' की कथा इस प्रकार है—सिंहलद्वीप के राज बंधर्वसेन की रूपवती पुत्री पद्मावती जब युवती हुई तो वह अपने ताते हीरामन से प्रेम प्रसंगो पर चर्चा करने लगी। पिता को जब इस बात का पता चला तो वह बहुत क्रुद्ध हुआ। तोता अपने प्राण बचाने के लिए एक दिन पिंजड़े से उड़ गया और एक बहेलिये के जाल में जा फँसा, जिसने उसे सिंहल की हाट में चितौड़ के एक दरिद्र ब्राह्मण के हाथ बेच दिया। ब्राह्मण जब अपने देश लौटा तो वहाँ के राजा रत्नसेन ने उसे एक लाख रूपये में खरीद लिया।

एक दिन रत्नसेन की रानी नागमती ने श्रृंगार करके ताते से प्रश्न किया : क्या मेरे समान सुन्दरी संसार में कहीं और है? तोते ने हँसकर उत्तर दिया: जिस सरोवर में हंस कभी नहीं आते, वहाँ बगुले ही हंस कहलाते हैं और फिर पद्मावती के रूप का वर्णन किया। रानी ने आशंकित हो तोते को मार डालने के लिए धाय को आज्ञा दी; पर धाय ने केवल उसे छिपा दिया। राजा को जब इस घटना का पता चला तो नागमती का परित्याग कर पद्मावती को प्राप्त करने के लिए सोलह हजार राजपूतों को लेकर योगी के वेश में निकल पड़ा और कलिंग के राजा से जहाज माँग कर सात समुद्रों को पार करता हुआ सिंहलद्वीप पहुँचा। वहाँ शिव के मंदिर में उसने अपना डेरा डाल दिया।

हीरामन के माध्यम से यह निश्चित हुआ कि पद्मावती वसंत-पंचमी के दिन अपनी सहेलियों के साथ उससे मिलने आयेगी; लेकिन साक्षात्कार के समय रत्नसेन उसके रूप के दर्शन कर मूर्च्छित हो गया। पद्मावती उसके वक्ष पर चन्दन के अक्षरों में यह लिखकर लौट गयी: जब मिलन की बेला आयी, तब तू सो गया। भेंट सोने से नहीं, जगने से होती हैं।

मूर्च्छा टूटने पर रत्नसेन ने जलकर अपने प्राण देने चाहे। यह देखकर पार्वती के आग्रह से शिव ने उसे बचा लिया और सिंहल के गढ़ में प्रवेश करने का मार्ग बतलाया। लेकिन पद्मावती तक पहुँचने से पहले ही प्रभात काल हो गया और रत्नसेन पकड़ा गया। गंधर्वसेन ने उसके साथियों के साथ उसे सूली देने का निश्चय किया। शिव ने भाट का रूप धारण कर राजा को

बहुत समझाया। हीरामन ने भी दोनों के अनन्य प्रेम का परिचय दिया; पर राजा सहमत नहीं हुआ। इसी बीच रत्नसेन के दल में शिव का घंटा और विष्णु के शंख की ध्वनि सुनाई दी। गंधर्वसेन समझ गया कि भगवान शंकर उस ओर हैं; अत: उसने रत्नसेन को अपना जामाता बना लिया।

इधर चितौड़ में नागमती के विरह से पिघल कर एक पक्षी सिंहल आया और शिकार के समय एक वृक्ष पर बैठकर उसने रत्नसेन को रानी का सन्देश दिया। रत्नसेन को अपने देश की स्मृति सताने लगी। और वह अपार धन-राशि लेकर पद्मावती और अपने साथियों के साथ चितौड़ की ओर चल दिया। इस बार एक राक्षस से उसका सामना हुआ। और समुद्र तथा उसकी पुत्री लक्ष्मी ने उसके लोभ और प्रेम की परीक्षा ली। अन्त में समुद्र प्रसन्न होकर उसे पाँच अमूल्य पदार्थ दिए। ये पदार्थ थे-अमृत, हंस, राजपक्षी, शार्दूल और पारस। चितौड़ में पहुँचकर रत्नसेन दोनों रानियों के साथ आनन्दपूर्वक रहने लगा। कुछ दिनों के उपरांत पद्मावती से कमलसेन और नागमती से नागसेन नामक पुत्र रत्न की उसे प्राप्ति हुई।

चितौड़ के दरबार में राघवचेतन नाम का एक वाममार्गी पंडित था, जिसने एक बार प्रतिपदा के दिन कह दिया कि आज द्वितीया है और फिर यक्षिणी की सहायता से आकाश में दौज का चाँद दिखा दिया। भेद खुलने पर रत्नसेन ने उसे अपने राज्य से निकाल दिया; पर पद्मावती को यह बात नीति-विरुद्ध लगी और उसने झरोखे से अपना एक कंगन दान-स्वरूप देकर राघव को तुष्ट करना चाहा। राघव का लोभ इससे और बढ़ गया। उसने दिल्ली जाकर अलाउद्दीन से पद्मावती के अनिंद्य रूप की चर्चा की। अलाउद्दीन ने सरजा नामक दूत भेजकर पद्मावती को सौंपने का सन्देश रत्नसेन तक पहुँचाया। दूत के निराश लौटने पर अलाउद्दीन ने चितौड़ पर चढ़ाई कर दी। आठ वर्ष तक निरंतर युद्ध करने के उपरान्त जब हरेव लोगों के दिल्ली पर आक्रमण करने की सूचना मिली तो समुद्र से मिली अमूल्य वस्तुओं की माँग रखकर उसने रत्नसेन से संधि करने का प्रस्ताव किया।

रत्नसेन ने अपनी सरलता में अलाउद्दीन को अपने गढ़ में बुला लिया, जहाँ शतरंज खेलते समय पास रखे दर्पण के अकस्मात् झरोखें पर आयी पद्मावती का प्रतिबिंब बादशाह को दिखाई दिया। विदा के समय उसने फाटक पर रत्नसेन के साथ छल किया और उसे गिरफ्तार कर दिल्ली ले गया। इस संकट काल में पद्मावती ने अपने दो विश्वासपात्र सरदारों, गोरा बादल, से परामर्श किया। दोनों सरदार सोहल सौ ढकी पालकियों में राजपूतों को लेकर पद्मिनी को सौंपने के बहाने दिल्ली की ओर बढ़ चले। कर्मचारियों को घूस देकर एक लोहार को उन्होंने राजा के पास पहुँचाया जिसने उसकी बेड़ियाँ

काट दीं। रत्नसेन तेज घोड़े पर सवार होकर चितौढ़ पहुँच गया। गोरा युद्ध में मारा गया।

घर आकर रत्नसेन को पता चला कि उसके पीछे पद्मावती को बहकाने के लिए कुंभलनेर के राजा देवपाल की ओर से एक कुटिनी आयी थी। इससे वह बहुत क्षुब्ध हुआ और बिना विश्राम किए उसमें बदला लेने चल पड़ा। द्वन्द्वयुद्ध में दोनों मारे गए। रत्नसेन के शव के साथ नागमती और पद्मावती दोनों सती हो गयी। इधर अलाउद्दीन की सेना ने चितौड़ को घेर लिया। इस युद्ध में वीरतापूर्वक सामना करते हुए बादल खेत हुआ। इस प्रकार यद्यपि पद्मावती अलाउद्दीन के हाथ नहीं लगी; पर चितौड़ पर मुसलमानों का आधिपत्य हो गया।

पद्मावती की रचना संस्कृत की सर्गबद्ध शैली मे न होकर फारसी के मसनवीं काव्यों के आधार पर हुई है; इसी से आचार्य रामचन्द्र शुक्ल इसे महाकाव्य नहीं मानते। उन्होंने सभी कहीं इसे प्रेमगाथा ही कहा है। कथा का विभाजन इसमें स्थान-स्थान पर शीर्षक देकर हुआ है। यहीं ढाँचा बँगला कवि कृतिवास की रामायण का भी है; पर उसे सभी महाकाव्य घोषित करते हैं। अत: केवल बाहरी ढाँचे के आधार पर हम यह नहीं कह सकते कि पद्मावत महाकाव्य नहीं है।

प्रेमगाथा नामकरण इस प्रकार की कृतियों की मूल संवेदना को दृष्टि में रखकर हुआ; अर्थात पद्मावत, मधुमालती, चित्रावली आदि में प्रेम की प्रधानता के कारण हम इन्हें प्रेमगाथाएँ और उनके रचयिताओं को प्रेममार्गी सूफी कवि कहने लगे। इन ग्रन्थों के लिए आख्यानक-काव्य का नाम भी दिया गया। इसका आशय यह हुआ कि ये एक प्रकार के उपन्यास हैं जो गद्य में न लिखे जाकर पद्य मे लिखे गए। इस प्रकार प्रेमगाथा और प्रेमाख्यान शव्दों का प्रचलन इसलिए किया गया कि जहाँ तक बन पड़े इन्हें महाकाव्य न कहा जाय। पृथ्वीराज-रासो को भी इसी प्रकार कुछ विद्वान महाकाव्य न मानकर वीरगाथा कहते हैं। इसे एक प्रकार का साहित्यिक अन्याय समझना चाहिए।

प्रेमाख्यानों के लेखक मुसलमान और हिन्दू दोनों हैं। यह दूसरी बात है कि ख्याति अभी तक मुसलमान कवियों को मिली है। मुसलमान कवियों की रचनाएँ सूफीमत से प्रभावित हैं; जबकि हिन्दुओं में ऐसा कोई आग्रह नहीं पाया जाता। उनका उद्देश्य प्रेम को एक रंजक कहानी सुनाना मात्र है। काव्य के रचना-विधान में उन्होंने संस्कृत काव्य की परम्पराओं का ध्यान रखा है। मुसलमान कवियों ने केवल दोहा-चौपाई का प्रयोग किया है, जब कि हिंदू कवियों ने अन्य बहुत से छंदों को भी लिया है। मुसलमानों द्वारा रचित काव्य-ग्रंथ केवल अवधी में है; जबकि हिंदू कवियों के ग्रंथ ब्रज, अवधी और

राजस्थानी तीनों में पाए जाते हैं।

प्रेमाख्यान की यह परंपरा पन्द्रहवी शताब्दी से लेकर अठारहवीं शताब्दी तक चलती रही। इसके कुछ प्रमुख कवि और ग्रन्थ निम्न प्रकार है-

मुसलमान कवि

कवि	ग्रंथ	रचना का सन्
1. मुल्ला दाऊद	चन्दायन	1380
2. कुतबन	मृगावती	1504
3. जायसी	पद्ममावत	1540
4. मंझन	मधुमालती	1545
5. उसमान	चित्रावली	1613
6. शेख नबी	ज्ञानदीप	1619
7. नूरमुहम्मद	इन्द्रावती	1744

हिन्दू कवि

कवि	ग्रंथ	रचना का सन्
1. दामो कवि	लखनसेन पद्मावती	1459
2. ईश्वरदास	सत्यवती कथा	1501
3. गणपति	माधवानल कामकंदला	1527
4. परशुराम	उषा अनिरूद्ध की कथा	1573
5. पृथ्वीराज	बेलि क्रिसन रूकमणी री	1580
6. सूरदास	नलदमन	1637
7. सन्त दुखहरन	पुहुपावती	1649
8. पुहुकर	रसरतन	1658

सूफी मत इस्लाम की एक शाखा है। धर्म का मूल विश्वास है। उसमें तर्क के लिए स्थान नहीं, मतभेद के लिए भी नहीं; लेकिन जब उसमें चिंतन का प्रवेश होता है, तो वह दर्शन की ओर झुकने लगता है। सूफियों ने इस्लाम को चिंतन का पुट दिया। सूफीमत का प्रारम्भ सन् 623 से मानना चाहिए, जब मुहम्मद साहब मक्का से मदीना गए। मुस्लिम एकेश्वरवादी होते हैं, सूफी एक प्रकार के अद्वैतवादी। प्रारम्भ में कुछ चिंतनशील मुसलमान फकीर ऊन के कम्बल ओढ़ कर रहते थे। अरबी में ऊन को 'सूफ' कहते हैं; इसी से लोग इन्हें सूफी कहने लगे। सूफियों में बसरा को राबिया जो नवीं शताब्दी में हुई

और मंसूर हल्लाज जिसे सन् 922 में सूली पर चढ़ा दिया गया, बहुत प्रसिद्ध हो गए है। यह मंसूर ही था जिसने भारत के ब्रह्मवादियों की भाँति एक दिन अपनी साधना में ऊँचे उठकर कहा था। अन-अल-हक—मैं ही ब्रह्म हूँ। कट्टर धार्मिक इस बात को कहाँ सहन कर सकते थे? ईरान के सूफी कवियों में निजामी और जामी बहुत प्रसिद्ध हुए। निजामी के प्रसिद्ध ग्रन्थ है खुसरो-शीरीं और लैला मजनू। फरहाद के प्रणय की कहानी खुसरो-शीरीं में वर्णित है। जामी की प्रसिद्ध कृति का नाम है-सूसुफ-जुलेखा। हिन्दी के मुसलमान प्रमगाथाकारों पर ईरान की दार्शनिक और काव्य-परम्परा का किसी न किसी रूप में पाया जाता है।

सूफी लोग खुदा, पैगम्बर और कुरान शरीफ में तो विश्वास करते है; पर साथ ही साथ वे निराकार के उपासक होते हैं। इस प्रकार ये लोग धार्मिक भी होते हैं और दार्शनिक भी, आस्थावान भी और चिंतनशील भी। दर्शन में ये भारतीय अद्वैतवाद के बहुत निकट होते हैं। संसार में बिखरे सौंदर्य को ये ईश्वर के सौदर्य का प्रतिबिंब मानते है; अत: हम चाहे तो इन्हें प्रतिबिंबवादी कह सकते हैं। अद्वैत-भाव के अतिरिक्त इन पर बौद्ध-धर्म की करूणा और अहिंसा तथा वैष्णव-धर्म की प्रेम-भावना का भी प्रभाव पड़ा है। सिद्धों और नाथों के हठयोग से भी ये प्रभावित रहते हैं। इस प्रकार सूफीमत, भारतीय-दर्शन के अद्वैतवाद, बौद्धों की अहिंसा, वैष्णवों के प्रेम तत्व और हठयोगियों के योग से प्रभावित इस्लाम के अन्तर्गत एक उदार पंथ है।

सूफी लोग साधना के लिए हृदय की पवित्रता पर बहुत जोर देते हैं। निर्मल हृदय में ही सत्य का प्रतिबिंब ठीक से पड़ सकता है। सूफी साधक की चार अवस्थाएँ होती हैं- शरीअत, तरीकत, हकीकत और मारिफत। इन्हें दूसरे शब्दों में क्रमश: कर्म, उपासना, ज्ञान और सिद्धावस्था कह सकते हैं। ये चार लोक मानते है-आलमे नासूत, आलमे मलकूत आलमे जबरूत और आलमे लाहूत। इन्हें भौतिक, चित्त, आनंदमय एवं जगत् का पर्याय समझना चाहिए।

साधना से मन जब पवित्र हो जाता है, तो उसमें ईश्वरीय प्रेम का आलोक पड़ता है। प्रेम सूफीमत का प्राण है। सूफी ईश्वर की कल्पना स्त्री और आत्मा की पुरुष रूप में करते हैं। संसार वह स्थल है जहाँ प्रेम की साधना की जा सकती है। सूफी काव्य में किसी लौकिक कथा के माध्यम से अलौकिक सत्ता के प्रति संकेत पाये जाते हैं। इस मत में गुरु का अपना विशेष महत्व है। वहीं साधक को ब्रह्म से मिलाता है। सूफियों का ईश्वर अनंत सौंदर्यमय ही नहीं, अगाध प्रेममय भी है, इसी से सूफी साधक के जीवन का चरम लक्ष्य है-सौंदर्य के माध्यम से प्रेम की उपलब्धि। संक्षेप में सूफी रहस्यवादी भी होते हैं

और माधुर्य भाव के उपासक भी।

काव्य के क्षेत्र में जायसी कबीर से कुछ अधिक ही भावुक थे। कबीर जितने बड़े प्रेमी थे, उतने महान् सुधारक भी। जायसी में सुधार की भावना नहीं है। लोक-हित की भावना भी उनके काव्य में अधिक कलात्मक ढंग से व्यक्त हुई है। सभी सूफियों के समान वे तो प्रेम के प्रतीक थे- प्रेममय थे। कबीर में प्रेम की अभिव्यक्ति जहाँ मुक्तक रूप में हुई है, वहाँ जायसी में उसका आधार प्रबन्ध है। सच पूछिए तो यह रत्नसेन-नागमती-पद्मावती की जीवन-गाथा ही है जो मूल रूप से हृदय को स्पर्श करती है। रहस्य-भावना की अभिव्यक्ति इसी कथा के माध्यम से हुई है।

पद्मावती के रूप का आभास पाते ही रत्नसेन नागमती को छोड़कर आगे बढ़ जाता है और हीरामन की सहायता से अपनी प्रेमिका को प्राप्त करने में सफल होता है; अतः 'पद्मावती' में पद्मावती ईश्वर का प्रतीक है, रत्नसेन साधक का, नागमति संसार का, हीरामन तोता गुरु का, राघव-चेतन शैतान का और अलाउद्दीन माया का। ग्रंथ के अन्त में कवि ने इन प्रतीकों को स्वयं ही स्पष्ट कर दिया है-

तन चितउर, मन राजा कीन्हा।
हिय सिंघल, बुधि पदामिनि चीन्हा।।
गुरु सुआ जेइ पंथ दिखावा।
बिन गुरु जगत को निरगुन पावा?
नागमती यह दुनिया-धंधा।
बाँचा सोइ न एहि चित बंधा।।
राघव दूत सोई सैतानू।
माया अलाउदीं सुलतानू।

ऊपर जिन प्रतीकों का उल्लेख हो चुका है, उनके अतिरिक्त भी ग्रंथ में अनेक प्रतीक बिखरे पड़े हैं। कथा के बीच-बीच में बहुत सी वस्तुएँ और घटनाएँ आध्यात्मिक तत्वों और परिस्थितियों का बोध बराबर कराती चलती हैं। यह लग सकता है कि जायसी ने किसी-किसी प्रतीक की व्याख्या ठीक से नहीं की। इसी आधार पर कुछ समीक्षकों ने उनकी अन्योक्ति पद्धति पर अनेक प्रकार की आपत्तियाँ की है। इनमें अधिक सार नहीं हैं। जायसी किसी को माया बतलायें या दुनिया-धन्धा या अप्सरा; पर व्यापक अर्थ में ये सब वे बाधाएँ हैं जो साधक को साध्य से दूर रखने का प्रयत्न करती है। इनके अंतर्गत हंम उस नागमती को भी ले सकते हैं जो तोते की हत्या कराना चाहती है, उस माँ को भी जो रत्नसेन के जाने पर रोती है, उन सात समुद्रों को भी

जिन्हें राजा पार करता है, उस पार्वती को भी जो राजा रत्नसेन की परीक्षा लेती है, उस लक्ष्मी को भी जो उसकी प्रेमिका का रूप धारण करके सामने आती है, उस राघवचेतन को भी जो राजा से अप्रसन्न होने के कारण दिल्ली के बादशाह को चितौड़ पर आक्रमण करने के लिए उद्यत करता है और उस अलाउद्दीन को भी जो पद्मिनी को हस्तगत करना चाहता है। कहीं-कहीं अज्ञान, संज्ञाहीनता, अभिमान और लोभ भी व्यवधान बनकर आए हैं इन सबका अर्थ पाठक का हृदय ठीक से समझता है और मूल आशय को ग्रहण करने में शायद ही उससे कहीं भूल होती हो।

सिंहल को जायसी ने हृदय बतलाया है, यह अर्थ तो ठीक ही है; पर सिंहल और दिल्ली दोनों परलोक के अर्थ में भी प्रयुक्त हुए हैं, जहाँ कष्ट सहन करके ही कोई पाथिक पहुँच पाता है। शरीर, समुद्र और दर्पण ऐसे प्रतीकों के रूप में ग्रहण किए गएं हैं जहाँ उसका निवास है, जहाँ वह रत्न छिपा है, या जहाँ उस सुन्दर का प्रतिबिंब पड़ सकता हैं। ग्रन्थ में आए आम्रराजी, मानसारोवर, सहस्रदलकमल, दीप और पिंजर भी विभिन्न अर्थों में द्योतक हैं। कुल मिलाकर जायसी में प्रतीकों की संख्या सीमित-सी है।

इस प्रकार जायसी में आध्यात्मिक चिंतन का एक रूप तो है यह अन्योक्ति पद्धति। इसमें बीच-बीच में रहस्य-चिंतन के साथ पूर्ण कृति का ही एक सम्पूर्ण आशय है, जिसका पता आख्यान की समाप्ति पर हो चलता है। वह आशय यह है कि जीवन में सबसे महत्वपूर्ण दो प्रेमियों का मिलन है। सूफी साधना के क्षेत्र में इस मिलन का अर्थ है आत्मा और परमात्मा का मिलन। इस मिलन-पथ पर बढ़ते ही साधक के मार्ग में असंख्य बाधाएँ खड़ी हो जाती है; पर वह गुरु की सहायता और अपनी लगन से इन सभी पर विजय प्राप्त करता है। पद्मावती में अलौकिक प्रेम के महत्व की घोषणा बहुत स्पष्ट शब्दों में हुई है-

मानुष पेम भएउ बैकुंठी।
नाहिं त काह छार मूठी।।
प्रेम-पंथ जौं पहुँचे पारा।
बहुरि न मिलै आइ एहि छारा।।

जायसी निराकार के उपासक थे। 'स्तुति खंड' में जिस ईश्वर की व्यापकता, महिमा और सृजनशीलता की चर्चा हुई है, वह निर्गुण-निराकार ही है। पद्मावती के रूप का वर्णन उसी के रूप का वर्णन है-

रवि ससि नखत दिपहिं ओहि जोती।
रतन पदारथ मानिक मोती।।

जहँ-जहँ विहँसि सुभावहि हँसी।
तहँ-तहँ छिटकि जाति परगसी।।

इसी प्रकार 'चितौरगढ़ वर्णन' में जहाँ अलाउद्दीन पद्मावती का प्रतिबिंब दर्पण में देखता है, वहाँ उस छवि के कारण धरती से लगातार आकाश तक समस्त अवकाश स्वर्ण-वर्ण का हो जाता है।

विहंसि झरोखे आइ सरेखी।
निरखि साह दरपन में देखी।।
होतहि दरस परम भा लोना।
धरती सरग भएउ सब सोना।।

'सिंहलद्वीप-वर्णन-खंड' में जायसी ने इस बात पर बल दिया है कि प्रेम में साधक का बड़ा महत्व है। जिसकी साधना पूरी नहीं हुई, वह उस तक नहीं पहुंच सकता। बिना साधना के उसकी निटकता असंभव है-

चाँद सुरुज औ नखत तराईं।
तेहि डर अन्तरिख फिरहिं सबाईं।।
पौन जाइ तहँ पहुँचे चहा।
मारा तैसि लोटि भई रहा।।
अगिनि उठी, जरि बुझी निआना।
धुँआ उठा, उठि बीच बिलाना।।
पानि उठा, उठि जाइ न छुआ।
बहुरा रोइ, आई भुई चूआ।।

विरह का वर्णन अनेक विवरणों और पूरी सूक्ष्मता के साथ जायसी ने किया है। सबसे बड़ी बात यह है कि इसका धरातल बड़ा व्यापक है। विरह-व्यथा की अनुभूति ग्रंथ के मुख्य पात्रों के हृदय में हो ही नहीं होती, वरन् सारी सृष्टि ही इसकी लपेट में आ गई है। सच पूछिए तो सूर्य, चन्द्र, नक्षत्र, इसी आग में जल रहे हैं। पर्वत के अन्तर में यही आग तो है। पतंगा इसी आग में जलने को उद्यत है। पलाश के हृदय में यही आग भर गई है। बादल इसी आग के धुएँ से काले पड़ गए हैं।

अनेक कष्ट झेलकर राजा प्रेमिका के देश पहुँचता है और ऐसी स्थिति खड़ी होती है कि पद्मिनी से उसकी भेंट हो सके। साक्षात्कार होता है; पर उस अनिंद्य रूप को देखकर राजा बेसुध हो जाता है। जब उसे सुधि आती है तब तक पद्मावती चंदन के अक्षरों में उसके हृदय पर प्रणय-जीवन का एक सत्य अंकित करके लौट जाती है।

तब चंदन आखर हिय लिखे।
भीख लेइ तुइ जोग न सिखे।।
धरी आइ तब गा तू सोई।
कैसे भुगुति परापति होई।।

'पद्मावत' में विरह के प्रसंग जैसे मार्मिक हैं, मिलन के प्रसंग वैसे ही मधुर। प्रेम के विविध पक्षों की पूर्णता का चित्र जिससे पाठक की सभी भावनाओं की तृष्टि हो सके, जैसा जायसी की पद्मावत में पाया जाता है, वैसा अन्यत्र पाना कठिन है। मनुष्य का आन्तरिक जीवन विकास की जिन स्थितियों को पार करता है और बीच-बीच में मुग्धता, मादकता, आत्मलीनता और आनन्द की जिन भावनाओं की अनुभूति उसे होती है, वे केवल जायसी में ही पायी जाती हैं।

रत्नसेन का पद्मावती से परिणय होता है और वह रात आती हैं जिसे सुहागरात कहते हैं। महल के सातवें खंड में जहाँ माणिक-मोति की शीतल ज्योति में कोमल कलियों की सेज सजाई गई है और राजा चातक के समान एक झलक की आशा में प्यासा-सा बैठा है, वहाँ पद्मिनी की चंचल सखियाँ विनोद के लिए चाँद जैसी अपनी सहेली को थोड़ी देर के लिए कहीं छिपा देती हैं और राजा को छेड़-छाड़कर अपनी नटखटी का पूरा आनन्द उठाती हैं। आध्यात्मिक पक्ष में इससे यह अर्थ व्यंजित होता है कि उसके बिना संसार का सारा वैभव फीका है। अन्त में मिलन-प्रसंग से यह ध्वनि निकलती है कि प्राणी का सब कुछ-तन, मन, यौवन-उसके लिए है जिसे वह प्यार करता है। जीवन की आध्यात्मिक व्याख्या और रहस्यवादियों में भी पायी जाती है; पर अध्यात्म से जीवन के अटूट संबंध की अभिव्यक्ति सूफियों के काव्य में ही मिलती है। सूफियों का काव्य हमारे हृदय के तारों को इस प्रकार झनकारता है कि आध्यात्मिक विरह मिलन के स्वर लौकिक विरह-मिलन के स्वरों से कहीं भी भिन्न नहीं प्रतीत होते। हमारे लौकिक जीवन का एक गूढ़ आध्यात्मिक अर्थ है, जिसे प्यार की भाषा ही स्पष्ट कर सकती है-जायसी के काव्य का सबसे बड़ा संदेश यही हैं।

पद्मावती एक प्रबन्ध-काव्य है। इनका नायक रत्नसेन, नायिका पद्मावती और खलनायक अलाउद्दीन है। ये तीनों ही इतिहास प्रसिद्ध पात्र हैं। इतना होने पर भी यह मान बैठना कि पद्मावता की सभी घटनाएँ इतिहास-संगत हैं, भूल होगी। प्रबन्ध-काव्य में इतिहास से घटनाओं का चयन अवश्य किया जाता है, पर काव्य अन्ततः काव्य ही है, वह इतिहास नहीं होता। पद्मावत में तीन स्थानों की कथा वर्णित है-सिंहलद्वीप, चितौड़ और दिल्ली। चितौड़ केन्द्र में है। इस

प्रेम-गाथा के पूर्वार्द्ध में घटनाएँ चितौड़ और सिंहल में घटित होती है, उत्तरार्द्ध में चितौड़ और दिल्ली में। यद्यपि ये तीनों ही स्थान वास्तविक हैं, पर जहाँ सिंहल की घटनाएँ काल्पनिक हैं, वहाँ चितौड़ और दिल्ली की प्राय: वास्तविक। अलाउद्दीन खिलजी सन् 1296 से 1316 तक दिल्ली का शासक था। सन् 1303 में उसने चितौड़ पर आक्रमण कर उस पर विजय प्राप्त की। उस समय राजा रत्नसिंह वहाँ का शासक था, और उसकी पत्नी का नाम पद्मावती भी था, लेकिन जायसी की यह धारणा कि अलाउद्दीन आठ वर्ष तक चितौड़ का घेरा डाले रहा, तथ्य से बहुत दूर है। युद्ध केवल कुछ महीने हुआ। रत्नसिंह का पूरा शासन-काल एक वर्ष के लगभग रहा। उस विजय के उपरान्त अलाउद्दीन अपने पुत्र खिज्र खाँ को चितौड़ का किलेदार बनाकर लौट गया।

इस ग्रन्थ को ऐतिहासिक सिद्ध करने के लिए कुछ विद्वानों ने कर्नल टाड कृत राजस्तान के इतिहास का सहारा लिया है, जो ठीक नहीं है। प्रत्येक प्रबन्ध-काव्य में बहुत-सी ऐसी घटनाएँ होती हैं जिनका सत्य से दूर का भी सम्बन्ध नहीं होता। ये घटनाएँ कुछ पौराणिक कथाओं, कुछ साहित्यिक रूढ़ियों, कुछ अपने युग के विश्वासों, कुछ लोक-कथाओं और कुछ दंत-कथाओं पर आधारित होती हैं। पद्मावत में ऐसी बहुत-सी घटनाएँ हैं, जो ऐतिहासिक घटनाओं के पार्श्व में स्थान प्राप्त कर इस प्रबन्ध-काव्य को रोचकता प्रदान करने में समर्थ हुई है, जैसे शिव-पार्वती, समुद्र और हनुमान का प्रत्यक्ष होना, लक्ष्मी का अपनी सहेलियों के साथ खेलना और वेश बदलकर राजा की परीक्षा लेना, समुद्र के जल में राक्षस का होना और एक विशालकाय पक्षी का उसे अपने चंगुल में लेकर उड़ जाना, राधव चेतन का प्रतिपदा को आकाश में चंद्रमा दिखा देना, तोते का मनुष्य की भाँति बातचीत करना, आदि।

महामहोपाध्याय रायबहादुर गौरीशंकर हीराचन्द ओझा का कहना है कि चितौड़ के रावल समरसिंह का पुत्र रत्नसिंह लगभग एक वर्ष चितौड़ का राजा रहा। उसमें भी अन्तिम छ: मास वह अलाउद्दीन से लड़ता रहा। ऐसी दशा में उसका सिंहलद्वीप जाकर संघर्ष मोल लेना और विवाह करना एक असंभव बात है। लेकिन चितौड़ से करीब चालीस मील दूर सिंगोली नामक प्राचीन स्थान है, जहाँ प्राचीन किले के चिन्ह अब तक विद्यमान हैं। अत: पद्मिनी का पिता यहीं का स्वामी रहा होगा। जायसी ने भ्रम से सिंगोली को सिंहल समझ लिया हो, तो कोई आश्चर्य नहीं। उनकी यह भी खोज है कि रत्नसेन के समय में मेवाड़ में गोर नामक एक वंश विद्यमान था: गोरा बादल

दो व्यक्ति नहीं, एक ही व्यक्ति का नाम है। इसमें गोरा शब्द बादल के वंश का एक सूचक है।

इधर इंद्रचंद्र नारंग ने परिश्रमपूर्वक 'पद्मावत का ऐतिहासिक अधार' नामक एक पुस्तिका लिखी है। इसमें श्री जयचंद्र विद्यालंकार के इतिहास का आधार लेकर यह सिद्ध किया गया है कि पद्मावत के कथाकार पर जायसी के अपने युग की कई ऐतिहासिक घटनाओं तथा अलाउद्दीन के शासन-काल की अन्य घटनाओं की छाया है। उदाहरण के लिए मेवाड़ के राणा सांगा के पुत्र जायसी के समकालीन राणा रत्नसेन और बूँदी के राव सूरजमल के बीच वैमनस्य के कारण सन् 1531 में द्वन्द्व-युद्ध हुआ। इसमें दोनों मारे गये। राणा की मृत्यु राणी पँवार उसके साथ सती हो गयी। इस घटना को छाया चित्तौड़ के राणा रत्नसेन और कुंभलनेर के राजा देवपाल के द्वन्द्व-युद्ध तथा पद्मनी के सती होने में देखी जा सकती है। गुजरात के मंत्री माधव ने अपने स्वामी कर्ण देव से असंतुष्ट रहने के कारण दिल्ली जाकर अलाउद्दीन खिलजी को अपने राजा पर आक्रमण करने के लिए आमंत्रित किया था। राघव-चेतन का निंद्य कर्म इससे एकदम मिलता-जुलता है।

इस प्रकार पद्मावत के प्रणयन में काल्पनिक घटनाओं के साथ ऐतिहासिक घटनाओं का कुछ न कुछ योग है ही।

मलिक मुहम्मद जायसी कृत 'पद्मावत' हिंदी के प्रसिद्धतम महाकाव्यों में से है। रामचरितमानस के समान इसमें भी अवधि भाषा और दोहे-चौपाइयों का प्रयोग हुआ है। कथा कांडों के स्थान पर 58 खंडों में विभक्त है।

पद्मावत एक घटना-प्रधान प्रेमपरक महाकाव्य है। इसे दो भागों में विभाजित किया जा सकता है। पद्मावती के जन्म से लेकर विवाह के उपरांत उसके चितौड़ आने तक को हम कथा का पूर्वार्द्ध और राघव चेतन के देश निकाले से मुसलमानों द्वारा चितौड़ विजय की गाथा को उत्तरार्द्ध कह सकते हैं। यह एक प्रकार से दो महाकाव्यों की सामाग्री है, जिसे कवि ने अपने कौशल से एक में गूंथ दिया है। इसमें रत्नसेन, पद्मावती, नागमती, उलाउद्दीन और हीरामन तोता मुख्य पात्र हैं; गंधर्वसेन, राघव, चेतन, देवपाल, गोरा बादल तथा कुमुदिनी आदि अप्रमुख पात्र। कथानक महत्वपूर्ण और गम्भीर है। सम्पूर्ण कथा में कोई भी प्रसंग व्यर्थ का नहीं आ पाया है। रत्नसेन के साथ पदमावती का सती होना, इस प्रबन्ध-काव्य का प्रधान कार्य है।

जैसे रामचरितमानस भक्ति का अनुपम ग्रन्थ है, वैसे ही पद्मावत सूफी भावना की अभिव्यक्ति का; फिर भी ये दोनों धार्मिक ग्रन्थ इतने नहीं माने जाने चाहिये, जितने काव्य-ग्रन्थ। धर्म को यहाँ जीवन की समस्याओं के समाधान

के रूप में ही स्वीकृत किया गया है। जीवन की विराट मार्मिक छवियों के अनुपम कलात्मक चित्रों के भंडार होने के कारण ही इन कृतियों की अपनी महत्ता है।

पद्मावती को लेकर रत्नसेन जैसे एक सच्चे प्रेमी का आदर्श प्रस्तुत करता है, वैसे ही अलाउद्दीन जैसे शत्रु का सामना करके एक सच्चे राजपूत का; लेकिन नागमती के प्रति उसका प्रारम्भिक व्यवहार कुछ अन्याय-पूर्ण है। पद्मावती सच्ची प्रेमिका है, नागमती सच्ची गृहिणी। दोनों ही सतीत्व की गरिमा से आलोकित हैं। अलाउद्दीन एक धूर्त व्यक्ति है, राधवचेतन देशद्रोही और गोरा बादल वीरता की प्रतिमूर्ति।

पद्मावत में स्थानों, यात्राओं और युद्ध के वर्णन बड़े प्रभावशाली बन पड़े हैं। नख-शिख वर्णन के अतिरिक्त अन्य कई स्थलों पर भी पद्मावती के रूप का चित्रण अभूतपूर्व है। षट्ऋतु-वर्णन और बारहमासे में प्रकृति का वर्णन संयोग-वियोग की भावनाओं से प्रेरित होने पर भी प्रकृति की विशेषताओं का अच्छा परिचायक है। समुद्र का जैसा वर्णन जायसी ने किया है, वैसा शायद की कोई हिन्दी का कवि कर पाया हो। इनके वर्णन में शुष्कता का समावेश केवल वहीं हुआ है जहाँ ये वस्तुओं के प्रकारों का जो उबाने वाला उल्लेख, पारिभाषिक शब्दों का अत्यधिक प्रयोग, हठयोग में वर्णित पिंगला-सुषम्ना नाड़ी, शून्य समाधि और तारी आदि की चर्चा करने लगते हैं- नहीं तो सरलता उनकी अपनी विशेषता है-निजी निधि।

पद्मावत का विशेष महत्व प्रेम-भाव के कारण है। प्रेम के लौकिक और अलौकिक दोनों तत्वों का निदर्शन अत्यंत निपुणता से उनके काव्य में हुआ है। रत्नसेन जैसे प्रेमी और पद्मावती जैसी प्रेमिका की कस्पना जायसी ही कर सकते थे। रत्नसेन-पद्मावती के संयोग से जैसे इन्होंने जीवन के माधुर्य को प्रत्यक्ष किया है, वैसे ही नागमती को कुछ दिनों लिये अपने पति से दूर रखकर हृदय की वेदना के भी अत्यंत मार्मिक चित्र अंकित किये हैं। संयोग-वियोग द्वारा ईश्वरीय प्रेम की व्यंजना कराकर कवि ने लौकिक प्रेम को अलौकिक प्रेम की परिधि में उठाकर रख दिया है। अलाउद्दीन दो सच्चे प्रेमियों के बीच आना चाहता है। जायसी ने उसके दुष्ट प्रयत्न की विफलता दिखाकर प्रेम की महत्ता का उद्घोष किया है।

कथ्य, कला और जीवन-दर्शन तीनों की दृष्टि से यह महाकाव्य इतना पूर्ण बन पड़ा है कि हिंदी में इसकी गणना रामचरितमानस के उपरांत ही होनी चाहिये। पद्मावती लौकिक प्रेम के माधुर्य और दिव्य प्रेम की भव्यता का अनुपम संधि-स्थल है।

सूरदास

सूरदास का जन्म सन् 1483 में दिल्ली से चार कोस पर सीही ग्राम में हुआ। जाति के ये सारस्वत ब्राह्मण थे। अपनी युवावस्था में ही ये विरक्त होकर घर से निकल पड़े और मथुरा-आगरा के बीच गऊघाट पर यमुना नदी के किनारे कुटिया बनाकर रहने लगे। यहीं इनकीं भेंट वल्लभाचार्य से हुई। आचार्य जी को उन्होंने पश्चाताप और दीनता से युक्त विनय के कुछ पद सुनाये। उन्होंने इन्हें कृष्ण-चरित्र की ओर आकर्षित कर 'पुष्टिमार्ग' में दीक्षित किया और गोवर्द्धन पर स्थित श्रीनाथ जी के मंदिर में भगवान के कीर्तन का काम सौंपा। यहीं कृष्ण-लीला सम्बन्धी उन असंख्य पदों की रचना हुई जिन्होंने आगे चलकर 'सूरदास' का रूप धारण किया।

सूरदास को जन्मांध मानने की परंपरा रही है, पर अब विद्वान उन्हें नेत्रहीन नहीं मानते। केवल ऐसा विश्वास करते हैं कि उनके नेत्रों की ज्योति आगे चलकर किसी समय जाती रही। उनका एक अन्धे कुयें में गिरना और बाँह पकड़कर कृष्ण द्वारा निकाला जाना, भक्तों की कपोल कल्पना मात्र है। इसका कुछ आशय हो सकता है तो यही कि ये संसार रूपी अन्धे कुएँ में पड़े हुये थे जिससे भगवान ने कृपा कर इन्हें मुक्त किया।

'साहित्य लहरी' के पद के आधार पर कुछ लोग इन्हें चंदबरदाई का वंशज मानते हैं, जो ठीक नहीं हैं। ऐसा प्रसिद्ध है कि अकबर से इनकी भेंट मथुरा में और तुलसीदास से चित्रकूट में हुई थी। किसी-किसी ने इनके पिता का नाम रामदास दिया है, जो नहीं कहा जा सकता कहाँ तक ठीक है।

सूरदास के जीवन से सम्बन्धित बहुत थोड़ी घटनायें है जिन्हें प्रामाणिक माना जा सकता है। उसका कारण यह है कि हिंदी में अनेक सूरदास हुये हैं और उनके जीवन की घटनाओं को भी हमारे कवि पर आरेपित कर दिया गया है। सूरदासों के इस समूह में तीन बहुत प्रसिद्ध है-(1) विल्वमंगल सूरदास (2) मदनमोहन सूरदास और (3) सूरसागर के रचयिता सूरदास विल्वमंगल दाक्षिणात्य ब्राह्मण थे। ये चिंतामणि नाम की एक वेश्या पर आसक्त थे और उसके प्रेम में डूबकर इन्होंने सुइयों से अपनी दोनों आँखें फुड़वा ली थी। बाद में ये काशी में आकंर रहने लगे। मदनमोहन सूरदास संगीत-विद्या में निपुण अकबर के दरबारी कंवि थे। बादशाह ने प्रसन्न होकर

इन्हें संडीले में अमीन के पद पर नियुक्त कर दिया था। जीवन के अन्त में ये वृन्दावन चले गये।

वल्लभाचार्य के उपरान्त उनके पुत्र गोसाई विट्ठलनाथ जी ने अपने संप्रदाय को दृढ़ बनाने के लिये कृष्णभक्त कवियों में से आठ को चुनकर 'अष्टछाप' की प्रतिष्ठा की। इनमें सूरदास का स्थान सर्वोपरि है। स्वयं गोसाई जी इन्हें 'पुष्टिमार्ग का जहाज' कहा करते थे। वैसे भी कृष्ण भक्तों में ये उद्धव के अवतार माने जाते हैं। अष्टछाप में निम्नलिखित कवियों की गणना होती है—सूरदास, नन्ददास, कुम्भनदास, परमानन्ददास, कृष्णदास, चतुर्भुजदास, गोविंदस्वामी और छीतस्वामी।

सूरदास की मृत्यु गोसाईं विट्ठलनाथ के सामने पारसौली गाँव के सरोवर तट पर, जहाँ कृष्ण ने गोपियों के साथ एक दिन रास किया था, सन् 1563 में हुई।

सूरदास के तीन ग्रन्थ प्रसिद्ध हैं—सूरसागर, सूर-सारावली और साहित्य लहरी। ऐसा प्रसिद्ध है कि सूरसागर सवा लाख पदों का संग्रह था; पर अभी तक खोज से पाँच हजार के लगभग पद प्राप्त हुये। हैं। सूर-सारावली में छन्दों की संख्या ग्यारह सौ सात है। साहित्य-लहरी में एक सौ अठारह पद पाये जाते हैं।

श्रीमद्भागवत के समान 'सूरसागर' के पदों को भी द्वादश स्कंधों में विभाजित कर दिया गया है। इसके अनुसार लीला-सम्बंधी चार हजार पद अकेले दशम स्कंध में पाये जाते हैं। शेष एक हजार में ग्यारह स्कंध है। कई स्कंधों में तो चार-चार छः छः पद ही हैं।

यदि कथा के अनुपात का ध्यान छोड़ दिया जाये, तो सूरसागर में कृष्ण का पूरा जीवन वर्णित है। इतना होने पर भी हम इस ग्रन्थ को प्रबन्ध-काव्य नहीं कह सकते। इसकी गणना गीतिकाव्यों में ही होगी। कृष्ण अपने जीवन में चार स्थानों पर रहे-गोकुल, वृन्दावन, मथुरा और द्वारका।

कृष्ण का जीवन जन्म के उपरांत एक प्रकार से गोकुल में प्रकट होने के साथ प्रारम्भ होता है। नन्द और यशोदा के आश्रय में वे बड़े होते हैं। माखन-चोरी तथा ऊखल-बन्धन के प्रसङ्गों के साथ पूतना और यमलार्जुन आदि के उद्धार की घटनायें यहीं घटित होती हैं। कंस के उपद्रव से तंग आकर एक दिन नन्द निश्चय करते हैं कि वृन्दावन में चलकर रहना चाहिए। उस समय कृष्ण की अवस्था पाँच वर्ष की थी। यहाँ गोपाल अपने और सखाओं के साथ गो-चारण के लिये जाते है। यहीं यमुना-तट पर राधा से उनका परिचय होता हैं। यह परिचय पारम्परिक आकर्षण और प्रेम में परिणत हो जाता है। गोपियों

के साथ पनघट की छेड़छाड़ चलती है, चीरहरण होता है और चाँदनी रात में कृष्ण अपनी प्रेमिकाओं के साथ रास के प्रसिद्ध नृत्य में लीन होते हैं। दूसरी ओर वकासुर, अघासुर आदि के वध तथा कालिया-दमन और गोवर्धन-धारण की कथायें भी यहीं की हैं। फिर एक दिन अक्रूर के साथ कृष्ण मथुरा चले जाते हैं। वहाँ कंस का वध कर उग्रसेन को उनका राज्य सौंपते हैं। नन्द उदास होकर वृन्दावन लौट आते हैं। ब्रजवासी कृष्ण के वियोग में खिन्न रहने लगते हैं। उनकी व्यथा का अनुमान कर कृष्ण अपने सखा उद्धव के साथ गोपियों के नाम पाती और संदेश भेजते हैं। उदधव गोपियों को समझाने गये थे, पर परिणाम यह होता है कि वे ज्ञानी के स्थान पर भक्त होकर लौटते हैं। इधर जरासंध मथुरा पर सत्रह बार आक्रमण करता है। अठारहवीं बार जब वह कालयवन को लेकर आता है तो कृष्ण तङ्ग आकर अपने कुटुम्ब के साथ समुद्र के तट पर दूर द्वारका में जा बसते हैं। यहाँ रुक्मिणी से उनका परिणय होता है। यहीं सहपाठी और मित्र सुदामा उनसे मिलने आते हैं। एक दिन कृष्ण सूर्यग्रहण के अवसर पर अपने प्रियजनों को साथ लेकर कुरुक्षेत्र जाते हैं और दूत भेजकर नन्द, यशोदा, यशोदा तथा राधा को वहाँ बुलाते हैं। रुक्मिणी ने राधा के सम्बन्ध में न जाने कितनी बातें सुन रखी थीं; अत: वे उनसे मिलने को बहुत उत्सुक दिखाई देती हैं। दोनों एक-दूसरे से बहुत प्रेमपूर्वक मिलती हैं। तब सबके उपरांत कृष्ण से राधा को भेंट होती है। दोनों ही अतीत का स्मरण कर आनन्द और वेदना मिश्रित एक अपूर्व भाव का अनुभव करते हैं। कृष्ण राधा को यह समझाकर कि हम तो नित्य एक हैं, उसे ब्रजभूमि की ओर लौटा देते हैं।

काव्य में राम-भक्ति के प्रेरक जैसे स्वामी रामानन्द रहे हैं, वैसे ही कृष्ण भक्ति के वल्लभाचार्य। ये दोनों ही शंकराचार्य द्वारा प्रतिपादित अद्वैतवाद के विरोध थे। इनका विश्वास था कि जिस ज्ञान का प्रचार शंकराचार्य ने किया, उसे न तो जनता समझ सकती थी और न वह उसके किसी काम का था। जनता को तो एक व्यावहारिक-धर्म की आवश्यकता है। अत: उन्होंने ज्ञान के स्थान पर भक्ति का प्रचार किया। इसके लिए एक ने राम की उपासना का प्रवर्तन किया, दूसरे ने कृष्ण की। दोनों ही अपने उपास्थ देवों को परमब्रह्म मानते हैं। इनमें से एक का दर्शन विशिष्टद्वैत कहलाता है, दूसरे का शुद्धाद्वैत। एक को अपने मत के प्रसार के लिए गोस्वामी तुलसीदास जैसे कवि का सहयोग मिला, दूसरे को सूरदास का। वल्लभाचार्य के कृष्ण आनन्दमय हैं, माया उन्हीं की शक्ति है। जगत और जीव उन्हीं के अंश हैं। राम और कृष्ण, दोनों ही, क्योंकि विष्णु के अवतार माने जाते है; अत: उनकी उपासना वैष्णव धर्म के नाम से जानी जाती है।

वल्लभाचार्य के अनुसार ब्रह्म के तीन गुण हैं-सत्, चित्, और आनन्द। यह सृष्टि उसने लीला के लिए की है। जड़ और चेतन में वही अंश रूप से व्याप्त है। जड़ वस्तुओं में उसका केवल सत् तत्व पाया जाता है, चित् और आनन्द नहीं अर्थात जड़ पदार्थों की अपनी सत्ता तो है; पर न तो उनमें चेतना का आभास मिलता है और न वे आनन्द का अनुभव कर सकते हैं। जीवों में सत् और चित् प्रत्यक्ष है; पर आनन्द नहीं। आनन्द सुप्त रहता है। भक्ति के द्वारा उसी का आविर्भाव और उपलब्धि होती है। भक्ति व्यक्ति को आनन्दमय के निकट लाकर उसे परमानन्द में लीन कर देती है।

भक्ति में जैसे रामानन्द से दास्य-भाव को बल मिला, वैसे ही वल्लभाचार्य से सख्य भाव को। कृष्ण-भक्ति में उनकी बाल-लीलाओं से लेकर उनके यौवन-काल की क्रीड़ाओं तक का गान होता है। कृष्ण और गोपियों के पारस्परिक आकर्षण के कारण इसमें प्रेम का समावेश अनिवार्य है; अतः कृष्ण-भक्ति में माधुर्य-भाव का प्राधान्य रहता है। इसी माधुर्य-भाव को प्रेम-लक्षणा भक्ति कहते हैं। कांताभाव और राधा-भाव इसके अन्य नाम हैं। इसकी ओर व्यक्ति का झुकाव उसी समय होता है। जब उस पर भगवान की कृपा होती है। वल्लभाचार्य ने प्रभु के इस अनुग्रह को 'पुष्टि' शब्द से व्यक्त किया है; इसी से उनका मत 'पुष्टि मार्ग' कहलाता है। सूरदास पुष्टि मार्ग में दीक्षित वात्सल्य, सख्य और माधुर्य भाव तीनों के उपासक और समर्थक थे।

'सूरदास' का एक आकर्षण इसका बाल-लीला वर्णन है। नारी जीवन की सार्थकता पुत्र से है। सबसे गहरी प्रसन्नता का अनुभव वह उस समय करती है, जब अपने घर के आँगन में किसी शिशु को निकलते देखती है। शिशु का अस्तित्व मात्र नारी के जीवन को आनन्द से परिपूरित कर देता है, इसका सबसे बड़ा प्रमाण है सूरदास की यशोदा। अतः इस बाल-लीला का एक लक्ष्य है ऐसी नारी के हृदय की झलक दिखाना जो पुत्रवती है-जिसे कृष्ण जैसे पुत्र की माँ कहलाने का गौरव प्राप्त हुआ हैं। गार्हस्थ्य-जीवन के इस सरल आनन्द में नन्द भी समान भाव से प्रफुल्लता का अनुभव करते हैं। कृष्ण जन्म ही से इतने सुन्दर थे कि माँ-बाप, पास-पड़ोसियों के नेत्र उन्हें देखकर अघाते न थे। यशोदा को तो इस बात का डर बराबर लगा रहता था कि कहीं किसी की नजर न उन्हें लग जाये। अतः सहज मातृत्व के साथ कृष्ण के प्रति ममता का कारण उनकी वह कमनीयता है।

शिशुओं की क्रीड़ायें बड़ी ही मोहक होती हैं। कृष्ण का किलकना, हँसना, घुटुनों के बल चलना, मणियों के आँगन में अपने प्रतिबिंब को देखना, ताली बजाकर नाचना, चंद्रमा के लिए ललकना, बहकाये जाने पर धरती पर लोटना आदि ऐसी क्रियाएँ हैं जो हृदय की निरन्तर मुग्ध करती

रहती है। माँ उन्हें कभी गोद में लेती है, कभी चलना सिखाती है, कभी प्रभाती गाकर जगाती है। इनमें से एक-एक प्रसंग पर सूर पर सूर ने अनेक पद लिखे हैं और प्रत्येक पद से यशोदा की ममता के साथ कृष्ण के बाल-स्वभाव का सूक्ष्म निरीक्षण प्रकट होता है।

इस बाल-लीला में माखन चोरी का प्रसङ्ग अपना पृथक महत्व रखता है। नंद-यशोदा के घर में किसी बात की कभी नहीं है; पर कृष्ण गोपियों के घर में घुस जाते हैं, माखन चुराते हैं, दही की मटकियाँ फोड़ डालते हैं और पकड़े जाते हैं। गोपियाँ उन्हें खींचकर यशोदा के पास लाती हैं। वे झूठ बोलते हैं, डाँटे जाते हैं, बाँधे जाते हैं, मार खाते हैं।

गोचरण-लीला भी इसी अवस्था से सम्बन्धित है। कृष्ण प्रकृति के मुक्त प्रसार में पशु-पक्षियों के साथ बड़े होते हैं, पर उनका नटखट-पन कम होने के स्थान पर बढ़ता ही जाता है। सन्ध्या को लौटते है तो माँ से आकर ग्वालों और बलदाऊ के अन्याय की शिकायत करते हैं। मां सब कुछ समझती है। वह बलदाऊ के प्रति कृत्रिम रोष प्रकट करती है और कृष्ण को हृदय से लगा लेती है।

कृष्ण की बाल क्रीड़ा सम्बन्धी कुछ पंक्तियाँ देखिये-

(1) *जसोदा हरि पालने झुलावै।*
हलरावै, दुलराइ, मल्हावै, जोइ सोइ कछु गावै।।
कबहुं पलक हरि मूँदि लेत हैं, कबहूं अधर फरकावै।
सोवत जानि मौ न ह्वै कै रही करि-करि सैन बतावै।।

(2) *किलकत कान्ह घुटुरुन धावत।*
मनिमय कनक नन्द के आँगन बिम्ब पकरिबे धावत।।
कनक-भूमि पर कर-पग छाया यह उपमा इक राजत।
करि-करि प्रतिपद प्रनिमनि बसुधा कमल-बैठकी साजत।।

(3) *लैहौं री माँ चंद लहौंगो।*
कहा करौं जल-पुट-भीतर कौ बाहर ब्यौंकि गहोगौं।।

(4) *मैया मैं नहिं माखन खायौ।*
ख्याल परे ये सखा सबै मिलि मेरे मुख लपटायौ।।

(5) *मैया मोहिं दाऊ बहुत खिझायौ।*
मोसौं कहत मोल कौ लीन्हीं तू जसुमति कब जायौ।।

सूरसागर का प्रतिपाद्य वह प्रेम है जिसके केन्द्र में कृष्ण विराजमान हैं। इसके अंतर्गत स्वकीया और परकीया दोनों के भाव का वर्णन किया गया है।

स्वकीया में हम रुक्मिणी,सत्यभामा तथा परकीयाओं में सोलह सहस्त्र गोपियों को, जिनमें राधा प्रमुख हैं, ले सकते हैं। सूरसागर में कृष्ण को ऐसे सागर के समान समझना चाहिए जिसकी ओर नारी-ह्दय का अगाध प्रेम अनंत स्त्रोतों के रूप में निरंतर बहकर आ रहा है।

राधा, कृष्ण की आदर्श प्रेमिका हैं। प्रथम भेंट में ही दोनों एक दूसरे के प्रति आकर्षण का अनुभव करते हैं, दोनों एक दूसरे को अपने घर आमांत्रित करते हैं, दोनों घर वालों की आँख बचाकर एक दूसरे से मिलते हैं, दोनों को लेकर ब्रज में अपवाद फैलता है। दोनों ही लोकनिंदा की चिंता नहीं करते। सच्चा प्रेम निराश और पराजित होना नहीं जानता। राधा के घर वाले उसे टोकते हैं, तो वह अनेक प्रकार के बहाने बनाकर अपने प्रेमी से मिलती है। एक बार वह प्रचारित करती हैं कि उसे काले नाग ने डस लिया है। उसे स्वस्थ करने के लिए कृष्ण गारुड़ी का रूप धारण करके आते हैं। भेंट होने पर दोनों संकेतों में अपना प्रेम प्रकट करते हैं और प्रसन्न होते हैं। इस प्रेम के विकास में सन्देश लाने और ले जाने वाली सखियों का भी कम योग नहीं है।

राधा-कृष्ण के प्रेम को सूर ने एक सहज वृत्ति के रूप में ग्रहण किया है, जिसमें सौंदर्य का अपना अलग स्थान है। अनेक पदों में राधा-कृष्ण के रूप का वर्णन पूरी तल्लीनता के साथ किया गया है। नारी के सौन्दर्य के अनुपम चित्र तो सभी देशों के सभी कवियों ने किए हैं; पर पुरुष के सोन्दर्य का मुग्धकारी वर्णन सूर और तुलसी के काव्य में ही पाया जाता है। कृष्ण के शारीरिक सौंदर्य के उल्लेख में उनके कुटिल कच, मयंक मुख, कीर जैसी नासिका, बज्र जैसी दशन-छवि, विद्रुम बिंबा जैसे अधर, मीन-खंजन-मृगा जैसे नेत्रों के साथ केसर और चंदन के तिलक, मकराकृत कुंडल, बनमाला, और पीताम्बर का उल्लेख कवि बार-बार करता है। इसके अतिरिक्त उसने कृष्ण के मुख, नेत्र और पद-नख के सौन्दर्य का वर्णन पृथक से किया है। दोनों के रूप के दो चित्र देखिए।

(1) उपमा हरि-तनु देखि लजानी।

कोउ जल में, कोउ बननि रही दुरि, कोउ कोड गगन समानी।।
मुख निरखति ससि गयौ अम्बरकौं, तड़ित दसन-छवि हेरि।
मीन कमल, कर चरन नयन डर, जल मैं कियौ बसेरि।।
भुजा देखि अहिराज लजाने, बिबरनि बैठे धाइ।
कटि निरखत केहरि डर मान्यौ, बन-बन रहे दुराइ।।

(2) पिय-मुख देखौ स्याह निहारी।

कहि न जाय आनन की सोभा रही विंचारि-विचारि।।
छीरोदक घूँघट होतौ करि सन्मुख दियौ उधारि।

मनौ सुधाकर दुग्ध सिंध तैं कढ्यौं कलंक पखारि:।
मुक्ता-मांग सीस पर सोभित राजत इहि आकारि।
मानौ उडगन जानि नवल ससि आए करन जुहारि।।
चंचल नैन चहूं दिसि चितवति जुग खंजन अनु हारि।
मनहुँ परस्पर करत लराई कीर बचाई नारि।।
लाल माल कुच बीच बिराजति, सखियन गुही सिंगारि।
मनहुं धुई निर्धूम अग्नि पर तप बैठे त्रिपुरारि।।
सन्मुख दृष्टि परे मनमोहन लज्जित भई सुकुनारि।
लीन्हीं उँमगि उठाइ अंक भरि 'सूरदास' बलिहारि।।

रूप के अतिरिक्त कृष्ण के प्रति अनुराग को दृढ़ करने वाली उनकी वंशी हैं। कृष्ण जब वंशी-वादन करते हैं तो शिव की समाधि भंग हो जाती है, ब्रह्मा वेद-पाठ करना भूल जाते हैं, यमुना का प्रवाह रुक जाता है, पवन की गति मंद पड़ जाती है, मृग ठगे से रह जाते हैं। सूरसागर में नेत्रों के समान वंशी भी वर्णन का एक विषय है। गोपियाँ तो उसके प्रति इतनी ईर्ष्यालु हैं कि उसे अपनी सौत की समझने लगी हैं।

राधा-कृष्ण के प्रेम में शारीरिक मिलन और स्थूल सुख के दृश्य कम नहीं है। ये वर्णन कहीं-कहीं अत्यधिक मांसल हो गए हैं-

बिंहसि राधा कृष्ण अंक लीन्ही।
अधर सौं अधर जुरि, नैन सौं नैन मिलि, हृदय सौं हृदय लगि, हरष कीन्ही।
कंठ भुज-भुज भरि, उछंग लीन्हीं नारि, भुवन दुख टारि सुख दियौ भारी।

संयोग की दिशा में सबसे सरस प्रसङ्ग रास-लीला का है। शरद ऋतु की पूर्णिमा को जिस समय राशि-राशि उज्वल शीतल चाँदनी से धरती-आकाश भर उठे है, कृष्ण वंशी के मोहक स्वर छेड़ते हैं। गोपिकाएँ विवश-सी होकर घर से निकल पड़ती हैं। परिवार के लोग उन्हें टोकते है; पर आज वे किसी के रोके रुक नहीं सकतीं। निकट पहुँचने पर कृष्ण पातिव्रत का उपदेश देकर उन्हें लौटाने का प्रयत्न करते है; पर वे उनके प्रति प्रेम को पातिव्रत से कहीं ऊँचा समझती हैं। कृष्ण इस समर्पण को स्वीकार करते हैं। बीच में अंतर्धान होकर वे उनके अहं की परीक्षा भी लेते हैं और अंत में उनके साथ एकाकार होकर उन्हें स्वर्गीय आनन्द की अनुभूति का अवसर प्रदान करती हैं।

रास-लीला के कुछ दृश्य लीजिए।

(1) आजु हरि अद्‌भुत रास उपायो।
अचल चले, चल थकित भए, सब मुनिजन ध्यान भुलायो।
चंचल पवन थक्यों नहिं डोलत, जमुना उलटि बहायो।
थकित भयो चन्द्रमा सहित मृग, सुधा-समुद्र बढ़ायो।

(2) मानो माई धन-धन अन्तर दामिनि।
घन दामिनि, दामिनि धन अन्तर, सोभत हरि-ब्रजभामिनि।।

(3) ब्रज-जुबती रस-रास पगीं।
कियौ स्याम सबको मन भायौ निसि रति रंग जगीं।।

(4) रास-रास सुमित भई ब्रजबाल।
मनकामना भई परिपूरन, रहीं न एकौ साध।
षोडस सहस नारि संग मोहन, कींन्हौ सुख अवगाधि।।

कृष्ण के मथुरा-गमन से ब्रज की परिस्थिति ही बदल गयी। राजनीति की उलझनों में फंसने के कारण, कृष्ण फिर कभी वृन्दावन लौटकर नहीं आ सके, अतः ब्रजवासियों की पीड़ा का अनुमान लगाया जा सकता हैं। प्रेम में सम्पर्क जितना घना होता है, दुःख भी उतना ही गहरा। कृष्ण बचपन से ही सबकों प्राणों के समान प्रिय थे; अतः उनके दूर होने से ऐसा समझना चाहिए कि ब्रजवासियों के प्राण ही जैसे निकल गए हों। इधर कृष्ण भी कम व्यथित नहीं हैं।

सूरसागर में दोनों ओर के दुःख का परिचायक एक विशिष्ट अंश है, जो 'भ्रमर-गीत' के नाम से प्रसिद्ध है।

कृष्ण किसी के हाथ अपना सन्देश भेजना ही चाहते हैं कि उनका ध्यान उद्धव की ओर जाता हैं। उद्धव कृष्ण के अंतरंग सखा थे। वे ज्ञान के समर्थक थे और उसके सामने भक्ति और प्रेम दोनों का उनकी दृष्टि में कोई मूल्य न था। अपने ज्ञान का उन्हें थोड़ा गर्व भी था। कृष्ण जब कभी उनके सामने प्रेम के महत्व का प्रतिपादन करते, वे हँसकर टाल लेते। अतः अपने मित्र को ठीक मार्ग पर लोने के लिए कृष्ण ने यही उचित समझा कि उन्हें गोपियों के पास भेजकर प्रेम का पाठ पढ़ा दिया जाये। और हुआ भी ऐसा ही। उद्धव ज्ञान का पाठ पढ़ाने गए थे, प्रेम का पाठ सीख कर आए।

सूरदास ने इस प्रसंग को इसलिए उठाया हैं कि उनके युग में योग और ज्ञान की चर्चा जोर से चल रहीं थी। जैसे दर्शन के क्षेत्र में रामानंद और बल्लभाचार्य शंकराचार्य के अद्वैत मत को उखाड़ना चाहते थे, वैसे ही सूर और तुलसी दोनों अद्वैत द्वारा प्रेरित सिद्धों, नाथों कबीर पंथियों और सूफियों के योग और ज्ञान के प्रभाव को काव्य से दूर करना चाहते थे। तुलसी ने रामचरितमानस के उत्तरकांड में ज्ञान-भक्ति के प्रसंग में, तथा सूर ने सूरसागर में भ्रमरगीत के माध्यम से, ज्ञान की तुलना में प्रेम और भक्ति की प्रतिष्ठा निर्भ्रांत रूप से की है।

उद्धव जिस समय ज्ञान का उपदेश गोपियों को दे रहे हैं, उसी समय संयोग से एक भ्रमर उड़ता हुआ वहाँ आ जाता है; अतः गोपियो का हृदय जब बहुत देखता है और उन्हें कोई कटु बात कहनी होती है, तो वे उसी पर ढालकर कहती हैं। इससे उनका आशय भी व्यक्त हो गया है और शील की रक्षा भी हो गयी है। भ्रमर को लक्ष्य बनाकर कहीं हुई बातों के कारण ही इस प्रसंग का नाम 'भ्रमरगीत' पड़ गया है।

उद्धव रूप, वय और वेश में कृष्ण के समान ही थे और इस पर थे उनके मित्र; अतः गोपियों ने उनका स्वागत तो हृदय से किया, पर उनकी बातों से सहमत न हो सकीं। उद्धव तीन पत्र और एक संदेश लाए थे। पत्र कृष्ण, वसुदेव और कुब्जा की ओर से लिखे गए थे। पत्र देकर उद्धव ने उन्हें संसार की असारता और प्रेम की व्यर्थता का उपदेश दिया। गोपियो पर इस उपदेश का कोई प्रभाव नहीं पड़ता। वे प्रेम के सामने ज्ञान को इतना हल्का समझती हैं कि उसे गम्भीरता से ग्रहण ही नहीं हो पातीं। विश्वास ही नहीं कर पातीं कि जिस कृष्ण को वे जानती हैं, वे ऐसा ऊट-पटांग संदेश उन्हें भेज सकते हैं। उनका पूरा विश्वास है कि इसके मूल में कुबड़ी कुब्जा का हाथ है। यह भी सम्भव है कि कृष्ण वे अपने मित्र के साथ कोई गम्भीर मजाक किया हो।

इन पदों का विश्लेषण करने पर कई बातें प्रत्यक्ष होती हैं। पहली वह कि यदि ज्ञान का सन्देश कृष्ण की ओर से आया है, तो इसे प्रेम के विश्वासघात के अतिरिक्त और कुछ नहीं कह सकते। भक्ति का मार्ग सीधा है, योग का कठिन, इतना तो सभी जानते हैं। ज्ञान तो वैसे भी युवतियों के स्वभाव के विपरीत है। स्त्रियाँ तो भाव की सरल बात ही समझ सकती हैं, बुद्धि की चक्करदार बात नहीं। यह सन्देश परिस्थितियों के अनुकूल भी नहीं है। जिस समय सारा ब्रज उनके वियोग से संतप्त है, उस समय सान्त्वनां की कोई बात कहनी थी। वैराग्य के इस रूखे उपदेश से तो हृदय के और विदीर्ण होने की सम्भावना है। प्रभाव भी उसी के उपदेश का प्रभाव पड़ सकता है जो स्वयं उसके अनुकूल आचरण करता हो। यह कितनी हँसी की बात है कि कृष्ण तो कुब्जा के साथ राज-सुख में लीन हैं और गोपियों की वैरागिनी होने का सन्देश भेज रहे हैं। अतः वे इस व्यर्थ के प्रसंग उद्धव से तर्क करना नहीं चाहतीं, इसी से वे प्रायः व्यंग्य से काम लेती है। बात की पकड़, शब्दों के प्रयोग, ध्वनि और प्रभाव की दृष्टि से यह व्यंग्य समस्त हिंदी-काव्य में अपनी समता नहीं रखता। इससे उद्धव जैसे ज्ञानवान, शिक्षा की दृष्टि से सामान्य महिलाओं के सामने एकदम निरुत्तर हो जाते हैं। पाठकों की जो गोपियाँ इतना प्रभावित करती हैं, उसका कारण इस वाक चातुरी के अतिरिक्त भी कुछ हैं।

गोपियाँ प्रेम करने के लिए विवश हैं। प्रेम के अतिरिक्त वे और कुछ कर ही नहीं सकतीं। उनके एक-एक शब्द से उनके हृदय की गम्भीर आस्था का पता चलता है। यह विवशता और यह आस्था जैसे हमारे हृदयों को छू लेती है। इस प्रकार भ्रमरगीत के अन्तर में निहित व्यंग्य, विवशता और आस्था की वृत्तियाँ उसे ऐसी शक्ति प्रदान करती हैं कि प्रेम और भक्ति की गरिमा बिना कुछ कहे स्पष्ट हो जाती है।

उद्धव-गोपी-संवाद के रस के परिचय के लिए पंक्तियों की आत्मा में झाँकिए-

(1) काहे कौ रोकत मारग सूधौ,
सुनहु मधुप निरगुन कंटक तैं, राजपंथ क्यौं रूंधौ।।
कै सिखि पठए हौ कुबिजा, कह्यौ स्यामघनहुं धौं।।
वेद पुरान सुमृति सब ढूँढ़ौ, जुबतिनि जोग कहूं धौ।

(2) उधौ कोकिल कूजत कानन।
तुम हमकौं उपदेस करत हौ, भस्म लगावन आनन।।

(3) निरगुन कौन देश कौ बासी।।
मधुकर कहि समुझाइ, सौंह दै बूझति साँच न हाँसी।।

(4) मधुकर प्रीति किये पछितानी।
हम जानी एसैंहि निबहैगी, उन कछु और ठानी।।
वा मोहन कौं कौन पतीजै, बोलत मधुरी बानी।
हमकौं लिखि-लिखि जोग पठावत, आयु करत रजधानी।।

(5) हरि तैं भलौं सु पति सीता को।
जाकैं बिरह जतन ए कीन्हें, सिंधु कियो बीता को।
लंका जारि सकल रिपु मारे, देख्यो मुख पुनि ताको।
दूत हाथ उन लिखि न पठायो अगम ज्ञान गीता को।।

(6) उधौ मन न भए दस बीस।
एक हुतो सो गयौ स्याम सँग को अपराधै ईस।

सूर के पदों में पात्सल्य और माधुर्य के अतिरिक्त भक्ति का एक सामान्य भाव भी पाया जाता है। यह भाव उनके विनय के पदों में परिलक्षित होता है। सूर शरीर को अपावन मानते हैं, संसार को दु:ख का मूल। मनुष्य की आत्मा सुख की खोज में है। यह सुख विषयों में लीन होने से नहीं प्राप्त हो सकता। उनके अनुसार संसार में सुख की खोज करना अपना अमूल्य समय नष्ट करना

है। जो लोग वैसा समझते हैं, वे अविद्या में ग्रसित हैं। माया के इस भंयकर प्रभाव से मुक्ति भगवान के अनुग्रह से ही मिल सकती है।

सूरदास की यह विचारधारा भारतीय सन्तों की विचार-परंपरा के मेल में हैं। कृष्ण को उन्होंने भक्त-वत्सल, पतित-पावन और अविद्या का नाश करने वाला बतलाया है। अपनी बात की पुष्टि के लिए वे दुर्वासा और अंबरीष, प्रहलाद और हिरण्यकशिपु तथा गज और ग्राह की कथा की ओर बार-बार संकेत करते हैं। बार-बार गणिका, अजामिल, नृग और सुदामा की कहानी सुनाते हैं। अंत में वे इसी परिणाम पर पहुँचते है कि जीव को परम शांति भगवान के चरणों का ध्यान करने से ही प्राप्त हो सकती है। इसके लिये आवश्यकता इस बात की है कि मनुष्य विषमों की ओर से अपना मन खींच कर सत्संग करता हुआ हरि को आत्म-समर्पण करे। मनुष्य को यदि कोई सम्बन्ध स्थापित करना है, तो भगवान से करे। इस प्रकार यह भगवान की भक्ति ही हैं, जो उसे परम कल्याण की ओर ले जाती है। विनय के पदों में ऐसी उदात्त भावनाएँ न जाने कितनी बिखरी पड़ी हैं-

(1) जा दिन मन पंछी उड़ि जैहैं।
ता दिन तेरे तन-तरुवर के सबै पात झरि जैहैं।।
कहँ वर नीर, कहाँ वह सोभा, कहँ रँग रूप दिखैहैं।
जिन लोगन सौं नेह करत है, तेई देखि घिनैहैं।।

(2) चकई री चल चरन सरोवर, जहाँ न प्रेम -वियोग।

(3) हमारे प्रभु औगुन चित न धरौ।
समदरसी है नाम तुम्हारौ, सोई पार करौ।।
इक लोहा पूजा में राखत, इक धर बधिक परौ।।
सो दुविधा पारस नहिं जानत, कंचन करत खरौ।।

(4) मेरौ मन अनत कहाँ सुख पावै।
जैसै उड़ि जहाज को पंछी फिर जहाज पर आवै।।

(5) जा पर दीनानाथ ढरै।
सोई कुलीन, बड़ौ सुन्दर सोइ, जिहि पर कृपा करै।।

काव्य में भक्त-कवियों से सम्बन्धित कुछ प्रशस्तियाँ प्रचलित हैं, जो उनके वास्तविक महत्व की सूचक नहीं कही जा सकती। किसी ने लिख दिया-सूर सूर, तुलसी ससी, उड्डगन केशवदास; अब के कवि खद्योतसम...। ऐसे ही किसी दूसरे ने घोषणा कर दी-कविता रही सो कबिरा कहिगा, सूरै कहीं अनूठी, रही सही कठमलिया कहिगा, और कहै तो जूठी। इससे यह नहीं

प्रमाणित हो जाता कि सूर और कबीर, तुलसी से वास्तव में श्रेष्ठतर कवि थे। यदि निष्पक्ष दृष्टि से देखा जाये तो सूर को तुलसी के उपरांत ही स्थान मिलेगा। तुलसीदास का यह स्थान उनके महाकाव्यकार होने के कारण सुरक्षित है। विशालकाय होने पर भी सूरसागर गीति-काव्य है, जब कि रामचरितमानस महाकाव्य। कवि की क्षमता की अंतिम परख महाकाव्य की रचना से ही होती है। जैसे तुलसी ने राम के चरित्र को आधार बनाकर मानस की रचना की, वैसे ही सूर कृष्ण के चरित्र का उपयोग किसी प्रबन्ध-काव्य के लिए कर सकते थे; पर तुलसी के समान अपने चरित-नायक के सम्पूर्ण जीवन को न लेकर उन्होंने उनके बाल और यौवन-काल की लीलाओं को लिया। सूर किसी प्रबन्ध काव्य का प्रणयन नहीं कर सकते थे, ऐसा कहना उनके प्रति अन्याय करना होगा; पर इतना निश्चित है कि प्रबन्ध-रचना की ओर उनकी रुचि थी ही नहीं। रुचि की यह सीमा सूर के स्थान को भी थोड़ा सीमित कर देती है।

तुलसी के काव्य में मर्यादा की जैसी रक्षा हुई है, सूर के काव्य में वैसी नहीं। सूर के प्रेम-भाव में श्रंङ्गार का पुट काफी गहरा है। इससे वर्णन में कहीं-कहीं हल्कापन आ गया है और उस गरिमा के दर्शन नहीं होते जो श्रेष्ठतम काव्य का लक्षण है। सूर जीवन-भर पद-रचना करते रहे, जबकि तुलसी ने अनेक छंदो पर अपना असाधारण अधिकार प्रदर्शित किया। सूर ने अपने प्राण केवल ब्रजभाषा में ढाले; जबकि तुलसी ने अपने युग में प्रचलित ब्रज और अवधी दोनों को ग्रहण कर उन्हें महत्व प्रदान किया। सूर भगवान की भक्ति की मानव-जीवन का एकमात्र लक्ष्य समझते थे; पर तुलसी की दृष्टि व्यक्ति-कल्याण के अतिरिक्त लोक-कल्याण पर भी थी। उनकी 'विनय-पत्रिका' जहाँ आत्मा के उद्धार की गाथा कहती है, वहाँ 'रामचरितमानस' सत् असत् के संघर्ष का प्रतीक होने के कारण लोक-मंगल का विधायक भी बन गया है। इस प्रकार भाषा, छंद, रचना-विधान, विषय और संदेश सभी दृष्टियों से तुलसी का महत्व सूर की अपेक्षा कुछ अधिक ही ठहरता है।

तुलना की बात यदि भुला दी जाये, तो सूर हमारे श्रेष्ठतम कवियों में से हैं। उनका सूरसागर ब्रजभाषा में भक्ति सम्बन्धी पदों का अनुपम भंडार है। इन पदों में जीवन के व्यापक दुःख और संसार की असारता को स्थाई आश्रय स्थल मिल गया है। सूर वासनाओं को जड़ से न उखाड़कर उन्हें भक्ति की दिशा में मोड़ने के पक्ष में है। भक्ति हमारे जीवन की सभी समस्याओं का समाधान प्रस्तुत कर सकती है अथवा नहीं, यह आज विवाद का विषय हो सकता है, पर अनेक समाधानों में से यह भी एक श्रेष्ठ समाधान है, कम से कम इतना तो हमें स्वीकार करना ही चाहिये।

गोस्वामी तुलसीदास

तुलसीदास हिन्दी के सर्वश्रेष्ठ कवि हैं और उनका रामचरितमानस हिन्दी का सबसे लोकप्रिय ग्रंथ है। इतना होते हुए भी इनके लौकिन-जीवन के सम्बन्ध में हमें बहुत कम ज्ञात हैं। तुलसीदास के ग्रंथों में निहित संकेतों और किवदंतियों के अतिरिक्त जिन ग्रंथों का आधार लेकर विद्वानों ने उनकी जीवनी प्रस्तुत करने का प्रयत्न किया है वे हैं- (1) बाबा वेणी माधवदास कृत 'गोसाईं चरित' एवं मूल गोसाईं चरित (2) रघुवरदास कृत तुलसी चरित' (3) नाभादास का 'भक्तमाल' (4) भक्तमाल पर प्रियादास की टीका एवं सोरों की सामग्री।

बाबा बेणीमाधवदास पसका ग्राम के निवासी थे। वे गोस्वामी जी के साथी भी थे और शिष्य भी। 'गोसाई चरित' इन्हीं को कृति बताई जाती है। उसे इन्होंने नित्य पाठ के लिये 'मूल गोसाई चरित' के रूप में संक्षिप्त कर लिया था। यह कृति अब मिल गयी है। पं० रामचन्द्र शुक्ल इसे प्रामाणिक नहीं मानते, पर बाबू श्यामसुन्दरदास ने इसी के आधार पर गोस्वामी जी की विस्तृत जीवनी लिखी है। इसके अनुसार तुलसीदास का जन्म पराशर गोत्र के ब्राह्मण कुल में संवत् 1554 श्रावण शुक्ला सप्तमी को हुआ। जन्म के समय तुलसी के मुख से राम निकला। मां की अवस्था जिनका नाम हुलसी था, खराब हो गयी। उसने उन्हें अपनी दासी चुनिया को सौंपकर अपना शरीर त्याग दिया। चुनिया को आगे चलकर साँप ने काट लिया। स्वप्न में आदेश पा अनन्तानन्द के शिष्य नरहरियानन्द ने इनकी रक्षा की। वे इन्हें सरयू और घाघरा के संगम पर स्थित शूकरक्षेत्र ले आये और पाँच वर्ष तक वहाँ रहे। वहीं उन्होंने तुलसी को रामचरित का उपदेश दिया। वहाँ से वे काशी गये जहाँ तुलसी ने शेष सनातन नाम के एक विद्वान् से पन्द्रह वर्ष शास्त्रों का अध्ययन किया। इसके उपरान्त तुलसी ने राजापुर आकर विवाह किया। इस स्त्री से उन्हें अगाध मोह हुआ और फिर उसी के उपदेश से विरक्त हुये। इस अवस्था में अनेक स्थानों का भ्रमण करते हुए ये काशी आए जहाँ अनेक ग्रन्थों की रचना की। अन्त में सम्वत् 1680 में श्रावण शुक्ला तीज शनिवार को इन्होंने अपना शरीर त्याग दिया।

'तुलसी चरित' के रचयिता गोस्वामी जी के दूसरे शिष्य महात्मा रघुबर दास हैं। आचार्य शुक्ल को इसकी प्रामाणिकता पर भी संदेह है। इसके मुख्य चार खण्ड हैं- (1) अवध (2) काशी (3) नर्मदा (4) मथुरा। इसके अनुसार सरयू नदी के उत्तर की ओर सरवार देश में मँझौली से तेईस कोस पर कसया गाँव में गोस्वामी जी के प्रपितामह परशुराम मिश्र रहते थे। एकबार जब वे चित्रकूट गये तो हनुमान जी ने उन्हें स्वप्न में दर्शन देकर कहा कि तुम राजापुर में जाकर रहो, तुम्हारी चौथी पीढ़ी में एक तपोनिधि मुनि का जन्म होगा। ऐसा ही हुआ। इसी कुल में मुरारि मिश्र के घर तुलाराम ने जन्म लिया, जिनका दूसरा नाम तुलसीदास था। तुलसी चार भाई थे। इनके दो बहिनें थीं। गोस्वामी जी के तीन विवाह हुये। तीसरी पत्नी जिसके उपदेश से ये विरक्त हुये, कंचनपुर के लक्ष्मणा उपाध्याय की पुत्री थी। इसका नाम बुद्धिमती था।

'भक्तमाल' के लेखक नाभा जी तुलसी के सम-सामयिक थे और दोनों की भेंट वृन्दावन में हुई थी। तुलसीदास के सम्बन्ध में प्रशंसात्मक दृष्टि से लिखते हुये उन्होंने कहा है-कलि कुटिल जीव निस्तार हित वाल्मीकि तुलसी भयौ। नाभादास ने केवल एक ही छंद में गोस्वामी जी का उल्लेख किया है। पर प्रियादास ने भक्तमाल की टीका करते हुये ग्यारह छंद और बढ़ाये हैं। इनमें एक भूत को प्रसन्न करने पर हनुमान के दर्शन होने, घोड़ों पर सवार राम-लक्ष्मण का उनकी आँखी के आगे से निकलने, चोरी के समय पहरेदारों के रूप में राम-लक्ष्मण के होने, एक विधवा को आशीर्वाद देने पर उसके पति के जीवित होने, चमत्कार दिखाने के लिए बादशाह द्वारा बुलाये जाने, वृन्दावन में नाभादास से भेंट होने तथा कृष्णमूर्ति का राम की मूर्ति में परिवर्तित होने के वर्णन पाये जाते हैं। स्पष्टतः ये ऐसी घटनायें हैं जिनका सम्बन्ध किसी न किसी प्रकार की अलौकिकता से है।

कुछ लोगों का कहना है कि तुलसीदास का जन्म राजापुर में नहीं, एटा जिले के सोरों में हुआ। यह भ्रम 'सूकर खेत' को सोरों समझने से हुआ है। सोरों की सामग्री में तीन ग्रन्थ उल्लेखनीय है—(1) मुरलीधर चतुर्वेदी कृत रत्नावली (2) रत्नावली लघु दोहा संग्रह और (3) दोहा रत्नावली। इन ग्रन्थों के अनुसार गोस्वामी जी का विवाह दीनबन्धु पाठक की कन्या रत्नावली से हुआ। रत्नावली का जन्म संवत् 1600 में, विवाह 1612 में और सम्बन्ध विच्छेद 1627 में हुआ। तारापति नामक उसके एक पुत्र भी हुआ था, जो बचपन में ही मर गया। रत्नावली भी अपने पति के समान कवि थी।

इन सभी ग्रन्थों में से जीवन-सम्बन्धी सामग्री का चयन करने के लिये बड़ी सतर्कता की आवश्यकता है।

तुलसीदास ने अपने ग्रन्थों में अनायास और कहीं-कहीं विवशता के कारण अपने सम्बन्ध में थोड़ा-बहुत कहा है। वह कहना ऐसा तो नहीं है जो उनके सम्पूर्ण जीवन को हमारे सामने उपस्थित करे, पर है प्रामाणिक। ऐसे ग्रन्थ जिनमें उनके जीवन से सम्बन्धित संकेत पाये जा हैं, चार हैं- (1) रामचरित मानस (2) विनय-पत्रिका (3) कविताली (4) दोहावली। रामचरित मानस को पढ़कर इतना आभास तो सभी को मिलता है कि तुलसी राम के अनन्य भक्त थे और उत्कट कोटि के विद्वान होने के साथ बड़े ही विनम्र थे। बालकांड के मंगलाचरण में ही उन्होंने लिखा है कि रामायण का प्रणयन उन्होंने वेद, पुराण, शास्त्र और अन्यत्र उपलब्ध सामग्री के सहारे किया है। राम-भक्ति के समान उनके हृदय में गुरू के प्रति अगाध श्रद्धा थी-

1. *बंदौं गुरू पद कंज, कृपा-सिंधु नर रूप हरि,*
   महा मोह तम पुज्ज जासु बचन रवि-कर-निकर।
2. *मैं पुनि निज गुरू सन सुनी कथा सौ सुकर खेत।*
   समुझो नहिं तसि बालपन तब अति रहेउँ अचेत।

पहले सोरठे से विद्वानों ने अनुमान लगाया है कि उनके गुरू का नाम नरहरि अथवा नरहरिदास था। दूसरे प्रसंग से स्पष्ट होता है कि रामायण की रचना से पहले तुलसी ने यह कथा अपने गुरु से सुनी और जहाँ। यह कथा सुनी गयी उस स्थान का नाम 'सूकर खेत' अथवा 'शूकर क्षेत्र' था।

किंकिष्धा कांड के मंगलाचरण में तुलसी ने काशी का वर्णन किया है। इससे अनुमान लगाया जाता है कि किंकिष्धा से उत्तर तक रामायण की रचना तुलसी ने काशी में तथा बालकांड से अरण्य तक अयोध्या में की।

रामचरितमानस का प्रारंभ उन्होंने राम के जन्म के दिन चैत्र शुक्ल 9 सम्वत् 1631 को अयोध्या में किया, यह भी बालकांड से सिद्ध होता है-

सम्वत् सोरह सौ इकतीसा।
कहौं कथा हरि-पद घरि सीसा।।
नौमी भौमवार मधु मासा।
अवधपुरी यह चरित प्रकासा।।

'विनय पत्रिका' से उनकी जाति, उनके बचपन तथा अन्य कई तथ्यों पर प्रकाश पड़ता है। जन्म उनका ब्राह्मण के घर हुआ। बचपन उनका कष्ट में बीता। माता-पिता से परित्यक्त होने के कारण प्रारंभ में उन्हें घोर आर्थिक संकट का सामना करना पड़ा और आगे के जीवन में तो अर्थ का उनके लिये कोई अर्थ ही नहीं रह गया। इस ग्रन्थ की अधिकतर रचना काशी में हुई। इसमें मणिकर्णिका, विंदु माधव, विश्वनाथ, दंडपाणि, कर्ण घंटा, पंचकोर्शी, अन्नपूर्णा एवं भैरव इत्यादि के नाम आये हैं। काशी में विरोधियों ने तुलसीदास को बहुत तंग किया-

(1) *दियो सुकुल जन्म शरीर सुन्दर हेतु जो फल चारि को।*

(2) *जनक-जननि तज्यो जनमि....*

(3) *फिरयो ललात बिन नाम उदर लगि*
दुखह दुखित मोहि हेरे।

(4) *लोग कहै पोचु सो न सोचु न संकोचु मेरे,*
ब्याह न बरेखी जाति-पाँति न चहतु हौं।

कवितावली से बहुत सी उन बातों का समर्थन होता है जिनकी चर्चा विनय-पत्रिका में हुई है। काशी, प्रयाग और चित्रकूट के वर्णन कवितावली में है। सत्रहवीं शताब्दी के अंतिम चतुर्थांश में काशी में प्लेग फैला और तुलसी महामारी के शिकार हुए, यह कवितावली के कुछ छंदों से सिद्ध होता है।

(1) *मातु पिता जग जाय तज्यौ,*
विधिहू न लिखी कछ भाल भलाई।।

(2) *धूत कहौ, अवधूत कहौ, रजपूत कहौ, जुलहा कहौ कोऊ,*
काहू की बेटी सों बेटा न बयाहब, काहू की जाति बिगार न सोऊ।

(3) *(क) बीसी विश्वनाथ की विषाद बढ़्यो बारानसी।*

(ख) एक तो कराल कलिकाल सूल मूल तामें,
कोढ़ में की खाज-सी सनीचरी है मीन की।

(ग) पाँय पीर, पेट पीर, बाँह पीर, मुंह पीर,
जर जर सकल सरीर पीर मई है।

रूद्रबीसी का समय संवत् 1665 से 1685 तक का है। मीन के शनिश्चर 1669 से 1671 में हुए थे। अतः ये वर्णन 1670 के आस-पास के हैं। इस रोग से तुलसी अच्छे हो गए थे।

दोहावली के बहुत से दोहों को लेकर कुछ लोगों ने बहुत-सी कहानियाँ गढ़ ली हैं। सुनते हैं वैराग्यवान होने के उपरांत तुलसी की भेंट एक बार अपनी पत्नी से अकस्मात् हो गयी। पहले दोहे में पत्नी की ओर से उसे अपने साथ रखने का अनुरोध पाया जाता है। दूसरा दोहा अन्तिम समय का है।

(1) *खरिया खरी कपूर सब, उचित न पिय तिय त्याग।*
कै खरिया मोहि मेलि कै, विमल विवेक विराग।।

(2) *राम नाम जस बरनि कै, भयउ चहत अब मौन।*
तुलसी के मुख दीजिए, अब ही तुलसी सौन।।

इस प्रकार हम देखते हैं कि जन्म से लेकर मृत्यु तक की बहुत सी घटनाओं के संकेत उनकी रचनाओं में विद्यमान हैं। इनमें तुलसीदास के ज़ीवन और व्यक्तित्व के सम्बन्ध में आभास तो मिलता है, फिर भी जिज्ञासुओं को पूर्ण सन्तोष नहीं होता।

तुलसीदास के जन्म के सम्बन्ध में दो संवत् प्रचलित हैं–1554 और 1589। पं0 रामचन्द्र शुक्ल ने 'हिन्दी साहित्य का इतिहास' और डा0 श्यामसुन्दर दास ने 'हिन्दी साहित्य' में दोनों संवतों का उल्लेख इस प्रकार किया है जिससे यह पता ही नहीं चलता कि वे किसे ठीक मानते हैं। जनश्रुति के आधार पर डॉ० ग्रियर्सन ने दूसरी तिथि को प्रामाणिक माना है। अतः गोस्वामी जी का जन्म संवत् 1589 ही समझना चाहिए।

गोस्वामी तुलसीदास का जन्म सन् 1532 में बाँदा जिले के राजापुर ग्राम में हुआ। इनके पिता का नाम आत्माराम और माँ का हुलसी था। ये सरयूपारी ब्राह्मण थे।

बचपन में अपने माता-पिता के प्यार का सौभाग्य तुलसीदास को नहीं प्राप्त हुआ। ऐसी दशा में कष्ट मिलना स्वाभाविक था। बड़े होने पर वेद, शास्त्र, पुराण एवं संस्कृत के काव्य-ग्रन्थों का उन्होंने गम्भीर अध्ययन किया और जन्म स्थान में आकर विवाह किया। अपनी पत्नी के प्रति ये अत्यधिक आसक्त थे और एक बार उसके उपेक्षा-जनित व्यवहार से सहसा विरक्त हो गए। इनके गुरू का नाम नरहरि था।

तुलसीदास में साम्प्रदायिक कट्टरता नाम को भी न थी। वे स्मार्त वैष्णव थे। राम के अनन्य भक्त होने पर भी अन्य देवी-देवताओं को श्रद्धा की दृष्टि से देखते थे और उनकी प्रार्थना करने में अपने भाव का कोई विरोध नहीं समझते थे। वे अत्यन्त चरित्रवान व्यक्तियों में से थे। स्वभाव से शान्त, विनम्र और परहितशील थे।

विद्वान् होने के साथ ही जीवन का उन्हें खरा अनुभव था। देश के अनेक प्रसिद्ध स्थानों में उन्होंने भ्रमण किया था। इनमें चित्रकूट, काशी और अयोध्या तो उन्हें बहुत ही प्रिय थी। काशी में टोडर नाम के उनके एक मित्र थे। रहीम खानखाना उनके स्नेहियों में से थे। सूरदास और केशवदास उनके समकालीन थे। सूरदास से तो उनकी भेंट भी हुई थी। यद्यपि प्रारंभ में उनका विरोध हुआ, पर उनके गुणों से लोग उनके जीवनकाल में ही परिचित हो गए थे। काशी के अद्वैतवादी मधुसूदन सरस्वती ने एक श्लोक में तुलसीदास की प्रशंसा करते हुए उन्हें चलता-फिरता तुलसी-तरु बतलाया था। इनके दूसरे समकालीन नाभादास ने इन्हें वाल्मीकि का अवतार कहा है।

तुलसीदास ने अपने जीवन में बारह ग्रन्थों की रचना की—

रामचरितमानस (2) विनय-पत्रिका (3) कवितावली (4) गीतावली (5) दोहावली (6) रामाज्ञा प्रश्नावली (7) जानकी-मंगल (8) पार्वती मंगल (9) बरवै प्रश्नावली रामायण (10) कृष्णा गीतावली (11) रामलला नहछू (12) वैराग्य संदीपिनी।

सन् 1623 में तुलसीदास की मृत्यु हो गयी।

महाकाव्य की दृष्टि से रामचरितमानस जैसा निर्दोष और पूर्ण ग्रन्थ शायद ही आज तक लिखा गया हो। इसकी कथा सात कांडों-बाल,अयोध्या,किष्किधां, सुन्दर, लंका और उत्तर-में विभाजित है। उमा-शिव, भारद्वाज-याज्ञवल्क्य एवं गरूड़-काकभुशुंडि के संवादों के रूप में यह चलती है। इन सबके ऊपर तुलसीदास अपने पाठकों को यह कथा सुना रहे हैं। इतना होने पर भी सम्बोधन में कहीं भूल नहीं है।

इस प्रबन्ध-काव्य के नायक हैं राम। उनका प्रतिद्वन्द्वी है रावण, जो अपने स्थान पर उतना ही महत्वपूर्ण है। रामायण में जितनी घटनाएँ हैं वे सब इन दोनों को केन्द्र बनाकर चलती हैं और क्योंकि स्वयं रावण राम को केन्द्र बनाकर चलता है। अतः यह कह सकते हैं कि वे राम के चारों ओर घूमती है। यही दशा पात्रों की है। उन सबका अस्तित्व राम के अस्तित्व से है। राम के साथ लक्ष्मण और सीता का तो जीवन भर का सीधा सम्बन्ध है ही, उनके अतिरिक्त दशरथ, माताओं, दोनों भाइयों, यहीं तक नहीं, विश्वामित्र, मंथरा, सुग्रीव, हनुमान, अंगद, आश्रमों में निवास करने वाले ऋषि-मुनियों एवं जटायु आदि को लाए बिना कथानक आगे बढ़ ही नहीं सकता। साथ ही रावण और उसके साथियों के न होने से तो राम-कथा अधूरी ही रह जाती। रामायण के कथानक के आदि, मध्य और अन्त की रचना बड़े कौशल से हुई है। तीनों में कहीं भी शिथिलता नहीं है। राम-जन्म से लेकर सीता-विवाह तक प्रारम्भ, वनवास से लेकर सीता-हरण तक मध्य और सीता-हरण से लेकर राम की लंकाविजय तक अन्त समझना चाहिए। प्रत्येक प्रबन्ध-काव्य में एक महत्वपूर्ण 'कार्य' होता है। रामायण में यह कार्य रावण का वध है। रामचरितमानस में राम और रावण दो संस्कृतियों के प्रतीक के रूप में भी खड़े हैं और गोस्वामी जी का उद्देश्य राम-भक्ति का प्रचार भी है, इसी से बालकांड के प्रारंभिक अंश के रूप में रामयण की भूमिका और उत्तरकांड के रूप में उपसंहार, दोनों का अपना महत्व है।

रामायण में रसात्मक स्थल बहुत है। ऐसे स्थलों तक जाने के लिए जो बीच-बीच में इतिवृत्तात्मक वर्णन हैं, वे रस में किसी प्रकार की बाधा नहीं डालते। कथानक में वर्णन के लिए जो वस्तुएँ और भावनाएँ तुलसीदास ने चुनी है, उनसे घटनाओं और चरित्रों का ऐसा स्वाभाविक विकास होता है कि गोस्वामी जी की प्रतिभा की बारम्बार प्रशंसा करनी पड़ती है।

रामचरितमानस हिंदी की महानतम रचना है। जीवन की शायद ही कोई ऐसी स्थिति हो, मानवीय संबंध की शायद ही कोई ऐसी दशा हो, जिसका चित्रण रामायण में न हुआ हो। आनन्द और शोक, क्रोध और क्षमा, त्याग और स्वार्थ, लौकिकता और परमार्थ के विलक्षण चित्रण एक ही ग्रन्थ में बड़े कौशल के साथ कूँथ दिए गए हैं। कथा कहने के दो ही ढंग हैं-विवरण और संवाद। तुलसी भी विवरणों के रूप में कथा कहते चलते हैं। इनके बीच-बीच

में उन्होंने संवाद रखे हैं। पद-पद पर हम इन संवादों को पाते हैं। रामायण में चार संवाद अत्यधिक महत्वपूर्ण हैं। ये हैं-लक्ष्मण परशुराम संवाद, मंथरा कैकेयी संवाद, चित्रकूट के विविध संवाद और अंगद रावण संवाद। इन संवादों की कुछ सामान्य विशेषताएँ हैं। पहली यह कि बोलने वाले व्यक्तियों के नाम तुलसीदाय प्रायः नहीं देते, पर पाठक यह समझ लेता है कि कौन बोल रहा है। यह बहुत बड़ा गुण है जो कम कवियों में पाया जाता है। इन संवादों की दूसरी विशेषता यह है कि ये मनोवैज्ञानिक होते हैं। तीसरे इनके संवाद अनुपात में कभी बड़े नहीं होते अर्थात जिस व्यक्ति को जितना बोलना चाहिए, वह उतना ही बोलता है। इन संवादों का लक्ष्य चरित्र-विकास रहता है। भाषा इनकी सदैव पात्र और स्थिति के अनुकूल रहती है।

रामचरितमानस को गम्भीरता और महानता प्रदान करने वाली दूसरी बात है उसमें व्याप्त भारतीय संस्कृति की झलक। हमारी सांस्कृतिक परंपरा का जैसा ज्ञान तुलसीदास को था, उसके विशद विवेचन की वैसी ही क्षमता और उसकी रक्षा की वैसी ही शक्ति भगवान ने उन्हें दी थी। राम और रावण के रूप में रामायण आर्य और अनार्य संस्कृतियों का संघर्ष है। रावण पर राम की विजय को हम पाशविकता पर मानवता की विजय कह सकते हैं।

काव्य के रूप में मानस पाठकों को लोकोत्तर आनन्द में निमग्न कर देता है। विचार की दृष्टि से कर्म, भक्ति और ज्ञान की जैसी व्याख्या तुलसीदास ने की, वैसी अन्यत्र नहीं मिलेगी। भाव-पक्ष के समान इसका कला-पक्ष भी अत्यंत प्रौढ़ है। अवधी में जायसी और रहीम आदि ने भी लिखा पर मानस जैसी पुष्ट साहित्यिक भाषा उन्हें प्राप्त न हो सकी। छन्द की दृष्टि से दोहा चौपाई जैसे तुलसी के हाथ में खिले, वैसे अन्य किसी के हाथों में नहीं। केशवदास के समान अलंकारों के लिए ही अलंकारों का प्रयोग उन्होंने कभी नहीं किया। अभिव्यक्ति में सौन्दर्य लाने के लिए उन्होंने अलंकारों का सहारा लिया। तुलसीदास चाहते तो राम-विजय पर ही रामायण को समाप्त कर सकते थे, परन्तु वे आशावादी थे, अतः अपनी कथा को उन्होंनें राम के राज्यारोहण और उसके भी आगे राम-राज्य की स्थापना पर समाप्त किया है। राम-राज्य तुलसी के अनुसार आदर्श-राज्य का एक स्वप्न था जिसकी झ्लक उन्होंने उत्तरकांड में दिखलायी है।

राम रामायण के नायक हैं, इसलिए वे इस महाकाव्य के पात्रों में सबसे महत्वपूर्ण हैं। भारतीय वाड्मय में राम से महान व्यक्तित्व की कल्पना अभी तक नहीं हुई। उनके जीवन को आदर्श मानकर हिंदू हृदय सदा से उनकी पूजा करता आया है। लौकिकता और अलौकिकता का अपूर्व सामंजस्य उनके स्वरूप में पाया जाता है। पृथ्वी पर अवतार धारण कर जो लीलाएँ उन्होंनें की है, वे तो लौकिकता के अंतर्गत ही आती हैं, पर वे वास्तव में ब्रम्हा हैं, मायापति हैं, सर्वशक्तिमान हैं। उनकी अलौकिक शक्ति का परिचय रामायण नें

सती, काकभुशुंडि और कौशिल्या को मिला है। इसका आभास वेदों, देवताओं और ऋषियों की स्तुति में पाया जाता है और पाठक जहाँ कहीं इस बात को भूल जाता है, वहाँ तुलसीदास उसे इसका स्मरण दिला देते हैं। गोस्वामी जी के जीवन का लक्ष्य अपने राम को अपार श्रद्धा का भाजन बनाना है। मनुष्य के हृदय को सबसे अधिक आकर्षित करने वाला अनंत माधुर्य से मंडित राम का रूप है। रामचरितमानस में पाठक की दृष्टि जहाँ भी राम की ओर उठती है, वहीं तुलसी ने उनके रूप का वर्णन किया है। मानस के अतिरिक्त कवितावली, गीतावली एवं बरवे रामायण में भी इस रूप की अनेक झाकियाँ पायी जाती हैं। सौंदर्य के उपरांत उनकी शक्ति पर पाठक का ध्यान जाता है। यह राम ही की शक्ति थी कि उन्होंने सृष्टि के सबसे बड़े आततायी रावण का वध किया। पर राम के सम्बन्ध में हम इससे भी अधिक चमत्कृत और प्रभावित होते हैं उनके गंभीर, कोमल और उदार अंतःकरण के दर्शन करके। अपने चारों ओर के सम्बन्धों के प्रति उनके समान सजग रहने वाला दूसरा व्यक्ति नहीं। राम अत्यन्त संयत स्वभाव के व्यक्ति थे। पर उनके जीवन में ऐसे भी पल आए हैं जब उन्हें अत्यधिक विकल होते देखा जाता है। सीताहरण के समय तथा हनुमान द्वारा उन्हें विरह का संदेश भेजते हुए राम का हृदय चीत्कार कर उठा है। लक्ष्मण के शक्ति लगने पर तो उनके हृदय के टुकड़े-टुकड़े हो गए हैं। उनके मूर्च्छित होने पर जो विलाप राम ने किया है, वह हृदय को हिलाने वाला है। राजनीतिज्ञ की दृष्टि से यदि हम उन्हें देखें तो अयोध्या के राज्य को तो उन्होंने बिगड़ने से बचाया ही, सुग्रीव और विभीषण को उनके भाइयों का राज्य सौंपकर बड़ी दूरदर्शिता का परिचय दिया। लंका की विजय के उपरांत सिंहासनारूढ़ होने पर उन्होंनें अपने राज्य की ऐसी सुव्यवस्था की कि आज तक लोग राम-राज्य के गुण गाते हैं।

'विनय पत्रिका' तुलसीदास का आत्म-निवेदन है, पर इसे एकदम व्यक्ति प्रधान काव्य हम नहीं कह सकते । मन के जिन दोषों की चर्चा गोस्वामी जी ने इसमें की है, वे क्या उनके अपने ही हैं। विनय-पत्रिका में तुलसीदास का मन सभी प्राणियों के मन का प्रतिनिधि है और इस प्रकार तुलसी का आत्म-निवेदन सबका आत्म-निवेदन है।

गोस्वामी जी के ग्रंथों में रामचरितमानस और विनय-पत्रिका ही प्रधान है। मानस की रचना लोक-कल्याण की दृष्टि से हुई, विनय-पत्रिका की व्यक्ति-कल्याण की दृष्टि से। समाज में रहकर लोक-धर्म का निर्वाह करते हुए किस प्रकार जीवन व्यतीत करना चाहिए, यह हम रामचरितमानस से जान सकते हैं और आत्म-शुद्धि द्वारा व्यक्ति किस प्रकार परम शांति की उपलब्धि करता है, यह विनय-पत्रिका से। मानस में आध्यात्मिक विचारों की चर्चा यहाँ-वहाँ हुई

है। पर विनय-पत्रिका का तो एकमात्र विषय ही आध्यात्मिक जीवन है।

राम के सम्बन्ध में ऐसा कुछ नहीं है जो गोस्वामी जी ने रामचरितमानस में न कह दिया हो, फिर भी कुछ ऐसे प्रसंग हो सकते हैं जो तुलसीदास को प्रिय रहे हों और मानस में उन्हें विस्तार न दे पाये हों। कभी कभी एक कवि अपने युग के अन्य कवियों से भी प्रभावित रहता है। गीतावली में दोनों बातें लक्षित होती हैं। इसमें कई प्रसंगों का वर्णन उन्होंने जी खोलकर किया है, उदाहरण के लिए बालकांड में राम के जन्म, आनंदोत्सव और उनकी बाल-क्रीड़ाओं को ले सकते हैं। सूरदास गोस्वामी जी के समकालीन थे। उनका प्रभाव भी इस ग्रंथ पर स्पष्ट है। पदों में कथा कहने की शैली के सम्राट सूरदास ही हैं। ऐसा लगता है जैसे सूर के पदों के अनुकरण पर ही गीतावली का निर्माण हुआ हो। यह ग्रंथ प्रकृति-वर्णन की दृष्टि से भी थोड़ा महत्वपूर्ण है। इसके अंतर्गत कुछ ऐसे चित्र पाए जाते हैं जिनमें उपदेश की गंध बिल्कुल नहीं है जैसे-

फटकि सिला मृदु विसाल, संकुल सुरतरू तमाल,
ललित लता-जाल हरित छवि बितान की,
मंदाकिनि तटनि तीर, मंजुल मृग विहग भीर,
धीर मुनि गिरा गंभीर सामगान का;
मधुकर पिक बरहि मुखर, सुन्दर गिरि निर्झर झर,
जलकन धन छांह, छन प्रभा न भान की,
सब ऋतु ऋतुपति प्रभाउ, संतत बहै त्रिविधि बाउ,
जनु विहार'वाटिका नृप पंचबान की।

कवितावली की रचना कवित्त, सवैया और छप्पन छंदों में समय-समय पर हुई। राम-कथा का वर्णन होते हुए भी इसे प्रबन्ध-काव्य की संज्ञा देना कठिन है। सबसे पहली बात है मंगलाचरण का अभाव। तुलसीदास प्रबंध काव्य लिखें और मंगलाचरण न हो, दूसरी बात यह कि कांडों में कथा का विभाजन किसी अनुपात में नहीं है। जहाँ बाल, अयोध्या और सुन्दरकांड में पच्चीस-तीस के आस-पास छंद पाए जाते हैं, वहाँ अरण्य और किष्किंधा कांड की कथा केवल एक-एक छंद में समाप्त कर दी है। साथ ही अकेले उत्तरकांड में जितने छंद हैं उनकी संख्या के सब कांडों के छंदों को मिलाकर भी अधिक है। अधिक न्यायसंगत तो यह कहना होगा कि गीतावली के समान कवितावली भी मुक्तक और प्रबंध के बीच की चीज है, पर यदि किसी एक के अंतर्गत कवितावली को रखना ही हो, तो हम इसे मुक्तक के अंतर्गत लेंगे।

सौंदर्य, करुणा, कोमलता और ओज के बहुत से प्रसंगों में यहाँ तुलसीदास का मन रमा है जैसे राम के बालरूप-वर्णन, राम वन-गमन, केवट-प्रसंग और हनुमान के युद्ध आदि में। परन्तु इन सबसे अधिक जो प्रसंग कवितावली में हमारा ध्यान आकर्षित करता है, वह है हनुमान द्वारा लंका-दहन का। साथ ही उत्तरकांड में तुलसीदास ने संसार के प्रति विरक्ति और भगवान के चरणों में भक्ति प्रदर्शित करते हुए शांत रस की जो धारा बहाई है, वह अपूर्व है।

रामाज्ञा-प्रश्न और दोहावली दोनों की रचना दोहों में हुई है।

रामाज्ञा-प्रश्न में सात सर्ग हैं, प्रत्येक सर्ग में सात कोष्ठक हैं और प्रत्येक कोष्ठक में सात दोहे हैं। रामकथा कहना यद्यपि यहाँ तुलसीदास का लक्ष्य नहीं हैं, पर घटनाएँ राम-कथा सम्बन्धी ही हैं। क्योंकि शकुन विचारने के लिए इस ग्रंथ का प्रणयन हुआ, अतः दोहे अत्यंत सरल भाषा में लिखे गए हैं। उनमें किसी प्रकार की कला के दर्शन नहीं होते। दोहावली में समय-समय पर लिखे गए तुलसीदास के 573 दोहे और सोरठे संगृहीत हैं। नाम-महिमा और भक्ति के अतिरिक्त बहुत से सामान्य विषयों पर भी इसमें तुलसीदास ने लेखनी उठायी है। कुछ दोहे राजनीतिक, सामाजिक और दार्शनिक विषयों के अंतर्गत आते हैं। इनमें कुछ दोहे दुरूह हो गए हैं, विशेष रूप से ज्योतिष ज्ञान-सम्बन्धी। फिर भी तुलसीदास का हृदय यदि देखना हो, तो आदर्श प्रेमी है तो चातक।

पार्वती-मंगल में उमा-शिव एवं जानकी-मंगल में राम-सीता के विवाह का वर्णन है। दोनों ही खंड-काव्य हैं। बरवै रामायण 69 बरवै छंदों का एक छोटा-सा ग्रन्थ है। प्रसिद्ध है कि बरवै तुलसी ने रहीम के बरवै से प्रभावित होकर लिखे। इस ग्रन्थ के उत्तर कांड में नाम-माहात्म्य-वर्णन के कारण यद्यपि काव्यत्व कुछ क्षीण हो गया है, पर अन्य स्थलों पर भाव और कला का अपूर्व सामंजस्य पाया जाता है। कला की दृष्टि से बाल कांड के प्रारंभ में सीता के रूप का वर्णन करते हुए कुछ अलंकारों के इतने सफल प्रयोग हुए हैं कि यह एकदम लक्षित नहीं होता कि तुलसी की दृष्टि अलंकार-विधान पर थी।

धर्म के क्षेत्र में अपने हृदय की विशालता को प्रकट करने के लिए शिव के साथ ही तुलसीदास ने कृष्ण के चरित्र का वर्णन कृष्ण गीतावली में किया। कुछ पदों पर सूर का प्रभाव स्पष्ट लक्षित होता है।

नहछू का अर्थ होता है नाखून काटना। यज्ञोपवीत और विवाह दोनों के पूर्व नहछू होता है। रामलला-नहछू विवाह के पूर्व का है। यह ग्रंथ 20 सोहर

छंदों में अवधी भाषा में लिखा गया है। अभिव्यक्ति ऐसी है कि यह तुलसीदास की प्रारम्भिक कृति प्रतीत होती है। पूरे ग्रन्थ में इस प्रकार के वातात्ररण की सृष्टि की गयी है जिससे आनन्दोल्लास बरसता है।

गोस्वामी जी के सम्बन्ध में जो यह कहा जाता है कि स्त्री जाति के निंदक थे, वह ठीक नहीं है। उन्होंने कौशल्या, सीता और मंदोदरी आदि के रूप में आदर्श महिलाओं की कल्पना की है। कैकेयी के कर्म को उन्होंने नियति से शासित माना है, लेकिन वे मंथरा और शूर्पनखा के चरित्र को यदि आदर की दृष्टि से नहीं देख सके, तो इसमें उनका दोष बहुत कम है। सन्यासी होने के कारण कामिनी के रूप में नारी को उन्होंने कहीं-कहीं हेय दृष्टि से देखा है। ऐसे स्थानों पर उसे माया, दीपशिखा एवं शूलप्रद आदि भी कह दिया है। राजनीति की दृष्टि से गोस्वामी जी राजतन्त्र के समर्थक प्रतीत होते हैं, पर उनका राजा लोकमत से शासित है और उसमें आदर्श शासक के सभी गुण पाये जाते हैं। वह निरंकुश होकर व्यवहार नहीं कर सकता। धर्म के क्षेत्र में तुलसीदास ने अत्यन्त उदार दृष्टिकोण का परिचय दिया। रामोणसक होते हुए भी उन्होंने शिव और कृष्ण की महिमा का गान पूरी तन्मयता के साथ किया गया है।

गोस्वामी जी ने रामचरितमानस तथा विनय-पत्रिका आदि में ब्रह्म जीव, माया आदि शब्दों की अनेक स्थानों पर चर्चा की है, पर इसका तात्पर्य यह नहीं समझना चाहिये कि वे शंकराचार्य द्वारा प्रतिपादित अद्वैतवाद के समर्थक थे। ज्ञान और भक्ति में से उनका झुकाव भक्ति की ओर ही था। कर्म के समान ज्ञान को भी तुलसीदास भक्ति का एक साधन ही मानते थे। राम को उन्होंने ब्रह्म का पर्याय माना है, यह ठीक है, पर ऐसा उन्होंने इसलिए किया है जिससे वे अपने उपास्य की स्थिति को अधिक से अधिक दृढ़ कर सके। तुलसीदास ने संस्कृत वाड्मय का गंभीर अध्ययन किया था, अतः दर्शन के क्षेत्र में ऐसा कुछ न था, जिससे वे परिचित न हों, पर चिंतन करते-करते वे इसी परिणाम पर पहुँचे कि लोक-कल्याण के लिए भक्ति का प्रचार ही श्रेयस्कर होगा। ऐसी दशा में दार्शनिक क्षेत्र में प्रयुक्त होने वाले कुछ पारिभाषिक शब्दों को देखकर हमें इस भ्रम में नहीं पड़ना चाहिए कि गोस्वामी जी हृदय से अद्वैतवादी थे। कुछ विद्वानों ने ऐसा भ्रम फैलाने का प्रयत्न किया है। कारण यह है कि भक्ति का प्रतिपादन करते समय वे उसी शब्दावली का प्रयोग करते और वे ही उदाहरण देते हैं जिनका उपयोग ज्ञान की पुष्टि के लिए किया जाता है। लेकिन इन प्रसंगों का मूल आशय क्या है, यह उनके अन्त में स्वतः स्पष्ट हो जाता है। उदाहरण के लिए अयोध्याकांड में लक्ष्मण-निषाद-संवाद को देखिए जहाँ बहुत दूर तक तो ज्ञान का प्रतिपादन-सा लगता

है, पर अन्त में भक्ति की प्रतिष्ठा कर दी गई है–

काहू न कोउ सुख दुख कर दाता।
निज कृत करम भोग सब भ्राता।।
जोग वियोग भोग भल मंदा।
हित अनहित मध्यम भ्रम फंदा।।
सपनें होई भिखारि नृप रंकु नाकपति होई।
जागे लाभु न हानि कछु तिमि प्रपंच जियं जोइ।।
मोह निसाँ सबु सोबनिहारा।
देखिअ सपन अनेक प्रकारा।।
एहि जग जामिनि जागहिं जोगी।
परमारथी प्रपंच बियोगी।।
जानिअ तबहि जीव जग जागा।
जब सब विषय बिलास बिरागा।।
होई बिबेकु मोह भ्रम भागा।
तब रघुनाथ चरन अनुरागा।।
सखा परम परमारथ एहू।
मन क्रम वचन राम पद नेहू।।

जीवन को देखने का प्रत्येक कवि का एक दृष्टिकोण होता है। तुलसी का भी अपना दृष्टिकोण था। कर्म के पक्षपाती होते हुए भी गोस्वामी जी मानव-जीवन की सार्थकता इस बात में मानते थे कि वह भगवान के चरणों में निवेदित हो। कर्म और भक्ति के साथ ज्ञान से भी उनका घनिष्ठ परिचय था। मानस के उत्तरकांड में वे ज्ञान और भक्ति दोनों पर विस्तार से विचार करते दिखाई देते हैं। इसमें ज्ञान-दीप के बहाने ज्ञान-पद्धति की जटिलता और भक्ति-मणि के वर्णन के बहाने भक्ति-पद्धति की सरलता समझायी गयी है। तुलसीदास ब्रह्म, प्रकृति, जीव, माया और ज्ञान की चाहे कितनी ही चर्चा करते हों, पर उनका उद्देश्य होता है भक्ति की ओर ले जाने का ही। भक्ति से दुर्लभ वस्तु उनकी दृष्टि कुछ भी नहीं।

नर सहस्त्र महँ सुनहु पुरारी।
कोउ एक होई धर्म व्रतधारी।।

धर्मशील कोटिक महँ कोई।
विषय विमुख विराग रत होई।।
कोटि विरक्ति मध्य श्रुति कहई।
सम्यक ग्यान समृत कोउ लहई।।
ग्यानवंत कोटिक महँ काऊ।
जीवनमुक्त सकृत जग सोऊ।।
तिन सहस्त्र महँ सब सुख खानी।
दुर्लभ ब्रम्हलीन बिग्यानी।।
धर्मशील विरक्त अरू ग्यानी।
जीवनमुक्त ब्रम्हपर प्रानी।।
सबते सो दुर्लभ सुरराया।
राम भगति रत गत मद माया।।

आध्यात्मिक विचारों की चर्चा मानस में यहाँ-वहाँ हुई है। पर विनय-पत्रिका का तो एकमात्र विषय ही आध्यात्मिक जीवन है। संसार में दुःख है, इस दुःख का कोई कारण है, इस कारण को दूर करने के कुछ उपाय हैं-इस बात पर सृष्टि के प्रारंभ से मनीषी विचार करते आए हैं। संसार में जीव जो दुःख पाता है, उसका मूल कारण है हमारा मन। मन के मायाजाल में फँसकर जीव अपने वास्तविक स्वरूप को भूल जाता है-कबहुं जोगरत, भोग-निरत सठ, हठ वियोग बस होई।

कबहुँ मोहबस द्रोह करत बहु, कबहुँ दया अति सोई।।
कबहुँ दीन मतिहीन रंकतर, कबहुं भ्रप अभिमानी।
कबहुँ मूढ़ पंडित डिम्बरत, कबहुँ धमररत ज्ञानी।।

गोस्वामी जी के अनुसार संसार भोग-भूमि नहीं है, उपासना-भूमि है। मन की चंचलता को नष्ट करने के बहुत से उपाय हैं जैसे कर्म, ज्ञान, योग आदि।

तुलसीदास का कहना है कि कर्म में लीन होने से व्यक्ति को बार-बार जन्म लेना पड़ता है और संसार से कभी भी उसका छुटकारा नहीं हो सकता। योग और ज्ञान कठिन साधन हैं। सबसे सुगम साधन है भगवान की भक्ति

मन के निग्रह के लिये भक्त को चाहिए कि उसमें दीनता का भाव आवे, वह मानरहित हो, अपने मन को संसार की भयंकरता से परिचित कराता रहे और जब कभी वह विषयों की ओर उन्मुख हो, तो डाट-फटकार भी बतलाता

रहे। साथ ही संसार की असारता पर विचार करते हुए भगवान के अनुग्रह का आश्वासन भी उसे बराबर देता रहे। भक्ति के इस मार्ग में भगवान की कृपा, सन्तों की कृपा और गुरू-कृपा, तीनों महत्वपूर्ण हैं। सत्सङ्ग का बड़ा भारी प्रभाव व्यक्ति पर पड़ता है और राम-कृपा के बिना तो कुछ भी नहीं हो सकता। भगवान की यह भक्ति निष्काम होनी चाहिए। तुलसीदास जी की दृष्टि से निम्न लिखित दशा वाले व्यक्ति को आदर्श-जीवन व्यतीत करने वाला सन्त समझना चाहिए-

कबहुँक हौ यह रहनि रहौंगो,
श्री रघुनाथ कृपालु कृपा ते संत सुभाव गहौंगो।
यथालाभ संतोष सदा काहू सौं कछु न चहौंगो।।
परहित निरत निरन्तर मन क्रम वचन नेम निबहौंगो।
परूष वचन अति दुसह सवन करि तेहि पावक न दहौंगो।।
विगत मान, सम, सीतल मन, पर गुन, नहि दोष गहौंगो।
परिहरि देहजनित चिन्ता दुख सुख सम बुद्धि सहौंगो।।
'तुलसीदास' प्रभु यहि पथ रहि अविचल हरिभक्ति लहौंगो।

इस आध्यात्मिक जीवन में यह बात विशेष रूप से लक्ष्य करने की है कि अपनी उन्नति चाहता हुआ भी व्यक्ति यही कामना करता है कि उसकी भक्ति लोक-वाह्य न हो, वह परहित-निरत रहे, वह संसार की सेवा कर सके।

तुलसीदास के समय में ब्रज और अवधी दोनों भाषाएँ प्रचलित थीं। एक के प्रयोग में सूर और दूसरी के जायसी ने अपनी निपुणता प्रकट की थी।

तुलसी ने विनय-पत्रिका में ब्रज तथा रामचरित-मानस में अवधी का प्रयोग कर दोनों भाषाओं पर अपना समान अधिकार प्रदर्शित किया। तत्सम शब्दों के प्रयोग से उन्होंने इन्हें प्रौढ़ता भी प्रदान की। छंद की दृष्टि से जायसी ने दोहा-चौपाई, सूर ने पदों, गंग ने कवित्तों और रहीम ने बरवै का सफल प्रयोग किया था। तुलसी ने राम-चरितमानस, विनय-पत्रिका, कवितावली और बरवै रामायण में इन सभी छंदों का प्रयोग और भी सफलतापूर्वक करके दिखलाया। रस-प्रतिपादन, अलंकार-नियोजन और उपयुक्त शब्दों के प्रयोग में तो उनकी समता हिन्दी का कोई दूसरा कवि कर ही नहीं सकता।

'रामचरितमानस' हिन्दी भाषा की सामर्थ्य का प्रतीक है। एक ही ग्रन्थ में यदि कोई हमारे देश की संस्कृति की उज्जवलतम झलक देखना चाहे, तो हम इसी महाकाव्य की ओर संकेत करेंगे। हम तो उसे संसार के अमर ग्रन्थों में भी शीर्ष स्थान पर रखना चाहेंगे।

केशवदास

केशवदास के पूर्वज व्रज में डीग-कुम्हेर गाँव के निवासी थे। इनके पितामह कृष्णादत्त मिश्र रूद्रप्रताप के शासन-काल में वहाँ से आकर ओरछा में बस गये थे। ये संस्कृतज्ञ थे। ऐसे ही विद्वान् इनके पुत्र काशीनाथ थे, जिन्होंने ज्योतिष के प्रसिद्ध ग्रन्थ 'शीघ्रबोध' की रचना की। रूद्रप्रताप के पुत्र मधुकरशाह इनका बहुत सम्मान करते थे। केशवदास का जन्म ओरछा में सन् 1555 में हुआ। केशव के अतिरिक्त काशीनाथ के दो पुत्र और थे। एक का नाम था बलभद्र और दूसरे का कल्याणदास। तीनों ही भाई कवि थे, पर ख्याति इनमें केशवदास को ही प्राप्त हुई।

मधुकरशाह के उपरांत ओरछा को गद्दी पर रामशाह बैठे। ये अपने छोटे भाई इन्द्रजीत को बहुत प्यार करते थे, अतः राज्य का भार उन्हीं के कंधों पर डाल दिया। केशव इन्हीं के आश्रय में रहते थे। इन्द्रजीत सिंह ने प्रसन्न होकर इन्हें इक्कीस गाँव दिये थे, जिनमें से झाँसी से तेरह मील दक्षिण की ओर फुटेरा गाँव अभी तक इनके वंशजों के पास है।

जिस समय अकबर दक्षिण में असीरगढ़ का किला घेरे हुए था, उसके सबसे बड़े बेटे सलीम ने विद्रोह कर इलाहाबाद में अपने को स्वतन्त्र घोषित कर दिया। अबुलफजल उस समय दक्षिण से लौट रहा था। सलीम ने अपने मित्र वीरसिंह बुन्देला के हाथ से, जो इन्द्रजीत का छोटा भाई था, उसकी हत्या कर दी। यह घटना सन् 1602 की है। अकबर ने उस विद्रोह को तो दबाया ही, अप्रसन्न होकर इन्द्रजीतसिंह पर एक करोड़ का जुर्माना कर दिया। इस जुर्माने को माफ कराने केशवदास दिली गये थे और अपने प्रयत्न में सफल रहे थे। इससे पता चलता है कि ओरछा नरेश गम्भीर राजनीतिक विषयों में भी इनसे परामर्श लेते रहते थे।

इंद्रजीतसिंह संगीत के बड़े प्रेमी थे। इनके दरबार में अनेक वेश्याएँ रहती थीं, जिनमें रायप्रवीण के प्रति ये कुछ अधिक आसक्त थे। रायप्रवीण केशवदास की भी शिष्या थी। 'कवि-प्रिया' की रचना केशंव ने इसी के लिये की थी। उसके रूप की प्रशंसा सुनकर अकबर ने उसे अपने दरबार में

बुलाया था। रायप्रवीण अपनी कवित्व-शक्ति और वाक्-चातुरी से अकबर को चकित कर लौट आई। 'रामचन्द्रिका' में राम के विवाह के अवसर पर एक मधुर गाली भी सम्मिलित है। ऐसा कहा जाता है कि वह गाली प्रवीणराय पातुर के हाथ की लिखी हुई है।

अकबर की मृत्यु के उपरांत सन् 1605 में जब सलीम ने जहाँगीर के नाम से शासन भार सँभाला, तो बुन्देलखण्ड का पट्टा अपने मित्र वीरसिंह के नाम लिख दिया। इस पर रामशाह और वीरसिंह में झगड़ा हुआ। अन्त में वीरसिंहदेव गद्दी पर बैठे। केशव वीरसिंह के आश्रय में चले गये। उनके साथ रहकर इन्होंने 'वीरसिंहदेव-चरित' की रचना की। वीरसिंह के एक बड़े भाई रतनसिंह भी थे। उनकी वीरता से प्रभावित होकर इन्होंने 'रतन-बावनी' का प्रणयन किया। यहीं तक नहीं, जीवन के अन्तिम दिनों में इन्होंने 'जहाँगीर जस चन्द्रिका' भी लिख डाली।

अकबर के मन्त्रियों में रहीम और टोडरमल से तो इनका परिचय मात्र था, पर बीरबल इनके मित्र बन गये थे। अपनी प्रशंसा में लिखे एक छन्द पर उन्होंने इन्हें छः लाख रूपये का पुरस्कार दिया था। यह असम्भव नहीं है कि तुलसीदास से भी इनकी भेंट हुई हो। सूर, तुलसी और केशव तीनों समकालीन थे।

हिंदी में बहुत दिनों से एक प्रवाद प्रचलित है और वह यह कि बिहारी केशव के पुत्र थे। यह भ्रम बिहारी रचित दोहे की इस पंक्ति के कारण उत्पन्न हुआ है-मेरे हरौ कलेस सब केसव केसवराय। केशवदास और केशवराय दो व्यक्ति हैं। हिन्दी में केशव नाम के अनेक व्यक्ति हुये हैं। अतः इस प्रवाद में अधिक दम नहीं है। केशवदास के सम्बन्ध में जो बहुत सी किवदंतियाँ प्रचलित हैं, उनमें सबसे प्रसिद्ध यह है कि एक बार जब वे किसी पनघट के पास से निकल रहे थे, तो किसी तरूणी सुन्दरी ने उनकी वृद्धावस्था के कारण उन्हें 'बाबा' कह दिया। इससे हमारे रसिक कवि के हृदय को बहुत ठेस लगी और अपने अन्तर की व्यथा को व्यक्त करने के लिए उन्होंने यह दोहा लिखा-

केशव केसनि अस करी, जस अरिहूं न कराहि।
चंद्रवदन मृगलोचनी बाबा कहि-कहि जाहिं।।

केशवदास के सात ग्रंथ प्रसिद्ध हैं—रसिक-प्रिया (1591), कवि-प्रिया (1601), रामचंद्रिका (1601), रतनबावनी (1601), वीरसिंहदेव-चरित (1607), विज्ञान-गीता (1610) और जहाँगीरजस-चंद्रिका (1612)।

सन् 1617 के आसपास इनकी मृत्यु हो गयी।

अपने पिता और पितामह के समान, केशवदास संस्कृत के मर्मज्ञ विद्वान् थे अतः उनके दो रूप हैं-एक कवि का, दूसरा आचार्य का। उन्होंने काव्य

की साधना ही नहीं की, काव्य-शास्त्र का अपने ढंग से विवेचन भी किया है। अलंकार-निरूपण के लिए 'कवि प्रिया' और रस विवेचन के लिए उन्होंने 'रसिक प्रिया' की रचना की। रस-अलंकार का विवेचन करने वाले केशव हिंदी में पहले कवि नहीं हैं और यह भी सच है कि भविष्य के रीति-ग्रन्थकारों ने उनसे प्रेरणा नहीं ग्रहण की, पर अपने पूर्ववर्ती कवियों की अपेक्षा कुछ अधिक मीमांसा करके उन्होंने इस काम को आगे बढ़ाया।

'कवि प्रिया' में केशव ने अलंकारों का विवेचन विशेष रूप से दंडी के 'काव्यादर्श' के आधार पर किया है। अलंकारों और लक्षणों में जो विभेद दिखाई देता है, वह मौलिकता का भ्रम उत्पन्न करने के लिए। यह ग्रन्थ कई दृष्टियों से दोषपूर्ण है। एक तो इसमें अलंकारों का विभाजन बहुत निर्दोष नहीं बन पाया, दूसरे उनकी व्याख्याएँ बहुत स्पष्ट नहीं है। साथ ही अलंकारों के जो उद्धरण दिए गए हैं, वे अनेक स्थलों पर व्याख्याओं से मेल नहीं खाते।

अतः अलंकार के क्षेत्र में इस ग्रन्थ को प्रामाणिक मानना भूल होगी। इनकी विशेषता यह है कि अलंकार को ये वर्णन का एक प्रसाधन मात्र नहीं मानते, उसके अतंर्गत वर्ण्य विषयों को भी घसीट लेते हैं। इसी से इन्होंने राज्यवैभव से सम्बन्धित अनेक विषयों के साथ जहाँ आखेट और जल-क्रीड़ा को लिया है, वहाँ सौन्दर्य के अंतर्गत नख-शिख और प्रकृति के अंतर्गत बारहमासे आदि की चर्चा भी की है। ये रस को भी रसवत् अलंकार घोषित करते हैं। इससे इतना ही सिद्ध होता है कि केशवदास काव्य में अलंकारों की प्रधानता स्वीकार करने वाले कवि थे।

'रसिक-प्रिया' रस से संबंधित ग्रंथ हैं। इसमें रस के अंगों-विभाव, स्थायी भाव, संचारी भाव, अनुभाव-पर प्रकाश डालते हुए श्रृंगार के संयोग और विप्रलंभ दोनों पक्षों का तो विस्तार से विवेचन किया है, पर अन्य रस यों ही चलते कर दिए गए हैं। नायक-भेद, नायिका-भेद और सखी-भेद को भी इसमें थोड़ा स्थान दिया गया है। श्रृंगार के अंतर्गत स्वभावतः सोलह श्रृंगारों का वर्णन मनोयोगपूर्वक हुआ है।

इन दोनों ग्रंथों में शास्त्रीय विवेचन की अपेक्षा केशव की कवित्व-शक्ति की ओर हमारा ध्यान अधिक आकर्षित होता है। कारण यह है कि कवित सवैयों में जो उद्धरण दिए गए हैं, वे कहीं-कहीं बहुत सरस और चमत्कारपूर्ण बन पड़े हैं जैसे-

(1) पूरन कपूर पान खाये कै सी मुखवास
अधर अरूण रूचि सुधा सौं सुधारे हैं।
चित्रित कपोल, लोल लोचन, मुकुर ऐन
अमल झलक, झलकनि मोहि मारे हैं।

भृकुटी कुटिल जैसी तैसी न करैं हूं होहि
आँजी ऐसी आँखे, केशोराय हेरि हारे हैं।
काहे को सिंगार कै बिगारति है मेरी आली
तेरे अंग बिना ही सिंगार के सिंगारे हैं।

–कविप्रिया

(2) *बूझति ही वह गोपी गुपालहिं आजु कछू हँसि कै गुणगाथहिं।*
ऐसे में काहू को नाम, सखी, कहि कैसे धौं आइ गयो ब्रजनाथहिं।
खाति खववावति ही जु बिरी, सु रही मुख की मुख हाथ की हाथहिं।
आतुर है उने आंखिन ते अंसुआ निकसे अखरानि के साथहिं।

–रसिक प्रिया

राम के गुण-गान की प्रेरणा केशवदास को बाल्मीकि से स्वप्न में प्राप्त हुई, इस बात को उन्होंने रामचंद्रिका के प्रारंभ में ही स्वीकार कर लिया है। वहीं उन्होंने अपने वंश और जाति का परिचय देते हुए उस महाकाव्य के रचना-काल का उल्लेख भी किया है–सोरह सै अट्ठावनै, कार्तिक सुदि बुधवार, रामचंद्र की चंद्रिका तब लीन्हों अवतार। इस ग्रन्थ का प्रणयन रामचरितमानस से सत्ताईस वर्ष के उपरांत संवत् 1658 अथवा सन् 1601 में हुआ।

रामचंद्रिका के गठन, विचार और वर्णन पर वाल्मीकि रामायण, अध्यात्म रामायण और कादंबरी का प्रभाव पाया जाता है। घटनाओं और कथोपकथन के लिए केशव प्रसन्नराघव नाटक और हनुमन्नाटक के बहुत ऋणी है। इन ग्रन्थों में से अनेक छंदों का अनुवाद इन्होंने बिना हिचक के ज्यों का त्यों करके रख दिया है। लेकिन यह कोई ऐसा दोष नहीं है जिसके लिए केवल इन्हें ही दोषी ठहराया जाय। हमारे सभी महान्‌कवि, जिनमें गोस्वामी तुलसीदास भी सम्मिलित हैं, संस्कृत वाड्मय से सामग्री का अपहरण करते रहे हैं। केशव ने अपनी रामचंद्रिका को 39 प्रकाशों में विभक्त किया है और अंतिम कांड के अन्तर्गत सीता-निर्वासन, लवकुश-जन्म तथा राम से उनके युद्ध की सम्पूर्ण गाथा भी गायी है। रामकथा कैं विभिन्न स्रोतों में से प्राचीन कथानक को ग्रहण करते हुए उन्होंने अपनी रूचि के अनुकूल यहाँ-वहाँ मौलिक उद्‌भावनाएँ भी की है।

केशव की प्रबन्ध-कल्पना पर विद्वानों ने अनेक प्रकार के आक्षेप किए हैं। संवेदनशीलता की कमी बताते हुए उन्होंने उन्हें हृदयहीन तक कह डाला है। इसका मुख्य कारण यह है कि उनकी दृष्टि में रात-दिन तुलसीदास घूमते रहते हैं। इसमें कोई संदेह नहीं कि 'रामचरित-मानस' से तुलना करने पर 'रामचंद्रिका' पर एक हीनतर कृति सिद्ध होती है और उसमें एक नहीं, सैकड़ों

दोष ढूँढ़े जा सकते हैं। पर किसी विशिष्ट कृति के वास्तविक महत्व का पता लगाने के लिए तुलना ही एकमात्र कसौटी नहीं है, स्वतन्त्र रूप से भी उसकी विशेषताओं और गुण-दोषों का विवेचन करना चाहिए।

रामचंद्रिका के प्रबन्ध में अनुपात की कमी खटकती है। कुछ प्रसंग आवश्यकता से अधिक लम्बे हैं, कुछ संक्षिप्त और कुछ की ओर केशवदास केवल संकेत करके रह गए हैं।

केशव का मन राज-सभाओं, प्रासादों, सेना, युद्ध, नगर और नीति के वर्णन में अधिक रमा है और जहाँ ऐसे प्रसंग आते हैं, वे सब कुछ भूलकर उनके वर्णन में लग जाते हैं। इसका मुख्य कारण यह है कि इस दिशा का अनका अनुभव गहरा और विशिष्ट था। दूसरे, उनके वर्णनों में नाटकीयता का अंश अधिक है। अतः जहाँ किसी संवाद का अवसर मिला है, वहाँ वे कुछ अधिक देर तक रूक गए हैं। इससे कथा के सुसम्बद्ध प्रवाह की गति निश्चित रूप से शिथिल पड़ गयी है। तीसरा कारण, छन्दों के प्रति उनका अनावश्यक मोह है। तुलसी और जायसी दोनों दोहे-चौपाई से संतुष्ट रह गए हैं। प्रसाद, मैथिलीशरण और अयोध्यासिंह उपाध्याय ने विभिन्न सर्गों में अन्त तक अथवा दूर तक प्रायः एक ही छन्द का प्रयोग किया है। जहाँ ऐसा नहीं हुआ, जैसे साकेत के नवम् सर्ग में, वहाँ कथानक उखड़ा-उखड़ा सा है। केशवदास पल-पल पर छन्द बदलते हैं। परिणाम इसका यह हुआ है कि कथानक खंडित-सा लगता है।

केशवदास ने जहाँ-कहीं सम्वादों की सृष्टि की है, वहीं उनका कथानक चमक उठा है। रामचन्द्रिका में ऐसे स्थल दस-बारह हैं। इनमें कुछ संवाद छोटे हैं, कुछ बड़े। इनकी विशेषताओं के उद्‌घाटन के लिए हम कुछ प्रमुख संवादों-(1) विश्वामित्र-जनक-संवाद (2) परशुराम-राम संवाद (3) रावण अंगद-संवाद (4) लवकुश अंगद-संवाद-को लेते है।

विश्वामित्र-जनक-संवाद में रामायण के कई प्रमुख पात्र भाग लेते हैं। जनकपुरी पहुँचने और भेंट होने पर विश्वामित्र राम को जनक का प्रशंसात्मक परिचय देते हैं। जनक वैसी ही प्रशंसात्मक भाषा में विश्वामित्र का गुणवान करते हैं। यह प्रशंसा अपनी सीमा के भीतर ही है। विश्वामित्र की बात से लक्ष्मण की उत्सुकता बढ़ती है और वे सहसा पूछ बैठते हैः वैभव के बीच रहकर व्यक्ति वैराग्यवान कैसे रह सकता है, इसका उत्तर देते हैं राम। राम के मुख से अपनी प्रशंसा सुनकर जनक फिर एक बार संकोच का अनुभव करते हैं। अब जनक के प्रश्न करने की बारी है। पूछने पर विश्वामित्र राम के असाधारण गुणों का उल्लेख करते हैं और उसके साथ धारे-से यह भी जोड़ देते हैं—ये धनुष देखना चाहते हैं। जनक जानना चाहते हैं कि क्या उसे

उठवाकर मँगाया जाय। राम बात की बात में शिव के उस धनुष पर प्रत्यंचा चढ़ाकर उसे तोड़ डालते हैं। सीता उनके गले में जयमाल डाल देती हैं।

इस प्रकार उच्च वर्ग की शिष्टता और शालीनता, वार्तालाप द्वारा घनिष्ठता प्राप्त करके प्रिय बनने की प्रवृत्ति, बातों के प्रसंग में निहित उद्देश्य की ओर संकेत और अन्त में सफल-काम होने की दृष्टि से यह संवाद बहुत सफल कहा जा सकता है।

विश्वामित्र-जनक-संवाद जैसे शिष्टता और प्रेम का परिचायक है, वैसे ही परशुराम-राम-संवाद अहं और क्रोध के परिशमन का। विवाह के उपरान्त परशुराम मार्ग में बारात को रोककर वामदेव से पूछते हैंः धनुष किसने तोड़ा? उनके मुँह से केवल 'रा' निकलता है कि परशुराम उसका अर्थ रावण समझ लेते हैं और इस पर अकारण क्रुद्ध होते हैं। पर देखते हैं कि आँखों के सामने तो बारात राम की है। उलटकर वही क्रोध राम के प्रति जाग्रत हो जाता है। इससे यह सिद्ध होता है। कि अधिक क्रोध में व्यक्ति विवेक खो बैठता है। चारों भाइयों से सामना होने पर वे क्षत्रियों, विशेष रूप से रघुवंशियों, के प्रति असम्मान की भावना प्रकट करते हैं। परिणाम यह होता है कि उन्हें कभी भरत भड़काते हैं, कभी लक्ष्मण, कभी शत्रुघ्न। केवल राम शान्त भाव से काम लेते हैं। उनके सौंदर्य और शील से परशुराम कुछ पिघलते हैं, पर फिर अहं फुंकारता है और वे उन्हें भी बुरी तरह ललकारते हैं। स्वभावतः राम कुछ आवेश में आ जाते हैं। राम परशुराम दोनों के क्रुद्ध होने पर स्थिति बिगड़ जाती है। ठीक उसी समय आकर महादेव बीच-बचाव करते हैं।

अविवेकी और क्रोधी व्यक्ति के साथ वे बात की बात पर झगड़ा धीरे-धीरे कैसे बढ़ता है और विषम स्थिति खड़ी होने पर उसका समाधान कैसे किया जाता है, यह इस संवाद से स्पष्ट हो जाता है। इसमें संदेह नहीं कि केशवदास जैसा अनुभवी व्यक्ति ही इस घटना का इस प्रकार चित्रण कर सकता था।

अंगद-रावण-संवाद भिन्न ही कोटि का है। कवि ने इसमें दो कूटनीतिज्ञों की टकराहट का वर्णन किया हैं। दोनों ही व्यंग्य से पूर्ण हैं। रावण जैसे प्रश्न करता है, उनसे कहीं तीखे उत्तर उसे मिलते हैं। दोनों की बुद्धि जैसे परास्त होना नहीं जानती। दोनों बहुत ऊँचे स्तर से बात करते हैं। रावण एक प्रभावशाली राजा है, अंगद राम का दूत, अतः दोनों की बातचीत से एक दूसरे के प्रति तिरस्कार की भावना, एक दूसरे के मन को आघात पहुँचाने की भावना, एक दूसरे को निरूत्तर करने की भावना प्रकट होती है। रावण एक बार अंगद को उत्तेजित करके और थोड़ा लोभ दिखा कर अपने पक्ष में करने का प्रयत्न करता है। पर उसकी चाल अंगद भाँप लेता है और उसे बहुत कटु

उत्तर देकर लज्जित कर देता है। रावण जब बार-बार अपनी अपराजेय शक्ति और अनंत वैभव का वर्णन करता है, तो अंगद संसार की असारता प्रकट करते हुए उसे राम-भक्ति का उपदेश देता हैं। स्पष्ट है कि रावण का चरम-भौतिकवादी दृष्टिकोण अंगद के आध्यात्मिक दृष्टिकोण के सामने हीं फीका पड़ सकता था। इस प्रकार यहाँ भी वाद-विवाद की परिणति स्वाभाविक पद्धति पर हुई है।

इस संवाद से उत्तर-प्रत्युत्तर का एक उत्कृष्ट अंश लीजिए-

"कौन के सुत?" "बालि के", "वह कौन बालि?" "न जानिए?
काँखि चापि तुम्हें जो सागर सात न्हात बखानिए।"
"है कहाँ वह वीर?" अंगद देवलोक बताइयो।
"क्यों गयो?" रघुनाथ-बान-बिमान बैठि सिघाइयो।"
"लंकनायक को ?" "विभीषन,-देव दूषण को दहै।"
"मोहि जीवत होहि क्यों?" "जग तोहि जीवत को कहै?"
"मोहि को जग मारिहै ?" दुर्बुद्धि तेरिय, जानिए।"

लवकुश-अंगद संवाद सीधे युद्ध से सम्बन्ध रखता है। ध्यान देने को बात यह है कि इसमें जो जैसा है, उसकी बातचीत का स्तर भी वैसा ही है। लव शत्रुघ्न से पूछते हैं तुमने किस शत्रु का हनन किया है जो अपना नाम शत्रुघ्न रख लिया है? सुग्रीव को वे कायर घोषित करते हैं तथा विभीषण को कुल-घातक और चरित्रहीन। अंगद को तो अपने पिता को तिलांजलि देने योग्य नहीं समझते, क्योंकि उनकी आँखों के सामने ही उनकी मां ने पति के शत्रु के साथ विवाह कर लिया है। भरत उनकी अवस्था और वेश को लक्ष्य करके उन्हें मुनि-बालक कह देते है। कुछ बातचीत को दार्शनिक भूमि में प्रतिष्ठित कर उनसे प्रश्न करते हैं कि बालक तुमने किसको कहा-देह को अथवा जीव को? जीव जो न जलता है, न क्षय को प्राप्त होता है। इस प्रकार इस संवाद में लव-कुश के चरित्र के दो प्रधान गुण-वीरता और दार्शनिकता-एकदम स्पष्ट हो जाते है।

प्राचीन काव्य में प्रकृति की स्वतंत्र सत्ता को कहीं भी स्वीकार नहीं किया गया। अतः आज के दृष्टिकोण से उस पर विचार नहीं किया जा सकता। प्रकृति के प्रति केशवदास की दृष्टि अपने समकालीन कवियों जैसी ही है। महाकाव्य के ढाँचे के कारण प्रकृति से सम्बन्धित बहुत-से विषय स्वतः आ गए हैं। अनेक आलोचकों ने केशवदास के किसी सामान्य दोष को पकड़कर समस्त वर्णन को दूषित सिद्ध कर दिया है। यह भ्रम रचना को ठीक से न

पढ़ने के कारण उत्पन्न हुआ है। उदाहरण के लिए उनके सूर्योदय-वर्णन को लीजिए। इसमें तीन प्रकार के चित्र हैं-(1) रम्य (2) अनगढ़ और (3) वीभत्स। उगते हुए सूर्य को इन्होंने दिग्वधू के भाल का ललित लाल, सिंदूर से युक्त मांगलिक घट एवं माणिक्य से जटित इंद्र का छत्र बतलाया हैं। आकाश के आलोक की तुलना सिन्धु की बड़वाग्नि से की है, साथ ही उसे सूर्य के घोड़ों की टाप से पद्मरागों की उड़ती धूल भी माना है। इनसे सुन्दर कल्पनाएँ और कोई क्या कर सकता था? लेकिन सूर्य इन्हें बंदर-सा भी लगता है और किसी कापालिक के हाथ में रक्त से सना कपाल-सा भी। फिर भी कुल मिलाकर कल्पनाएँ भव्य और सुन्दर हैं, केवल एकध चित्र रस-विरोधी है। इतनी सी बात के लिए इस वर्णन को हेय नहीं ठहराया जा सकता।

ऋतुओं में इन्होंने वर्षा और शरद की विशेषताओकं का द्योतन करने के लिए उनमें दिखाई देने वाली वस्तुओं का उल्लेख किया हैं वर्षा के वर्णन में इसी से बादल विद्युत और इन्द्रधनु तथा चातक दादुर और मोर की चर्चा हुई है, तो शरद के वर्णन में कुंद कमल तथा खंजन और हंस की। वर्षा के चित्रों में विरह से व्यथित हृदय की छाया भी देखी जा सकती है।

वन और उद्यानों के बीच इनके प्रिय पात्रों के चरण पड़े हैं तथा पर्वतों पर उन्होंने निवास किया है। इन स्थलों के मोहक प्रभाव का उल्लेख करना केशव नहीं भूले हैं। एक ओर विश्वामित्र और भरद्वाज के आश्रम हैं, दूसरी ओर पंचवटी और दंडक-वन। तपोवनों में शान्ति का वातावरण परिव्याप्त है। निर्द्वन्द्वता के भी वहाँ दर्शन होते हैं। वहाँ सिंह और मृग एक घाट पर पानी पीते हैं, सीता वीणा-वादन करती है, राम पशु-पक्षियों से आत्मीयता का भाव स्थापित करते हैं। फिर भी ये चित्र वर्णनात्मक अधिक हैं। केशवदास इन्हें विश्वसनीय बनाना चाहते हैं, इसी से कहीं हाथी रीछ श्रृंगाल दिखाई देते हैं, कहीं हंस, मयूर, शुक। वृक्षों में तमाल, अशोक, नारियल और खजूर उगे हुए हैं। इनमें से सभी स्थान केशव के देखे हुए नहीं थे, अतः कहीं-कहीं ऐसी वस्तुएँ भी उगा दी हैं जो वहाँ नहीं होती जैसे बिहार की ओर विश्वामित्र के तपोवन में इलायची, लौंग और सुपारी के पेड़।

वर्णनात्मक होने के साथ ये चित्र आलंकारिक अधिक है। उपमा, उत्प्रेक्षा, श्लेष और संदेह को इनमें भरमार है। कवि ने इनमें अनेक प्रकार के रूपक बाँधे हैं। आज जिस मानवीकरण की हम प्रशंसा करते हैं, वह बहुत पहले से केशव में विद्यमान है। इन्हें वर्षा में काली, शरद में श्वेतकेशी वृद्धा दासी, पर्वतों में शिव और सिंधु में प्रजापति का रूप दृष्टिगोचर हुआ है।

नदियों में सरयू, गंगा और गोदावरी की चर्चा है। त्रिवेणी का पृथक्‌ से वर्णन है। नदियों को इन्होंने देवियों के रूप में देखा है। गंगा जी तो अपने श्रीमुख से भरत को उपदेश देती है। इन नदियों में पवित्र करने और पापियों

को तारने की शक्ति है, स्वभावतः इनका उल्लेख करते समय धर्मभाव प्रमुख हो उठा है। यों केशव ने इनके निर्मल जल और लहरों की शोभा का वर्णन भी किया है। त्रिवेणी में गंगा-यमुना सरस्वती के वर्णन की पृथकता प्रदर्शित करने के लिए ये त्रिदेव को सामने लाए हैं और वह इसलिए कि ब्रह्मा का वर्ण पीत, विष्णु का नीला और शिव का श्वेत माना जाता है। इस वर्ण-साम्य द्वारा उन्होंने एक रूढ़ि का पालन मात्र किया है।

तुलसी और जायसी के समान केशव ने भी समुद्र का वर्णन किया है। इसमें उसके आतंक और वैभव की ओर उनकी दृष्टि अधिक गयी है।

इनके द्वारा अंकित प्रकृति के कुछ चित्र देखिए-

(1) अरूण गात अति प्रात पद्मिनी-प्राणनाथ भय।
मानहुँ केशवदास कोकनद-कोक-प्रेममय।
परिपूरण सिंदूरपूर कंधों मंगलघट।
किधौं शक को छत्र मढ़्यौ मानिकमयूषपट।
कै श्रोणितकलित कपाल यह किल कपालिका काल को।
यह ललित लाल कंघौ लसत दिग्भामिनि के भाल को।

(2) सब जाति फटी दुख की दुपटी,
कपटी न रहै जहँ एक घटी।
निघटी रूचि मीच घटी हूँ घटी,
जगजीव, यतीन की छूटी तटी।
अघ-ओध की बेरी कटी विकटी, निकटी प्रकटी गुरूज्ञान-गटी।
चहुँओरन नाचति मुक्ति-नटी,
गुण धूरजटी वन पंचवटी।

जिस कथन को लेकर वाल्मीकि, तुलसी और मैथिलीशरण गुप्त ने अपने अमर ग्रन्थों का प्रणयन किया, उसी को केशव ने भी अपने ढंग से एक महाकाव्य के रूप में विकसित किया। कथा के प्रारम्भ में गणेश, सरस्वती और राम की वंदना के उपरान्त केशव ने अपने वंश का परिचय दिया है। रामचंद्रिका में राम का सम्पूर्ण जीवन चित्रित है। तुलसी के समान केशव ने अपनी कथा का अंत राम के अयोध्या लौटने पर नहीं किया। उन्होंने लवकुश युद्ध के उपरान्त राम-सीता-मिलन दिखाकर चारों भाइयों के आठों पुत्रों में राज्य का वितरण कराया है। अन्त में राम सभी को नीति की शिक्षा देते हैं। इस प्रकार कथा की परिसमाप्ति आनन्द और शांति में होती है।

यद्यपि रामचंद्रिका में केशव ने राम को अपना इष्टदेव बतलाया है- मुनिपति यह उपदेश दे, ज्यों ही भये अदृष्ट केशवदास तहीं कर्‌यो रामचन्द्र जू इष्ट-फिर भी वे राम के भक्त नहीं प्रतीत होते। भक्ति की अपेक्षा उनका झुकाव

ज्ञान और नीति की ओर अधिक है। 'विज्ञान-गीता' में उन्होंने ब्रम्हा, जीव, माया, सृष्टि और मुक्ति के सम्बन्ध में विचार किया है तथा 'वीरसिंहदेव-चरित' में राजधर्म के विविध अंगों पर प्रकाश डाला है। 'रामचंद्रिका' में भी नीति और ज्ञान के उपदेशों की भरमार-सी

छंदों की विविधता की दृष्टि से रामचंद्रिका एक बेजोड़ ग्रंथ है, यहाँ तक कि किसी-किसी ने चिढ़कर इसे 'छंदों का अजायबघर' कह डाला है। इसमें एक अक्षर से लेकर इकत्तीस अक्षरों के छंद तक सामान्य रूप से पाये जाते हैं जैसे-

(1) सी
धी
री
धी

-श्री छंद

(2) बानी जगरानी की उदारता बखानी जाय,
ऐसी मति कहौ धौं उदार कौन की भई।

-मनहरण छंद

रामचंद्रिका में स्थिति के अनुकूल सभी रसों के उत्कृष्ट उदाहरण पाए जाते हैं। इसके अतिरिक्त 'रसिक-प्रिया' में शृंगार, 'रतन बावनी' में वीर और 'विज्ञानगीता' में शांत रस का आधिक्य हैं

केशव के महाकाव्य में शायद हो कोई प्रमुख अलंकार प्रयुक्त होने से बच पाया हो। कहीं-कहीं तो एक-एक पंक्ति में दो-दो तीन-तीन अलंकार स्वाभाविक रूप में लिपटे चले आते हैं। कम से कम अलंकारों के भी नाम लें तो उपमा उत्प्रेक्षा, श्लेष अनुप्रास, संदेह रूपक, अपन्हुति उल्लेख, परिसंख्या और विरोधाभास के उदाहरण हमें थोड़ी-थोड़ी दूर पर मिलते हैं।

रामचंद्रिका की रचना ब्रजभाषा में हुई है। इसके साहित्यिक स्तर की रक्षा कवि ने सभी कहीं की है। कहीं-कहीं संस्कृत के ऐसे शब्द अवश्य ले लिए हैं जो हिन्दी में कम प्रयुक्त होते हैं जैसे यत्र, यदा, कृत अथवा ऐसे रूप भी स्वीकार कर लिए हैं जिनका प्रयोग हिन्दी में नहीं होना चाहिए जैसे लीलयैव, निजेच्छया, पश्यतोहर आदि। बुन्देलखंडी और प्रान्तीय शब्दों की भरमार के कारण भाषा थोड़ी ऊबड़-खाबड़ हो गयी हैं। उदाहरण के लिए इन शब्दों की ओर ध्यान दीजिए-गेंडुआ (तकिया), गलसुई (गाल के नीचे का तकिया), आबझ (ताशा), उपदि (अपनी इच्छा से) गौर मदाइन (इंद्रधनुष) गुदराना (निवेदन करना), ढूकना (ताक में रहना), उदगना (सहन करना)। अरबी-फारसी के कुछ शब्द भी कहीं-कहीं आ ही गए हैं जैसे लायक, जहान, शोर,

बकसीस, ताजनो आदि।

काव्य के बाह्य अंगों की प्रधानता के कारण केशव की कविता कहीं-कहीं दुरूह हो गयी है। यह बात रामचन्द्रिका पर विशेष रूप से लागू होती है। कुछ छन्द ऐसे हैं जिनके अर्थ तक पहुँचने के लिए हमें कई सरणियों को पार करना पड़ता है। एक तो प्रसंग के अनुकूल शब्दों को तोड़ना पड़ता है। दूसरे, उनके विविध पक्षों का आशय जानना पड़ता हैं तीसरे, उनमें प्रयुक्त अलंकारों से परिचित होना भी आवश्यक है। नीचे ऐसे ही दो कवित्त दिए जा रहे हैं जिनमें से प्रथम में वर्षा और काली का रूप खड़ा किया गया हैं, दूसरे में, राम की सेना, विभीषण की राज्य-श्री और रावण की मृत्यु से सम्बन्धित तीन-तीन अर्थ एक साथ घटित होते हैं-

(1) भौहें सुरचाप चारू प्रसुदित पयोधर,
भूखन जराय जोति तड़ित रलाई है।
दूरि करी सुख मुख सुखमा शशी की, नैन
अमल कमल दल दलित निकाई है।
केसौदास प्रबल करेनुका गमनहर,
मुकुत सु हंसक सबद सुखदाई है।
अम्बर-बलित मति मोहै नीलकंठ जू की,
कालिका कि वरखा हरखि हिय आई है।

(2) कुन्तल ललित नील,भ्रकुटी,धनुष नैन,
कुमुद कटाच्छ बाण, सबल सदाई है।
सुग्रीव सहित तार अंगदादि, भूषन रू,
मध्य देश, केसरी सुगजगति भाई है।
विग्र हानुकूल सब लच्छलच्छ ऋच्छबल,
ऋच्छराजमुखी मुख केसौदास गाई है।
रामचंद्र जू की चमू, राज्यश्री विभीषन की,
रावन की मीच, दरकूच चलि आई है।

कुछ दुरूह स्थलों के कारण ही केशव 'कठिन काव्य के प्रेत' कहलाते हैं, पर इसका आशय यह कदापि नहीं है कि उनमें काव्य की हीनता है। दुरूह काव्य सदैव ही अस्पष्ट काव्य नहीं होता। थोड़े परिश्रम और मनोयोग से उसका अर्थ खुल जाता है। श्रेष्ठ रचनाओं के अन्तर में निहित सौन्दय्र और आनन्द की उपलब्धि के लिए इस प्रकार की दुरूहता से घबराना सच्चे काव्य-पारखी और काव्य-प्रेमी का लक्षण नहीं है।

नरोत्तमदास

नरोत्तमदास का जन्म सीतापुर जिले के बाड़ी नामक ग्राम में हुआ। जाति के ये कान्यकुब्ज ब्राहम्ण थे। इनके जन्म और मृत्यु का समय विद्वान लोग अभी तक ठीक से निश्चित नहीं कर पाये हैं। 'शिवसिंह-सरोज' के अनुसार ये सन् 1545 में जीवित थे। अतः इन्हें सोलहवीं शताब्दी का कवि समझना चाहिये। 'सुदामा-चरित' इनकी अत्यधिक प्रसिद्ध रचना है। 'ध्रुव-चरित' और 'विचारमाला' नाम से इनकी दो रचनाएँ और भी प्रसिद्ध हैं, पर अभी तक ये किसी के देखने में नहीं आई।

'सुदामा-चरित' की कथा श्रीमद्‌भागवत के दशम स्कंध से ली गई है। बचपन में श्रीकृष्ण और सुदामा उज्जयिनी में संदीपनि ऋषि के आश्रम में विद्याध्ययन करते थे। एक बार गुरू-पत्नी ने दोनों को जंगल में लकड़ी काटने के लिये भेजा। सहसा रात घिर आई और घोर वर्षा होने लगी। दोनों ही बहुत भूखे थे। सुदामा के पास गुरूबानी के दिये हुये चने थे। उन्हें उन्होंने अपने सहपाठी से छिपाकर खा लिया। प्रभात-काल में दोनों को ढूँढ़ते हुए गुरू आ पहुँचे। कृष्ण को जब इस भेद का पता चला तो उन्हें बड़ा क्षोभ हुआ और उन्होंने शाप दिया कि तुम जीवन में ऐसे ही दरिद्र बने रहोगे। आगे चलकर कृष्ण तो द्वारका के राजा हुए, पर सुदामा को भयंकर अर्थाभाव ने आ घेरा।

सुदामा-चरित एक खंड-काव्य है। इसका कथानक संक्षिप्त होने पर भी रोचक और संगठित है। इसके प्रारम्भ में गणेश की वन्दना और अंत में कथा का माहात्म्य वर्णित है। सूरदास और नन्ददास के 'भ्रमरगीत' के समान इसमें निर्गुण का खंडन कर सगुण की स्थापना का प्रयत्न नहीं है, वरन् कृष्ण-चरित्र के एक ऐसे पक्ष को उभारा गया है जिससे उसमें सामान्य व्यक्ति की आस्था दृढ़ हो सके। इसी से कथानक में बौद्धिकता के स्थान पर भाव का आधिक्य और प्राधान्य है।

सुदामा नाम का ब्राह्मण इतना दरिद्र है कि भिक्षा माँगकर भी कठिनाई से जीवन-यापन कर पाता हैं उसकी पत्नी घर की साधन-हीनता के कारण रात-

दिन क्षुब्ध रहती है। एक दिन बातचीत में उसे पता चलता है कि उसका पति कृष्ण का सहपाठी रह चुका है। इस सूचना को पाकर वह अनेक प्रकार के तर्कों द्वारा सुदामा को द्वारका जाने के लिए विवश करती है। सुदामा भिक्षा माँगते हुए मार्ग तय करते हैं। जब वे पथ में थककर सो जाते हैं, तो कृष्ण अपनी माया से उन्हें गोमती नदी के किनारे खड़ा कर देते हैं। स्नान करने के उपरांत सुदामा कृष्ण की नगरी में प्रवेश करते हैं, जहाँ। अपने मित्र से उनकी भेंट होती है। कृष्ण के वैभव को देखकर वे चकित रह जाते हैं और उससे भी अधिक अभिभूत होते हैं उनके निश्छल मृदुल व्यवहार से। विनोद करते हुए कृष्ण उनके हाथ से चावल की उस पोटली को जो उनकी पत्नी ने भगवान को भेंट करने के लिए भेजी थी, छीन लेते हैं। वे उसमें से केवल दो मुट्ठी चावल चबा पाते हैं कि रूक्मिणी उनका हाथ पकड़ लेती है। फिर भी कृष्ण को जो देना था, वे दे चुके। सुदामा एक सप्ताह वहाँ रहकर विदा लेते हैं। लौटते समय वे सम्भ्रम में पड़ जाते हैं कि कृष्ण ने उनका सम्मान तो बहुत किया, पर कुछ दिया नहीं। मन की ऐसी अवस्था में वे कृष्ण के व्यवहार को संदेह की दृष्टि से देखने लगते हैं। पर गाँव आकर जब अपने चारों ओर वैभव बिखरा पाते हैं, तो अपने मित्र के प्रति उनकी कृतज्ञता सौ गुनी हो जाती है।

इस प्रकार सुदामा-चरित में कई ऐसे मोड़ हैं जो कथानक को रोचकता प्रदान करते हैं। सुदामा की सांसारिक स्थिति का वर्णन, पति-पत्नी का मधुर विवाद, सुदामा का कृष्ण के वैभव से अलंकित होना, कृष्ण का अपनी पटरानियों के सामने अतिथि के प्रति असाधारण व्यवहार, सुदामा का असमंजस की स्थिति में विदा होना और अंत में स्थिति-परिवर्तन पर आनन्द से पुलकित होना एक के उपरांत एक ऐसी घटनायें हैं जो पाठक की उत्सुकता को प्रारम्भ से लेकर अन्त तक तुष्ट करती रहती है। कहानी इस सहज भाव में कही गयी है कि कहीं भी कृत्रिम नहीं प्रतीत होती। कथानक में यहाँ-वहाँ अलौकिकता का पुट है जैसे सुदामा को सोते में द्वारका पहुँचा देना अथवा घर लौटने पर थोड़े से अवकाश के बीच उनका राजाओं के से वैभव का अधिकारी होना। लेकिन हमें यह नहीं विस्मरण कर देना चाहिए कि जिस युग में यह कहानी लिखी गयी है, उसमें भारतीय मानस ऐसी घटनाओं को अस्वाभाविक नहीं समझता था और भक्त लोग तो आज भी नहीं समझते।

सुदामा-चरित की पृष्ठभूमि में कृष्ण के चरित्र की अलौकिकता विद्यमान है। इसमें भी सन्देह नहीं कि कथा का अन्त भक्ति में होता है। पर इसका मूल स्वर मैत्री की भावना है। सुदामा-चरित की रचना मित्रता के महत्व पर प्रकाश डालने के लिये हुई है। आर्थिक और सामाजिक दृष्टि से सुदामा और कृष्ण

को परिस्थितियों में आकाश-पाताल का अंतर है, लेकिन सुदामा के सामने पड़ने पर कृष्ण सारे अन्तर को मिटाकर जिस भाव से मिलते हैं, उससे यह सम्बन्ध युग-युग के लिए गौरवान्वित हो गया है। सुदामा को सब कुछ देने पर भी वे अपने अनुग्रह का संकेत तक कहीं नहीं करते। मित्रता का यह बहुत बड़ा लक्षण है। कोई भी सच्चा मित्र ऐसा काम नहीं कर सकता जिससे उसके मित्र की भावना को आघात पहुँचे। रामचरितमानस में तुलसीदास ने मित्र की विशेषताएँ गिनाते हुए लिखा है कि वह मित्र के छोटे से दुःख को बहुत समझता है, सभी कहीं उसके गुणों की चर्चा करता है, उसे सुपथ पर ले जाता है, अपनी ओर से कुछ देते समय हिचक का अनुभव नहीं करता और अपनी शक्ति के अनुसार सदैव उसकी सहायता करता है। ये सारे लक्षण कृष्ण पर अक्षरशः लागू होते हैं। सुदामा को देखकर कृष्ण के हृदय को जो आघात लगा है, उन्हें जो रह-रह कर पछतावा हुआ है, उनकी आत्मा को जो व्यथा छू गयी है, उसका वर्णन निम्नलिखित सवैये में किस कौशल के साथ कवि ने किया है, पहले यह देखिए-

कैसे बिहाल बिवाइन सों पग
कंटक जाल लगे पुनि जोए,
हाय, महादुख पाए सखा, तुम
आए इते न, कितै बिन खोए,
देखि सुदामा की दीन दशा
करूना करिकै करूनानिधि रोए,
पानी परात को हाथ छुयो नहिं
नैनन के जल सों पग धोए।

सुदामा-चरित में चार पात्र हैं—सुदामा, उनकी पत्नी, कृष्ण और रूक्मिणी। सुदामा ब्राह्मण है। ज्ञान, तप और सन्तोष जो ब्राहम्ण के तीन लक्षण हैं, वे उनमें विद्यमान है। अपनी दरिद्रता की उन्हें अनुभूति है, पर स्वभाव से वे भाग्यवादी है, अतः स्थिति से समझौता करके जीवन-यापन करते हैं। हृदय से वे भक्त हैं और वैदिक धर्म में उनकी आस्था है। उनकी पत्नी जब उन्हें कृष्ण के पास भेजना चाहती है, तो वे संकोच का अनुभव करते हैं और स्पष्ट कहते हैं कि वृद्धावस्था में वे किसी के भी कृतज्ञ नहीं होना चाहते। इससे उनके स्वाभिमानी स्वभाव का पता चलता है। कुल मिलाकर वे व्यवहार-कुशल व्यक्ति नहीं है। यदि उनकी पत्नी ने बुद्धि से काम न लिया होता तो उनका सारा जीवन ऐसे ही व्यतीत हो जाता।

सुदामा की पत्नी एक सुगृहिणी है। कवि ने उसे सुशीला, पतिव्रता और बुद्धिमती कहा है। घर-गृहस्थी की उसे चिंता है और अपनी वर्तमान स्थिति से वह असन्तुष्ट है। उसके मन में अच्छे ढंग से रहने की ललक कहीं छिपी हुई

है। इसी से वह अपने जीवन-सतर को बदलना और सुधारना चाहती है। अपने पति के साथ तर्क-वितर्क करके वह उसे कृष्ण के पास भेज देती है। सुदामा विद्वान व्यक्ति है, पर वह ऐसे तर्क उपस्थिति करती है कि ब्राहम्णदेव निरूत्तर हो जाते हैं। कथा के अन्त में अपने वैभव के बीच हम उसे सन्तुष्ट और सुखी पाकर, स्वयं, एक प्रकार के सन्तोष का अनुभव करते हैं।

कृष्ण मित्रता का आदर्श है। महापुरूष हैं, सहृदय है। अतिथि-परायण है। व्यक्ति के सम्मान की रक्षा के लिये वे उससे समानता के स्तर पर व्यवहार करना जानते हैं। उनके लिये कुछ भी अदेय नहीं है। अन्य कृष्ण भक्तों ने उनके गोकुल, वृंदावन और मथुरा के जीवन को तो विस्तार से चित्रित किया है पर द्वारका वाले चरित्र को विस्मृत सा कर दिया है। नरोत्तमदास ने उस जीवन के सबसे मर्म-स्पर्शी अंश को पृथक कर कृष्ण के उत्तरकालीन जीवन पर अच्छा प्रकाश डाला है। इस छोटे से खंड-काव्य में उनकी विनोदशीलता के दर्शन भी हमें होते हैं। सुदामा जब अपनी बगल में दबी चावल की पोटली को छिपाने का प्रयत्न करते हैं, तो कृष्ण व्यंगय करते हुए कहते है-

आगे चना गुरू-मातु बए, ते लए तुम चाबि, हमें नहिं दीने।
स्याम कह्यो मुसुकाय सुदामा सों चोरी की बानि में हौ जू प्रवीने।
पोटरी काँख में चाँपि रहे तुम, खोलत नाहिं सुधा-रस भीने।
पाछिली बानि अजौं न तजी तुम, तैसेई भाभी के तंदुल कीने।

रूक्मिणी का प्रवेश कवि ने उस समय कराया है जब कृष्ण दो मुट्ठी चावल चबाकर सुदामा को दो लोकों का स्वामी बना देते हैं और तीसरी मुट्ठी चबाने को तत्पर हैं। ऐसी दशा में रूक्मिणी उन्हें टोकती है। इस खंड-काव्य में सुदामा और कृष्ण दोनों की पत्नियाँ अपने-अपने ढंग की व्यवहार-कुशल महिलाएँ है।

सुख और दुःख अंतःकरण की दो प्रधान वृत्तियाँ हैं। जीवन की परिस्थितियों से यदि इनका कोई भी संबंध है, तो कहा जा सकता है कि अपनी सीमित परिधि में इनकी अभिव्यक्ति जैसी सुदामा-चरित में हुई है, वैसी अन्यत्र नहीं हो पायी । इस काव्य-ग्रंथ के प्रारम्भ में घोर दारिद्रय का जैसा वर्णन है, वैसा ही इसके अन्त में अनंत वैभव का, अतः इनसे उत्पन्न व्यथा और आनंद की भावनाओं का अंकन बहुत स्वाभाविक हुआ है। द्वारकापुरी के वैभव को देखकर सुदामा जैसे चकित और आतंकित होते हैं वैसे ही कृष्ण अपने मित्र को देखकर व्यथित और विगलित। कृष्ण और सुदामा का मिलन वैभव और दीनता का अपूर्व मिलन है। कृष्ण जैसे वैभववान और सुदामा जैसे दीन व्यक्ति की कल्पना नहीं की जा सकती। कृष्ण से विदा लेने पर सुदामा के मन में अस्थायी रूप सें जो ग्लानि और क्षोभ की वृत्तियाँ उगी हैं, वे भी बहुत स्वाभाविक हैं। दरिद्रता का जैसा यथार्थवादी वर्णन नरोत्तमदास सोलहवीं

शताब्दी में कर गये हैं, वैसा वर्णन आज के प्रगतिवादी भी नहीं कर पाये। कई स्थलों पर सहृदय पाठकों की आँखों में आँसू वरवश भर आते हैं। पहले सुदामा के घर का वर्णन पढ़िये, फिर स्वयं उनका चित्र देखिए–

(1)

कौदो सवाँ जुरतो भरि पेट,
न चाहति हौं, दधि, दूध मिठौती।
सीत बितीत भयो सिसियातहि।
हौं हठती, पै तुम्हैं न हठौती।
जो जनती न हितू हरि सौं
तुम्हैं काहे को द्वारका पेलि पठोती।
या घर तैं कबहूं न गयौ पिय,
टूटो तबा अरू फूटी कठौती।

(2)

सीस पगा न झँगा तन में प्रभु,
जाने को आहि, बसै केहि ग्रामा।
धोती फटी सी लटी दुपटी अरू
पायँ उपानह की नहिं सामा।
द्वार खरो द्विज दुर्बल एक, रहयो
चकि सा बसुधा अभिरामा।
पूछत दीनदयाल को धाम,
बतावत आपनो नाम सुदामा।

नरोत्तम दास की गणना प्राचीन–काल के सफल प्रबंध काव्यकारों में होती है। अकेले सुदामा–चरित जैसी सवा–सौ छंदों की छोटी सी रचना के बल पर इनका नाम साहित्य–जगत में अमर हो गया है। काव्य–गत गुणों और सुबोधता की दृष्टि से जिस ब्रजभाषा का इन्होंने प्रयोग किया है वह बहुतों के लिये आदर्श उपस्थित कर सकती है। भावनाओं और परिस्थितियों के अनुकूल भाषा जैसे स्वयं ढलती चली गयी हैं छंदों में इन्होंने उस काल में प्रचलित दोहा, सवैया और कवित्त का प्रयोग किया हैं अवसर के अनुकूल वर्णन और कथोपकथन दोनों से काम लिया है। कथोपकथन के समावेश से तो कथानक में जैसे प्राण पड़ गये हैं। इस तत्व के कारण सम्पूर्ण कृति नाटकीयता के विलक्षण गुण से संयुक्त हो गयी है। सुदामा–चरित में कहानी की उत्सुकता और नाटक का रस दोनों पाए जाते हैं। यहाँ–वहाँ करूणा, श्रृंगार और शांत रस के छींटे मिलते हैं। इस प्रकार चाहे कथानक की दृष्टि से देखें, चाहे चरित्र–चित्रण की, चाहे भाव की, भाषा और रस की, नरोत्तमदास का सुदामा–चरित एक मार्मिक खंड–काव्य है।

मीराबाई

मीराबाई का जन्म राजस्थान में मेड़ता राज्य के अंतर्गत कुड़की ग्राम में सन् 1498 में हुआ। वे राठौर वंश की थीं। इनके पिता का नाम रत्नसिंह, पितामह का राव दूदा जी तथा प्रपितामह का राव जोधा जी था। जोधपुर इन्हीं जोधा जी का बसाया हुआ है। वाल्यावस्था में मीरा की माँ इन्हें छोड़कर चल बसीं और पिता अधिकतर युद्ध-भूमि में रहते थे। अतः इनका पालन-पोषण इनके बाबा ने किया। दूदा जी प्रसिद्ध कृष्ण-भक्त थे। किंवदंती है कि एक बार एक बारात को जाते देख बालिका मीरा बड़ी उत्साहित हुई। दूदा जी उस समय पूजा पर थे। मीरा ने बाबा से सजे-सजाये युवक के सम्बन्ध में प्रश्न किया तो उन्होंने बताया-इसे दूल्हा कहते हैं। बालिका ने फिर पूछा : मेरा दूल्हा कौन होगा? पहले तो दूदा जी ने हँसकर टाल दिया, पर जब बालिका ने बार-बार आग्रह किया तो उन्होंने झुंझलाकर कहा, तेरे दूल्हा ये गिरधर गोपाल होंगें सुनते हैं मीरा ने इस बात को कभी नहीं भुलाया।

मीरा का विवाह मेवाड़ के राणा साँगा के ज्येष्ठ पुत्र कुँवर भोजराज के साथ सन् 1516 में हुआ। भोजराज सिसौदिया वंश के थे। यह कुल शक्ति का उपासक था। विवाह के उपरांत जब इनकी सास ने पूजा के लिए इन्हें देवी के मंदिर में भेजा, तो इन्होंने स्पष्ट मना कर दिया। इस पर इनकी ननद ऊदाबाई ने यद्यपि ताना मारा, पर इनके पति इनकी भावनाओं का जीवन भर आदर करते रहे। दुर्भाग्य से पच्चीस वर्ष की अवस्था में सन् 1523 में ये विधवा हो गई। सन् 1527 में बाबर और राणा साँगा के बीच चलने वाले कनवाह के युद्ध में इनके पिता भी मारे गए। शीघ्र ही राणा साँगा चल बसे। इस प्रकार तीस वर्ष की होते-होते इन्होंने माता, पिता, बाबा, पति और ससुर को खो दिया।

मृत्यु के इन आघातों को सहन कर मीरा कृष्ण-भक्ति में और भी दृढ़ता से लीन हो गई। उनका जीवन वैष्णव साधुओं के सत्संग में व्यतीत होने लगा। प्रेम की विहवलता में वे कभी-कभी भगवान की मूत्रि के सामने नृत्य तक करने लगती थी। राणा साँगा की मृत्यु के उपरांत महाराणा रत्नसिंह और फिर

उनके छोटे भाई विक्रमादित्य चित्तौड़ की गद्दी पर बैठे। दोनों को ही मीरा का आचरण राजकुल की मर्यादा के विपरीत लगता था। अतः इन्होंने उनकी उपासना में विघ्न डालने के लिए अनेक प्रकार के कष्ट दिए। यहीं तक नहीं, विष देकर इनके जीवन का अंत भी करना चाहा। सन् 1534 में चित्तौड़ पर कुछ दिन के लिए गुजरात के बादशाह बहादुरशाह का अधिकार हो गया। मेड़ता की गद्दी पर इस समय मीरा के ताऊ बीरमदेव थे। उन्होंने इन्हें अपने पास बुला लिया। लेकिन सन् 1538 में जोधपुर के राव मालदेव ने मेड़ता पर अधिकार कर लिया। स्वभावतः मीरा का जीवन संकटापन्न हो उठ और उन्होंने यात्रा करने का निश्चय किया।

मीरा और तुलसीदास के बीच पत्र-व्यवहार हुआ था और अकबर तानसेन के साथ छिपकर मीरा के दर्शन को आया था, ये दोनों घटनाएँ कपोल-कल्पित हैं। मीरा रैदास की शिष्या थी। यह बात भी तथ्य पर आधारित नहीं है।

वृंदावन पहुँचकर मीराबाई ने प्रसिद्ध वैष्णव जीव गोस्वामी से भेंट करनी चाही। गोस्वामी जी ने कहला भेजा मैं स्त्रियों से नहीं मिलता। मीरा ने उत्तर दियाः मैं तो समझती थी वृन्दावन में कृष्ण ही एक मात्र पुरूष हैं, पर अब पता चला यहाँ कोई दूसरा पुरूष भी रहता है। इस पर गोस्वामी जी नंगे पाँव मीरा के दर्शन को दौड़े आए। अनेक स्थानों का भ्रमण करती हुई अंत में मीरा द्वारका-धाम पहुँची। धीरे-धीरे मेड़ता और चित्तौड़ दोनों मुक्त हुए। दोनों की समृद्धि लौटी। मीरा की ख्याति इस बीच देश के कोने-कोने में फैल गयी थी। दोनों राज्यों ने उन्हें लौटाने के लिए न जाने कितने संदेश भेजे, पर वे सहमत न हुई। अन्त में एक दिन द्वारका में ही रणछोड़ जी के मन्दिर में उपासना करते समय मीरा की आत्मा अपने आराध्य में लीन हो गयी। यह सन् 1546 की बात है।

मीरा के नाम से निम्नलिखित ग्रंथ प्रसिद्ध है- (1) राग गोविंद (2) राग सोरठ के पद (3) नरसी जी का मायरा (4) गीत गोविंद की टीका।

अपनी सुंदरता और भक्ति के लिए मीराबाई अपने जीवन-काल में ही प्रसिद्ध हो गयी थीं। जैसे-जैसे समय व्यतीत होता गया, कवि के रूप में उनकी ख्याति निरंतर विकसित होती गयी। तुलसी, सूर और कबीर के समान उनके पद भी आज घर-घर में प्रसिद्ध है। संगीत के क्षेत्र में इनके पद अत्यंत लोकप्रिय रहे हैं। संख्या में ये अधिक नहीं है।, फिर भी विभिन्न विद्वानों द्वारा कम से कम पच्चीस संकलन अब तक हो चुके हैं। 'मीराबाई की पदावली' कें नाम से प्रख्यात इन सभी संकलनों की भाषा आश्चर्य-जनक रूप से एक दूसरे से भिन्न पाई जाती है। किसी में राजस्थानी का पुट कम है, किसी में

अधिक। कुछ संपादकों ने तो 'न' के स्थान पर सभी कहीं 'ण' कर दिया है जैसे णा (ना) तण (तन), मण (मन), णाच (नाच), घणा (घना), जणम (जनम), छिण (क्षण), झौणण (नैनन) आदि। यह असम्भव नहीं है कि मीराबाई के मूल पदों की भाषा संगीतज्ञों, भक्तों और जन साधारण के द्वारा बदल दी गयी हो। वैसे उनकी भाषा राजस्थानी मिश्रित ब्रज है, जिसमें कहीं-कहीं खड़ी बोली और फारसी का पुट पाया जाता है। यह पदावली राग-रागिनियों में बँधी हुई मिलती है। रस के ऊपर ही राग का उल्लेख है जैसे कामोद, पीलू, पहाड़ी, सोरठ, मालकोस, मुल्तानी, खम्माच, पटमंजरी, हमीर, कान्हरा, झिंझोटी और गुनकली आदि।

मीराबाई के सम्बन्ध में कुछ आलोचकों ने यह भ्रम फैलाने का प्रयत्न किया है कि उनमें रहस्य की प्रवृत्तियाँ पायी जाती है। यह ठीक है कि उन्होंने कहीं-कहीं अगम देस, सुन्न महल, अनहद की झंकार, त्रिकुटी, हंस और सुरत आदि शब्दों का प्रयोग किया है, पर इससे वे रहस्यवादिनी नहीं हो जातीं। निर्गुण के उपासक ही रहस्यवादी कहलाते हैं, भक्त रहस्यवादी नहीं होते।

मीरा के पदों को तीन कोटियों में विभाजित किया जा सकता है। (1) लीला-सम्बन्धी पद (2) विनय के पद और (3) व्यक्तिगत अनुराग के पद। सभी भक्तों के समान इनसें भी कृष्ण के जीवन से सम्बन्धित बाल-विनोद, वंशीवादन, चीरहरण, पनघट, कालिय-दमन आदि की प्रसिद्ध लीलाओं का प्रभावशाली वर्णन पाया जाता है। यों इनका मन कथा के विवरणों में कम रमा है।

प्रार्थना के पदों में भक्तों की सी आर्द्रता, तल्लीनता और विनम्रता पायी जाती है। जीवन में उन्होंने दुःख और विरोध दोनों को अपनी सीमा पर देखा था, अतः संसार की ओर से उनका मन विरक्त हो गया था। संसार को उन्होंने विकार का सागर कहा है। जगत की नश्वरता की प्रतीति के उपरान्त यह स्वाभाविक ही है कि व्यक्ति की दृष्टि उस अविनाशी की ओर उठे। इनकी स्तुतियों में इसी से भगवान के शीतल कोमल चरणों का वंदन बार-बार पाया जाता है। मीरा हरि-भजन को जीवन का सार और भगवान को एकमात्र आधार मानती है। प्रभु की करूणा को उभारने के लिए वे उन्हें बार-बार द्रौपदी, अहिल्या, ध्रुव, प्रहलाद, अजामिल, गणिका और सदन कसाई का स्मरण दिलाती है। भक्ति-भावना से युक्त एक पद देखिए-

मन रे, परसि हरि के चरण
सुभग सीतल कँवल कोमल, त्रिविधि ज्वाला हरण।
जिन चरण प्रहलाद परसे, इन्द्र-पदवी धरण।
जिन चरण ध्रुव अटल कीने, राखि अपनी सरण।

जिन चरण ब्रहमंड भेंट्यो, नख-सिखाँ सिरी धरणं
जिन चरण प्रभु परसि लीने, तरी गौतम धरण।
दासि 'मीरा' लाल गिरिधर, अगम तारण-तरण।

सगुण के क्षेत्र में मीरा माधुर्य भाव की उपासिका है। कृष्ण की कल्पना उन्होंने पति-रूप में की है। यह सम्बन्ध इसलिए आकर्षक लगता है कि मीरा नारी है। यों कबीर ने भी पदों और साखियों में अपने को ब्रम्ह की पत्नी के रूप में कल्पित किया है, पर वहाँ यह सम्बन्ध उतना स्वाभाविक नहीं प्रतीत नहीं होता। यह ठीक है कि दोनों स्थानों पर तात्पर्य ग्राणी की आत्मा से ही है, पर नारी-हृदय की भावनाओं का चित्रण जैसा नारी कर सकती है, वैसा पुरूष नहीं। मीरा की यह उपासना गोपी-भाव की है। ऐसा लगता है कि किसी गोपी की आत्मा भटक कर धरती पर आ गई है और उसने मीरा का रूप धारण कर लिया है। मीरा के पदों में परकीया और स्वकीया-भाव का विलक्षण संयोग होने से दुहरा आकर्षण आ समाया है। उनमें रोमांस का रस और गृहिणी का अविचल भाव पाया जाता है। मीरा की प्रणय-धारा अनुरक्ति और विरक्ति के कूलों को स्पर्श करती हुई बहती है। सम्भव है इसके लिए उनका जीवन उत्तरदायी रहा हो। बचपन से लेकर युवावस्था तक उन्होंने अपने प्रियजनों की मृत्यु देखी। यौवन के उषाकाल में ही वे विधवा हो गयी। ससुराल वालों ने उन्हें उपासना का अधिकार तक नहीं दिया। इस विरक्ति और विराध ने भक्ति की भावना को शिथिल न करके और दृढ़ता प्रदान की। विरोध के प्रसंग में उन्होंने कहा है-राजा रूठ जायगा, तो मैं उसके नगर से चली जाऊँगी, लेकिन यदि हरि रूठ गए तो मैं कहाँ जाऊँगी? अपने हृदय की विरक्ति भी उन्होंने इसी स्तर पर व्यक्त की है। लौकिक वैभव और आध्यात्मिक अनुराग की तुलना करते हुए वे वे स्वीकार करती है- प्रेम की ज्योति के सामने मानिक मोती की ज्योति मुझे सदा से फीकी लगती रही है, पाट-पटंवर की तुलना में मुझे प्रियतम की दी हुई गुदड़ी मिल जाय, तो मैं अपना सौभाग्य समझती हूँ और इसी प्रकार छप्पन प्रकार के भोजनों के समक्ष मुझे उनके हाथ का दिया हुआ अलोना भोजन अधिक स्वादिष्ट लगता है। इस आकर्षण का मुख्य कारण कृष्ण का रूप है। मीरा ने कृष्ण के नयनों की छवि, बाँकी चितवन और मधुर मुस्कान का उल्लेख पूरी मुग्धता के साथ किया है। ध्यान से देखा जाय तो इस अनुराग की जड़े बहुत गहरी हैं। एक स्थान पर उन्होंने कहा है-जनम-जनम की क्वारी मीरा। इसका तात्पर्य हुआ कि अपने विवाह को मन से उन्होंने कभी स्वीकार ही नहीं किया था। मीरा के अन्तर का आकर्षण विरक्ति और विरोध से चमका तो अवश्य, पर दृढ़ता जन्म-जन्म के इसी शाश्वत भाव से मिली है। इसी प्रेम में उनकी अनन्यता

स्पृहणीय बन गयी हैं वे संसार के सारे बन्धनों का तिरस्कार कर, बाधाओं को कुचलती हुई, जन्म-जन्म के इस साथी की ओर बढ़ी हैं। प्रणय की इस उद्दाम धारा के सामने लोक-लाज तिनके के समान बह ग गी है।

(1) *मैं तो गिरिधर के घर जाऊँ।*
गिरिधर म्हारी साँचो प्रीतम देखत रूप लुभाऊँ।।
रैंण पड़ै तबही उठि जाऊँ, भोर भये उठि आऊँ।
रैंण-बिना बाके संग खेलूँ, ज्यूं-त्यूं वाहि रिझाऊँ।।
जो पहिरावै सोई पहिरूं, जो दे सोई खाऊँ।
मेरी उनकी प्रीति पुराणी, उन बिन पल न रहाऊँ।।
जहाँ बैठावे तितही बैठँ, बेचैं तो बिक जाऊँ।
'मीरा' के प्रभु गिरिधर नागर, वार-वार बलि जाऊँ।।

(2) *नैनन बनज बसाऊँ री, जो मैं साहिब पाऊँ।*
इन नैनन मेरा साहिब बसता, डरती पलक न नाऊँ री।
त्रिकुटी महल में बना है झरोखा, तहाँ से झाँकी लगाऊँ री।
सुन्न महल में सुरत जमाऊँ, सुख की सेज बिछाऊँ री।
मीरा' के प्रभु गिरधर नागर, बार-बार बलि जाऊँ।

प्रेम चाहे लौकिक हो अथवा अलौकिक, बिरह उसका प्राण है। आध्यात्मिक प्रेम में प्रियतम की झलक कभी मिल गयी तो मिल गयी, नहीं तो एक ओर से दूसरी ओर तक विरह का तम ही जीवन के अनन्त पलों को घेरे रहता है। मीरा के विरह में वेदना का जो तत्व है वह हमारे मर्म को अनायास छू लेता है। उनके अन्तर की व्यथा को अपनी पूरी गहराई और व्यापकता मे जैसे हम स्वयं अनुभव करने लगते हैं। व्यथा की इस प्रेषणीयता का मूल कारण अभिव्यक्ति की आडंबरहीनता है। मीरा ने जब कभी, जो कुछ, जिस रूप में अनुभव किया, उसे वैसे ही व्यक्त कर दिया। अपनी अनुभूति को टेकनीक के आचरण में लपेटे बिना वे कहती हैं कि कृष्ण के बिना प्राण ही जैसे निकले जा रहे हैं। दिन उनका पथ देखते-देखते व्यतीत होता है, रात रोते-रोते। समय की गति भारी हो गयी है और खाना-पीना सब फीका लगता है। पल-पल पर सूनेपन की, एकाकीपन की, अनुभूति होती है। साँप के डसने से प्राणी की जो दशा हो जाती है या जो गति किसी घायल की होती है, वैसी ही गति मेरी है। पछतावे की बात यह है कि मैं उनसे मुँह खोलकर कभी बात नहीं कर पायी। हिन्दी-काव्य में अपनी वेदना को इतने सहज भाव से शायद

ही कभी कोई अन्य कवि व्यक्त कर पाया हो। अभिव्यक्ति की यह सरलता मीरा के काव्य की सबसे बड़ी शक्ति है।

हेरी, मैं तो दरद दिवानी, मेरो दरद न जानै कोइ।
घायल की गति घायल जानै, की जिन लाई होइ।
जौहर की गति जौहरी जानै, कै जाण्यां जिण खोइ।।
सूली ऊपर सेज हमारी, सोवणा किस बिघ होइ।
गगन-मंडल पै सैज पिया की, किस विध मिलना होइ।।
दरद की मारी बन-बन डोलूँ, वैद मिल्या नहिं कोइ।
'मीरा' की तब पीर मिटै जब वैद संवलिया होइ।।

इसका तात्पर्य यह नहीं समझना चाहिए कि मीरा कुछ कहना जानती ही न थी। कृष्ण की कठोरता के लिए उलाहने देते हुए उन्होंने यहाँ तक कह दिया है कि बड़े झूठे हैं और अपने वचन का निर्वाह करना जानते ही नहीं। उपालंभ की भावना जोगी वाले पदों में बहुत अच्छी व्यक्त हुई है।

मीरा के पदों में आशा के चित्र भी हैं और मिलन के चित्र भी। हृदय की अधिक गहरी बातें पत्र-लेखन और स्वप्न-मिलन में व्यक्त हो गयी है। स्वप्न में उन्होंने कृष्ण से अपने परिणय की बात कही है। यह बहुत सम्भव है कि ऐसा स्वप्न मीरा ने सचमुच कभी देखा हों कभी-कभी वे ऐसी कल्पना करती है जैसे कृष्ण आने वाले हैं। उस समय उनहें सभी कहीं मंगल की वर्षा-सी होती दिखाई देती है और ऐसा आभासित होता है जैसे उनकी सभी इंद्रियाँ तृप्ति का अनुभव कर रही हां। होली वाले पदों में मन को कुछ अधिक ढोल मिल गयी है। कुछ पदों में जहाँ आधी रात के समय झुरमुट में मिलने की बात उठायी गयी है, मिलन के संकेत और भी रसपूर्ण हैं।

प्रकृति का वर्णन मीरा ने उद्दीपन और अलंकरण की दृष्टि से किया है और एक बारहमासा भी लिखा है।

मीराबाई की गणना हमारे देश के प्रसिद्ध भक्तों और कवियों में होती है। उन्होंने अपने जीवन और कम्र से जोधपुर और जयपुर के दो राजघरानों को पवित्र और अमर कर दिया। श्री सुमित्रानन्दन पंत ने मीरा को 'राजपूताने के मरूस्थल की मंदाकिनी' कहा है। मीरा प्रेम की साकार प्रतिमा है। उनका पद-साहित्य पवित्रता, तन्मयता और संगीतात्मकता में बेजोड़ है। संसार में प्रेम के गम्भीर रहस्य को समझने वाली जो थोड़ी सी कवयित्रियाँ हुई है जैसे अन्दाल, रजिया, सैफो और महादेवी, मीरा उन्हीं के बीच गौरवपूर्ण पंद की अधिकारिणी हैं।

नंददास

नंददास का जन्म सन् 1533 में सोरों के पास रामपुर ग्राम में हुआ। कृष्ण-भक्त होने के उपरांत इन्होंने गाँव का नाम बदल कर श्यामपुर कर दिया और वहाँ 'श्यामसर' नाम से एक तालाब का निर्माण कराया। नाभादास के 'भक्तमाल' में इनके छोटे भाई का नाम चंद्रहास दिया है। यह नाम काव्य-जगत में किसी भी रूप में प्रसिद्ध नहीं है।

'दो सौ बावन वैष्णवन को वार्ता' में इन्हें गोस्वामी तुलसीदास का छोटा भाई कहा गया है। इसके विपरीत बाबा वेणीमाधवदास ने 'गुसाई-चरित' में लिखा है कि तुलसीदास और नंददास गुरू-भाई थे और दोनों ने शेष सनातन से साथ-साथ संस्कृत की शिक्षा प्राप्त की थी। ये दोनों बातें मनगढ़न्त है।

इनके भक्त होने की एक कथा हैं कहते हैं द्वारका जाते समय नंददास सिंहनद ग्राम की एक खत्रानी पर आसक्त होकर उसके घर के चक्कर काटने लगे। घर वालों ने तंग आकर गोकुल की यात्रा करने का निश्चय किया, तो ये भी उस परिवार के साथ लग लिये। गोकुल आकर उन्होंने गोस्वामी विट्ठलनाथ से इनकी शिकायत की। विट्ठलनाथ ने इन्हें बुलाकर समझाया। परिणाम यह हुआ कि इनके हृदय में विरक्ति का जन्म हुआ और ये पुष्टिमार्ग मे दीक्षित हो गये। इसके उपरांत तो बल्लभाचार्य के शिष्यों में जैसी ख्याति सूरदास की हुई, वैसी ही ख्याति विट्ठलनाथ के शिष्यों में इनकी।

काव्य की रचना इन्होंने प्रायः गोवर्द्धन में मानसी गंगा के तट पर की। यहीं ये सूरदास के सम्पर्क में आये। ऐसा प्रसिद्ध है कि इन्हें काव्य की प्रेरणा प्रदान करने वाली कोई भक्त महिला थीं जिनका नाम रूपमंजरी था।

नंददास विद्वान व्यक्ति थे। काव्य से भी अधिक इनका झुकाव कला की ओर था। कहावत प्रसिद्ध ही है। और कवि गढ़िया, नंददास जड़िया।

सन् 1583 में गोवर्द्धन में एक पीपल के वृक्ष के नीचे इनका देहावसान हो गया।

इनके निम्नलिखित ग्रंथ प्रसिद्ध है—

भँवर-गीत, रास-पंचाध्यायी, सिद्धांत पंचाध्यायी, दशम स्कंध भागवत, अनेकार्थनाममाला, अनेकार्थ-मंजरी, रूप-मंजरी, रस-मंजरी, मान-मंजरी, विरह-मंजरी, श्याम-सगाई, रूक्मिणी-मंगल, पदावली।

'रास पंचाध्यायी' नंददास की सबसे प्रसिद्ध रचना है। इस खंड-काव्य के पाँच अध्यायों में रास-लीला का कुछ विस्तार के साथ वर्णन किया गया है। श्रीमद्भागवत् के दशम स्कंध में यही प्रसंग 29 से 33 अध्याय तक वर्णित है। नंददास की पंचाध्यायी इसी पंचाध्यायी पर मूलतः आधारित है। ग्रंथ रोला छंद में है। प्रारंभ में ही भगवान की गुह्य लीलाओं के मर्मज्ञ श्री शुकदेव के प्रति अपनी कृतज्ञता प्रकट करते हुए उनके रूप का एक भव्य चित्र अंकित किया गया है। यहीं कवि ने अपने किसी 'परम रसिक मित्र' के प्रति भी आभार प्रदर्शित किया हैं वियोगी हरि का अनुमान है कि यह मित्र-महिला विट्ठलनाथ शिष्या गंगाबाई थीं जिन्होंने नंददास को पंचाध्यायी की रचना के लिये प्रेरणा प्रदान की।

शरद पूर्णिमा का चन्द्र उदित होता है। राशि-राशि चाँदनी धरती और आकाश के बीच भर जाती है। तभी कृष्ण की मुरली बज उठती है। गोपिकाएँ वंशी की मधुर ध्वनि सुनकर कृष्ण के पास पहुँचने को आतुर हो उठती है। कृष्ण जब उन्हें नारी-धर्म की शिक्षा देकर लौटाना चाहते हैं, तो वे उनके मुँह की ओर देखती रह जाती हैं। विवश होकर मनमोहन उनके साथ विहार करते हैं। इस स्थिति की अनुभूति से गोपियों में गर्व का उदय होता है। ठीक इसी समय कृष्ण अंतर्धान हो जाते हैं। गोपियाँ उन्हें वन-वन खोजती फिरती हैं-कभी चन्दन, कदंब, अशोक से प्रश्न करती हुई, कभी जूही, यूथिका केतकी से पूछती हुई, कभी पवन और यमुना से अपनी वेदना की चर्चा करती हई। विरहोन्माद से सम्बन्धित कुछ मार्मिक पंक्तियाँ देखिए—

बिरहाकुल है गई, सबै पूछत बेली वन।
को जड़ को चैतन्य, न कछु जानत बिरही जन।।
हे चन्इन, दुख-दमन, सबन की जरनि जुड़ावहु।
नन्दनन्दन जगबंदन, चंदन, हमहि बताावहु।।
पूछो री, इन लतनि फूलि रहीं फूलन जोई।
सुन्दर विय के परस बिना असि फूल न होई।।

हे अवनी, नवनीत-चोर, चित-चोर हमारे।
राखे कितहु दुराय बतावहु प्रान-पियारे?

गोपियों की व्याकुलता जब अपनी सीमा पर पहुँच जाती है, तो कृष्ण प्रकट होकर उनके प्रेम की प्रशंसा करते हुए उनके साथ नृत्य में रत होते हैं। रास के ये चरण जैसे जीवन की अनंत उमंगों के चरण हैं। प्रातःकाल होने के पूर्व ही गोपियाँ इस दिव्य आनन्द का उपभोग कर अपने-अपने घर को लौट जाती हैं। कवि रास के महात्म्य का वर्णन कर अपनी कथा समाप्त करता है।

पिय ग्रीवा-भुज मेलि, केलि कमनीय बढ़ी अति।
लटक-लटक कै नृत्यन, कापै कहि आवै गति।।
भुज-दंडन से मिलत ललित मंडन नृत्यत छवि।
कुंडल कुच सों उरझि उरझि रहे तहां बड़रे कवि।।
पवन थक्यौ, ससि थक्यौ, थक्यौ उडु-मंडल सगरौ।
पाछै रवि रथ थक्यौ, चल्यौ नहिं आगे डगरौ
अद्भुत रस रह्यौ रास, गीत-ध्वनि सुन मोहे मुनि।
सिला सलिल बह चली, सलिल बह रही सिला पुनि।।

'रास-पंचाध्यायी' वर्णन की दृष्टि से अत्यन्त सफल कृति है। वर्णनों में शुकदेव का शिख-नख वर्णन, शरद-रजनी का वर्णन, वंशी-वादन के प्रभाव का वर्णन और अंत में नृत्य और उससे उत्पन्न आनन्द का वर्णन, उल्लेखनीय है। श्रृंगार, करूण और शान्त तीनों रसों की स्थापना में कवि की काव्यपटुता प्रकट होती हैं। वियोगी हरि ने नन्ददास की 'रास पंचाध्यायी' को 'हिंदी का गीत गोविंद' कहा हैं। यह प्रशंसा आवश्यकता से कुछ अधिक हो गयी है। नन्ददास में जयदेव और विद्यापति का सा रस तो नहीं है, फिर भी इसमें कोई संदेह नहीं कि उनके वर्णन पर्याप्त सरस और हृदयग्राही हैं। इस प्रबन्ध-काव्य को प्रेमा-भक्ति के उत्कृष्ट उदाहरण के रूप में ग्रहण करना चाहिये।

'भँवर गीत' निर्गुण-सगुण की प्रतिद्वन्दिता में भक्ति की विजय का घोषणा-पत्र है। इसका आरम्भ सीधे उद्धव के सन्देश से होता है। उद्धव कृष्ण का सन्देश लेकर आये हैं, इतना सुनते ही गोपियाँ उन्हें चारों ओर से घेर लेती हैं। यह प्रसंग कुछ दूर तक प्रश्नोत्तर-पद्धति पर चलता है, जिसमें उद्धव-सुनो ब्रजनागरी-और गोपियाँ-सखा सुन श्याम के-कहकर एक दूसरे को संबोधित

करते हैं। ठीक इसी समय एक भ्रमर कहीं से आकर ब्रज-युवतियों के बीच गुजारने लगता है और कमल के भ्रम से कभी इसके, कभी उसके चरण पर चढ़ना चाहता है। इससे गोपियों को व्यंग्य करने का एक अच्छा बहाना मिल जाता है। गोपी-उद्धव के बीच भ्रमर के आने जाने के कारण इस प्रसंग का नाम 'भँवर गीत' पड़ गया है। सूरदास के 'भ्रमर गीत' पर भी यही बात लागू होती है।

गोपियाँ कृष्ण को कभी चोर बतलाती हैं, कभी रस का लोभी। कृष्ण के विश्वासघात के लिए कभी कुब्जा को दोषी ठहराती हैं और कभी कृष्ण में ही अनन्यता की कमी देखने लगती है।। इस व्यंग्य-वचन पर ध्यान दीजिए-

कोउ कहै, हो मधुप, स्याम जोगी, तुम चेला।
कुबजा-तीरथ जाय, कियो इंद्रिन कौ मेला।।
मधुबन सुधि बिसराय कै, आये गोकुल माँहि।
इहाँ सबै प्रेमी बसैं तुम्हरो गाहक नाहिं।।
पधारो रावरे।।

'भँवर-गीत' में प्रेम और दार्शनिकता की चोटें हैं। कवि का झुकाव क्योंकि भक्ति की ओर है, अतः अंतिम विजय आध्यात्मिक प्रेम की हुई है। गोपियों ने प्रेम को पारस बतलाया है और वास्तविक आनन्द की प्राप्ति हरि-भजन में ही मानी है। 'भँवरगीत' की रचना सूरदास के समान नंददास ने भी साम्प्रदायिक सिद्धान्तों की पुष्टि और प्रचार के लिये ही की थी। इस तर्क-वितर्क को देखिए-

जो उनके गुन होय वेद क्यों नेति बखानै?
निरगुन-सगुन आत्मा-रूचि ऊपर सुख सानै।।
वेद पुराननि खोजि कै, पायो कितहूँ न एक।
गुन ही से गुन होहि तै, कहौ अकासहि टेक।।
सुनो ब्रज नागरी।।
जो उनके गुन नाहि और गुन भये कहाँ ते?
बीज बिना तरू जमैं मोहि तुम कहौ कहाँ ते?
वा गुन की परछहि री माया दरपन बीच।
गुन ते गुन न्यारे हुए अमल वारि मिलि कोच।।
सखा सुन स्याम के।।

भावनां के वेग के सामने कभी-कभी बुद्धि के सारे तीर व्यर्थ हो जाते हैं। यही दशा उद्धव की हुई है। अपनी समझ से वे बहुत बड़ी बात कहते हैं, पर

गोपियों की सहज युक्ति के सामने उनकी एक नहीं चलती। गोपियों ने अपने आचरण से कर्म और ज्ञान की तुलना में प्रेम को श्रेष्ठकर सिद्ध करके दिखला दिया है। इससे उद्धव का कुछ ऐसा हृदय-परिवर्तन होता है कि वे ज्ञान की गरिमा को विस्मृत कर ब्रज की द्रुम-लता बनने की कामना करने लगते हैं। मथुरा जाकर वे कृष्ण से गोपियों की दशा का निवेदन करते हैं और इस बात को भुलाकर कि वे किस काम के लिए गये थे, उल्टे कृष्ण को समझाते हैं कि वे शीघ्र वृन्दावन जाकर किसी प्रकार गोपियों को सान्त्वना और सुख प्रदान करें। स्वभावतः कृष्ण की आँख आँसुओं से भर जाती है और वे गोपियों की स्मृति में डूब जाते हैं। सच्चे प्रेम का प्रभाव ऐसा ही होता है।

'भँवर गीत' में रोला के दो चरण और एक दोहे के योग के साथ अन्त में दस मात्राओं की टेक दी गयी है। इससे यह छन्द अत्यधिक गेय हो उठा है।

'रूप-मंजरी' दोहा-चौपाई में वर्णित एक प्रेमाख्यान है। इसकी नायिका निर्भयपुर के राजा धर्मवीर की पुत्री रूप मंजरी हैं उसका विवाह धोखे से एक हृदयहीन और कुरूप व्यक्ति के साथ हो जाता है। रूप मंजरी को लगता है जैसे उसके जीवन की सार्थकता नष्ट हो गयी है और इसी से वह रात-दिन खिन्न है। उसकी एक सखी है-इन्दुमती। इन्दु उसके हृदय की कामना को कृष्ण की ओर मोड़ देती है। अन्त में रूप मंजरी वृन्दावन चली जाती है और शेष जीवन कृष्ण को अर्पण कर देती है।

'रूप मंजरी' एक प्रबन्ध-काव्य है जिसमें परकीया-भाव की प्रधानता है। इस प्रेम-गाथा में भत्ति की महिमा का गान किया गया है। प्रेम का उदय होने पर मंजरी अपने प्रेमी कृष्ण को स्वप्न में देखती है। यहीं तक नहीं, वे उसके साथ विहार भी करते हैं। इससे सिद्ध होता है कि ईश्वर भी मनुष्य की पहुँच से दूर नहीं है। स्वप्न-मिलन के कारण भक्त लोग चाहें तो इस सम्बन्ध को दिव्य घोषित कर सकते हैं। कुछ भी हो, रचना का उद्देश्य आध्यात्मिक ही है।

रूप मंजरी के रूप का एक चित्र देखिए-

गौर बदन तन सोभित नीकौ।
औंटये कंचन को रंग फीकौ।।
उबटन उबरी अंग न्हवाई।
ओपो दामिनि लोपी जाई।।

दुति तिय तन अस दीन्ह दिखाई।
सरद चंद जस-झलमलताई।।
ललना तन लावण्प लुनाई।
मुक्ताफल जस पानिप झाँई।।

नन्ददास कृत 'पदावली' में कृष्ण-काव्य की परंपरा में स्वीकृत सभी लीलाओं का वर्णन पाया जाता है। कबीर के समान इनके हृदय में भी गुरू के प्रति अगाध श्रद्धा पायी जाती हैं। पदों में यहाँ-वहाँ 'विट्ठलनाथ कृपा-बल' कहकर इन्होंने साधना में गुरू के महत्व को स्वीकार किया है। जहाँ तक ब्रजभूमि के प्रेम का सम्बन्ध है, इनकी भावना 'रसखान' से बहुत मिलती है। नन्ददास की भक्ति-भावना की एक विशेषता यह है कि इन्होंने राधा को कृष्ण की पत्नी माना है। राधा-कृष्ण विवाह के इस प्रसंग पर ध्यान दीजिए-

दूलह गिरिधरलाल छबीलौ, दलहिन राधा गोरी।
जे देखत ते मन मैं लाजत, ऐसी बनी है जोरी।।
मदनमोहन राजत घोरा पर, और बराती संगा ।
बाजत ढोल, दमाम चहूँ दिसि, ताल मृदंग, उपंगा ।।
जाय जुरे वृषभान की पौरी, उतते सब मिलि आए ।
टीकौ करि आरती उतारी, मंडप में पथराए ।।
पढ़त वेद चहुँ। दिसा विप्र जन, भए सबन मन भाए ।
हथलेबा करि हरि- राधा सों, मंगलचार कराए ।।
ब्याह भयो मोहन को जब हीं, जसुमति देति बधाई ।
चिरजीवौ भू-तल ये जोरी, 'नन्ददास' बलि जाई ।।

नन्ददास के अन्य ग्रन्थों में 'विरह-मंजरी' और 'रस मंजरी' नायिका-भेद से सम्बन्धित रचनाएं हैं। कुछ कृतियों को पद्यबद्ध कोश का नाम दे सकते हैं। 'अनेकार्थ मंजरी' में एक शब्द के अनेक अर्थ दिए गए हैं। 'नाम मंजरी' पर्यायवाची शब्दों का कोश है। इनके अतिरिक्त 'दशम स्कन्ध भाषा' में इन्होंने श्रीमद्भागवत के दशम स्कंध का पद्यमय अनुवाद प्रस्तुत किया है।

पदों के अतिरिक्त 'नन्ददास' ने दोहा, चौपाई, सोरठा और रोला छंदों का प्रयोग किया है। रोला जैसा इनके हाथों में आकर खिला, वैसा किसी के हाथ में नहीं। अलंकारों में अनुप्रास और यमक के ये बड़े प्रेमी प्रतीत होते हैं। भाषा इनकी कोमल और मधुर है। इनका विशेष झुकाव चित्रमयता की ओर है। भावना को अभिव्यक्ति के स्तर पर लाकर उपयुक्त शब्दों, मुहावरों और कला के अन्य प्रसाधनों द्वारा ये उसे निखारने के अभ्यासी प्रतीत होते हैं, इसी से अष्टछाप के कवियों में एक सूरदास को छोड़कर और सबसे अधिक प्रसिद्धि इन्हीं को प्राप्त हुई।

रसखान

इनका वास्तविक नाम सैयद इब्राहीम था। परंपरा से ये पिहनीवाले 'रसखान' कहलाते हैं। अतः बहुत संभव है इसका जन्म हरदोई जिले के पिहनी ग्राम में हुआ हो। ये दिल्ली के रहने वाले एक पठान सरदार थे और जैसा इन्होंने स्वयं घोषित किया है, बादशाहों की कुल-परंपरा से इनका सम्बन्ध था- छिनहिं बादसा-बंस की ठसक छोरि रसखान। इनके जीवन और मृत्यु की तिथियों का अभी तक पता नहीं लग पाया है, केवल इतना निश्चित है कि अपनी 'प्रेम-वाटिका' की रचना उन्होंने संवत् 1671 में की-विधु[1], सागर,[7] रस[6], इन्दु[1], सुभ बरस सरस रसखानि।[१]। इस प्रकार ये सन् 1614 में विद्यमान थे। वैसे पं0 भवानीशंकर याज्ञिक इनका जीवन-काल सन् 1533 से 1618, देवेन्द्रप्रताप उपाध्याय 1573 से 1663 और पं० नामनरेश त्रिपाठी 1583 से 1628 तक मानते हैं। ये सभी तिथियाँ अटकल पर आधारित है।

अपनी विरक्ति के कारणों में इन्होंने किसी महिला की ओर संकेत किया है- तोरि मानिनी तें हियो फोरि मोहिनी मान, प्रेमदेव की छबिहिं लखि, भए मियाँ रसखान। लेकिन अधिक प्रसिद्ध जनश्रुति यह है कि अपने जीवन में 'रसखान' किसी 'साहूकार के छोरा' पर आसक्त थे। एक रात श्रीमद्भागवत की कथा कहीं हो रही थी। ये उधर से निकले। कथावाचक उस समय कृष्ण के रूप का वर्णन कर रहे थे। ये ठिठक कर खड़े हो गए। कथा में इन्हें कुछ रस मिला और ये वहीं बैठ गए। कथा समाप्त होने पर जब सब लोग चले गए, तो ये पंडित के पास गए और पूछा "पंडित जी जिस लड़के की खूबसूरती का आप जिक्र कर रहे थे वह कहाँ रहता है?" पंडित जी ने इनके डीलडौल

---

1. अंकों को उल्टे गिनने की प्रथा है।

और वेशभूषा की ओर देखकर सहज भाव से हँसते हुए उत्तर दिया, ''वृन्दावन के प्रसिद्ध मंदिर में।'' रात भर इन्हें नींद नहीं आई और दूसरे दिन ये वृन्दावन के लिए चल पड़े। वहाँ पुजारी ने इनके मुसलमान होने के कारण इन्हें मंदिर-प्रवेश की आज्ञा नहीं दी। ये इतने सरले थे कि उस समय भी ये कृष्ण को एक लड़का ही समझते रहे। लड़ना इन्होंने ठीक नहीं समझा और यह प्रतिज्ञा की कि जब तक मैं बाँकेबिहारी को आँखों से नहीं देख लूँगा, तब तक कुछ खाऊँगा पियूँगा नहीं और मंदिर के सामने एक कोने में जमकर बैठ गए। स्वप्न में पुजारी को मूर्ति की ओर से संकेत मिला कि यह मेरा भक्त है। इसे दर्शन करने दो। पुजारी इनके पास दौड़ा हुआ गया और चुप से दर्शन करा दिए। इसके बाद इनके हृदय में ऐसा परिवर्तन हुआ कि ये लौटकर फिर दिल्ली नहीं गए और गोकुल में जाकर बल्लभ सम्प्रदाय में गोस्वामी विट्ठलनाथ के शिष्य हो गए विट्ठलनाथ जी के पुत्र गोकुलनाथ के नाम से जो ''दो सौ बावन वैष्णवन की वार्ता'' प्रसिद्ध है उसमें रसखान और 'साहूकार के बेटा' पर आसक्त होने की कथा आयी है। यही कथा थोड़े हेर-फेर के साथ अनेक रूपों में लोक में प्रचलित हो गई है।

इसके उपरान्त इन्होंने भागवत का फारसी में अनुवाद पढ़ा और फिर ब्रजभाषा के अध्ययन की ओर ध्यान दिया। कृष्ण भक्तों के साथ रहकर इन्होंने कृष्ण की लीलाएँ सुनीं। अपने स्वभाव के कारण ज्ञान से अधिक इनका झुकाव प्रेम की ओर ही रहा।

जहाँ तक भक्ति का सम्बन्ध है, ये जायसी, कुत्बन आदि मुसलमान सूफी कवियों से भी एक कदम आगे थे। सूफी लोगों का सम्बन्ध फिर भी अपने धर्म से पूरा-पूरा बना हुआ था, पर 'रसखान' कृष्ण के प्रेम में ऐसे डूबे कि उन्हीं के हो गए। सच तो यह है कि ये जाति और धर्म से ऊपर उठे हुए एक सच्चे मनुष्य थे।

रसखान के दो ग्रन्थ पाये जाते हैं-

प्रेम वाटिका (2) सुजान-रसखान।

'प्रेम-वाटिका' में 'रसखान' ने प्रेम के सम्बन्ध में अपने विचार व्यक्त किए हैं।

प्रेम में 'रसखान' ने लौकिक और अलौकिक दोनों स्थितियों को पार किया था, अतः उनके कथन में अनुभूति की सचाई निहित है। उनके अनुसार प्रेम के रहस्य को जानना कठिन काम है। वह ईश्वर के समान अवर्णनीय हैं। ऐसा समझना चाहिए कि ईश्वर और प्रेम दोनों अभिन्न रूप से स्थित है। जो

इस रहस्य से अवगत हो जाता है, फिर उसे मृत्यु व्याप्त नहीं होती। प्रेम वेदों, पुराणों एवं स्मृतियों का सार है। उसके बिना कर्म, उपासना, ज्ञान सब व्यर्थ हैं। जिसने प्रेम नहीं किया, जीवन के रस को उसने जाना ही नहीं। प्रेम की एक पहचान यह है कि उसमें देना ही है, लेना कुछ नहीं। वह निश्चित रूप से वासना से भिन्न है। वह विधि-निषेध से परे हैं। उद्धव और नारद को, लैला और मजनूँ को प्रेम का कुछ अनुभव था, पर आदर्श के रूप में किसी को प्रस्तुत करना हो, तो रसखान गोपियों का नाम लेंगे।

इस वर्णन में प्रेम के सभी पक्षों का विवेचन करते हुए 'रसखान' ने लौकिक और ईश्वरीय प्रेम को एक कर दिया हैं प्रेम के क्षेत्र में प्रवेश करना कठिन अवश्य है, फिर भी वह ऐसी स्थिति नहीं है, जिसे उपलब्ध न किया जा सके। 'प्रेमवाटिका' के रूप में 'रसखान' ने अपने जीवन के अनुभव का सार ही जैसे रख दिया हैं कुछ दोहे देखिए-

प्रेम-प्रेम सब कोउ कहत, प्रेम न जानत कोय।
जो जन जानै प्रेम, तो मरै जगत क्यों रोय?
कमल-तन्तु सों छीन अरू, कठिन खड्ग की धार।
अति सूधो, टेढ़ो बहुरि, प्रेम-पन्थ अनियार।।
डरै सदा चाहै न कछु, सहै सबै जो होय।
रहै एकरस चाहि कै, प्रेम बखानो सोय।।
प्रेम हरी को रूप है, त्यों हरि प्रेम-स्वरूप।
एक होई द्वै यों लसैं, ज्यों सूरज अरू धूप।।

'प्रेम-वाटिका' में प्रेम के व्यापक स्वरूप का निरूपण कर 'सुजान रसखान' में कवि ने उसकी विशिष्ट भूमि में प्रवेश किया हैं

प्रारम्भ में ही जीवन की सार्थकता इस बात में मानी गयी है कि वह भगवान के चरणों में निवेदित हो। कृष्ण को इन्होंने भी परब्रम्ह माना हैं वे एक ऐसी अज्ञेय सत्ता है जिन्हें न देवता जानते है और न ऋषि मुनि। इतना होने पर भी वे प्रेम के वशीभूत है। 'रसखान' की भक्ति में तात्विक और प्रेम-दृष्टि का समावेश पाया जाता है-

ब्रम्हा मैं ढूंढ़्यौ पुरानन-गानन, वेद-रिचा सुनि चौगुने चायन।
देख्यो सुन्यो कबहूँ न कितूं, वह कैसे सरूप औ कैसे सुभायन।
टेरत-हेरत हारि परयो, 'रसखान' बंतायो न लोग-लुगायन।
देखो बुरो वह कुज्ज-कुटीर में, बैठो पलोटत राधिका-पायन।

कृष्ण के जिस मधुर रूप को 'रसखान' ने प्रत्यक्ष किया है, वह परंपराविहित है-शीश पर मोर पंख, कानों में कुण्डल, गले में वनमाला, हाथ में वंशी, शरीर पर पीत-पट। इसके अतिरिक्त कमान-सी भौहों, अज्जन-रज्जित दीर्घ नयनों और उज्जवल कपोलों की ओर भी कवि ने हमारी दृष्टि आकर्षित की है। कृष्ण स्वभाव से ही नटखट हैं। किसी को मार्ग में रोक देते हैं, किसी से रस का दान माँगते हैं-

नागर छैलहि गोकुल में मग रोकत, संग सखा ढिग तै हैं।
जाहि न ताहि दिखावत आँखि, सु कौन गई अब तोसों करै हैं।
हाँसी में हर्‌यो 'रसखानिजू', जो कहुँ नैक लगा टुटि जै है।
एक ही मोती के मोल लला सिगरे ब्रज हाटहि हाट बिकै है।

गोपियाँ कृष्ण के इस मधुर रूप पर आसक्त हैं। इस आकर्षण के लिए सबसे अधिक उत्तरदायी है कृष्ण की वंशी। जब वह बजती है तो हाथ का काम हाथ में ही रह जाता है और मन न जाने कहाँ उड़ा-उड़ा फिरता है। इससे भी अधिक उत्तरदायी है उनके अधरों की मुस्कान। यह मुस्कान गोपियों को बहुत मँहगी पड़ी है। उसे देखकर वे जैसे विवश-सी होकर कहने लगती हैं-माई री, वा मुख की मुसकानि, सम्हारी नजैहै, न जैहै, न जैहै।

'रसखान' ने राधा-कृष्ण के प्रेम के वर्णन में तत्कालीन सामाजिक परिस्थितियों के साथ काव्य-परम्परा से प्राप्त धारणाओं का पूरा ध्यान रखा है। गोपियों का प्रेम स्वच्छन्द ढंग का है। प्रेम के अटूट बन्धन के सामने वे न घर के बन्धन को मानती हैं, न समाज के, न धर्म के। अपयश से वे डरती नहीं। ऐसा कुछ नहीं है जो उनके प्रणय-पथ में बाधा उपस्थित कर सके। इस प्रेम की आत्मा ही भिन्न प्रकार की है। संक्षेप में ऐसा समझना चाहिए कि कृष्ण की प्रसन्नता ही, गोपियों की प्रसन्नता है। अतः उनसे कुछ भी बचाकर नहीं रखा जा सकता-शरीर तो नगण्य-सी वस्तु हैं यही कारण है कि संयोग के चित्रों में पर्याप्त मांसलता आ गई है। फिर भी न जाने क्या कारण है कि ये वर्णन मन में किसी प्रकार का विकार उत्पन्न नहीं करते। राधा-कृष्ण की भेंट का एक सांकेतिक चित्र देखिए-

एरी, आजु काल्जिह सब लोक-लाज त्यागि दोऊ
सीखे हैं सबै विधि स्नेह सरसाइबो,
यह 'रसखान' दिन द्वै में बातं फैलि जैहै
कहाँ लौं सयानी चन्द हाथन छिपाइबो,

आजु हौं निहारयो बीर निपट कलिंदी तीर
दोउन को दोउन सों मुरि मुसिकाइबो,
दोऊ परैं पैयां, दोऊ लेत हैं बलैयाँ
इन्हैं भूलि गई गैयां, उन्हें गागर उठाइबो।

मुसलमान होते हुये भी 'रसखान' ने हिन्दू-धर्म की मर्यादा का पूरा ध्यान रखा है। यदि कोई संकेत न करे तो इनकी रचनाओं को पढ़कर कोई भी यह नहीं बतला सकता कि ये एक मुसलमान के हाथ की लिखी हुई है। जिस भावना में डूबकर इन्होंने गंगा जी के माहात्म्य का वर्णन किया है, हम तो नहीं समझते कि उससे अच्छा वर्णन कोई हिन्दू भी कर सकता था–

वैद की औषधि खाइ कछु न करै कछु संजम री सुनि मोसे।
तो जल-पान कियो 'रसखान', सजीवनि जानि लियो जग तोसे।
एरी, सुधामयी भागीरथी, सब पथ्य कुपथ्य बने तुहि पोसे।
आक धतूर चबात फिरै, विष खात फिरै, शिव तेरे भरौसे।

प्रेमी जीव होने के कारण 'रसखान' ने शृंगार को प्रेम में और प्रेम को भक्ति में बदल दिया। 'रसखान' शब्द का प्रयोग इन्होंने अपने लिए भी किया है और कृष्ण के लिये भी। रस की खान राधा-कृष्ण की लीलाओं का गान करने वाले 'रसखान' सचमुच रस की खान है। ब्रजभाषा का जैसा मधुर और निखरा हुआ रूप इनके सवैयों में पाया जाता है, वैसा कम कवियों में मिलता है। सरल, हृदयगाही और रसपूर्ण भाषा के प्रयोग के कारण इन्हें 'पीयूषवर्षो' अथवा अमृत की वर्षा करने वाला कवि कहा गया है। इतना कम लिखकर इतना अधिक प्रसिद्ध होने वाला मध्यकाल में दूसरा कवि नहीं। यह उन्हीं की वाणी की अनुगूँज है जो सैकड़ों वर्षों को पार करती हुई अभी तक सुनाई पड़ रही है—

मानुष हौं तो वही 'रसखान'
बसौं ब्रज गोकुल गाँव के ग्वारन,
जो पशु हौं तौ कहा बस मेरो
चरौं नित नन्द की धेनु मँझारन,
पाहन हौं तो वही गिरि को
जो धर्‍यो कर छत्र पुरन्दर कारन
जो खग हौं तो बसेरो करौं
मिलि कालिंदी कूल कदम्ब की डारन।

रहीम

अब्दुर्रहीम खानखाना मुगल-सम्राट अकबर के अभिभावक बैरमखाँ-खानखाना के पुत्र थे। जमाल खाँ मेवाती की पुत्रियों में से बड़ी बेटी का विवाह हुमायूँ और छोटी का बैरमखाँ से हुआ था। इस प्रकार रहीम अकबर के मौसेरे भाई थे। जन्म इनका सन् 1553 में हुआ। ये बालक ही थे कि इनके पिता की हत्या मक्का जाते समय एक अफगान ने सन् 1561 में गुजरात में कर दी। रहीम को अकबर ने अपने संरक्षण में ले लिया और इनकी शिक्षा का उचित प्रबन्ध किया। आगे चलकर ये अकबर के मन्त्री और प्रधान सेनापति बने। इनका अधिकतर समय युद्धों में व्यतीत होता था। अपने युद्ध-कौशल से इन्होंने सिंध, गुजरात, अजमेर और दक्षिण में विजय प्राप्त की। इन विजयों के उपलक्ष्य में अकबर ने इन्हें 'खानखाना' की पदवी प्रदान कर सम्मानित किया और जागीरें तथा सूबेदारी देकर इन्हें सम्पन्न बनाया। रहीम अमीरों के ठाठ-बाट से जीवन व्यतीत करने लगे। अकबर की मृत्यु के उपरान्त जहाँगीर के शासन-काल में इनके भाग्य ने पलटा खाया। नूरजहाँ ने जहाँगीर को प्रभावित कर उसके छोटे लड़के परवेज को युवराज-पद दिला दिया और महावत खाँ को 'खानखाना' बना दिया। इस पर शाहजहाँ ने अपने पिता के विरूद्ध विद्रोह किया तो रहीम शाहजहाँ से मिल गए। स्वभावतः जहाँगीर, नूरजहाँ और महावत खाँ इनसे अप्रसन्न हो गए और इन्हें राजद्रोह के अपराध में बन्दी बनाकर इनकी जागीर छीन ली। उस समय इनके दिन अत्यधिक कष्ट में व्यतीत हुए। बाद में बादशाह ने इन्हें क्षमा कर दिया।

वीरता के समान रहीम अपने कावनुराग तथा दानशीलता के लिए भी प्रसिद्ध है। राजनीति और काव्य दोनों के क्षेत्र में इन्हें समान रूप से सफलता प्राप्त हुई। अकबर की उदार नीति का प्रभाव उसके उच्च पदाधिकारियों पर भी पड़ा, जिनमें रहीम मुख्य थे। गुणी व्यक्ति का आदर ये विशेष रूप से करते थे। हिन्दी के कई कवियों के ये आश्रयदाता थे। गुण-ग्राहक ऐसे कि गंग कवि को उन्होंने उनके प्रसिद्ध छप्पन-चकित भँवर रहि गयौ गमन नहिं करत कमल बन-पर छत्तीस लाख रूपये का पुरस्कार दिया था। अपनी लड़की के विवाह के लिए जब एक ब्राह्मण ने गोस्वामी तुलसीदास को सिद्ध

पुरूष समझकर धन के लिए आग्रह किया, तो उन्होंने-सुरतिय, नरतिय, नागतिय, यह चाहत सब कोय- लिखकर उसे रहीम के पास भेज दिया। तात्पर्य इतना ही था कि विवाह तो सभी जाति की लड़कियों के लिए अनिवार्य है। रहीम ने-गोद लिए हुलसी फिरैं, तुलसी सो सुत होय- के रूप में, इसकी पूर्ति कर याचक के लिए धन की व्यवस्था की। कवियों में केशवदास से भी उनका परिचय था।

बाबा वेणीमाधवदास ने 'गोसाई चरित' में लिखा है कि रहीम ने अपने बरबै तुलसीदास के पास दिखाने के लिए भेजे थे। अतः ऐसा अनुमान किया जाता है कि गोस्वामी जी ने 'बरबै रामायण' की रचना रहीम से प्रभावित होकर की। रहीम के बरबै-रचना की एक किंवदन्ती है जो बड़ी मनोरंजक है। सुनते हैं रहीम का एक नौकर अपने विवाह के लिए थोड़े दिन की छुट्टी लेकर गया और अपनी आकर्षक पत्नी के प्रेम में ऐसा फँस गया कि छः महीने तक नहीं लौटा। जब वह रहीम के सामने पहुँचा तो वे स्वभावतः बड़े कुपित हुए। रहीम ने पूछाः यह क्या है? नौकर ने कहाः मेरी पत्नी ने कुछ लिखकर दिया हैं। रहीम ने उत्सुकता-वश उसे पढ़ा। उसमें लिखा थाः प्रीति-रीति को बिरबा चले लगाय, सींचन की सुधि लीजो मुरझि न जाय। इसे पढ़कर रहीम चकित रह गए। उन्होंने तुरन्त उसे नौकरी पर फिर रख लिया और छः महीने की अतिरिक्त छुट्टी देकर घर भेज दिया। 'बिरबा' शब्द के प्रयोग के कारण इस छन्द का नाम आगे चलकर 'बरबै' पड़ गया। खेद की बात है कि इन पंक्तियों की लेखिका का नाम आज तक कोई नहीं जानता।

रहीम को जीवन का गम्भीर अनुभव था। स्वभाव से वे सहृदय, समझदार और विनोदी थे। धार्मिक सहिष्णुता उनमें पूरी-पूरी पायी जाती है।

तुर्की, फारसी और अरबी के वे ज्ञाता थे। 'वाकयात बाबरी' का जो बाबर का आत्म-चरित है, उन्होंने तुर्की से फारसी में अनुवाद किया था। संस्कत का उन्हें अच्छा ज्ञान था, यहाँ तक कि उसमें रचना भी कर सकते थे। 'खेट कौतु-कर्म' नामक ज्योतिष का ग्रन्थ उन्होंने फारसी मिश्रित संस्कृत में लिखा था। हिन्दी के तो वे कवि ही थे। इस क्षेत्र में ब्रज, अवधी और खड़ी बोली, तीनों में उनकी रचनाएँ पायी जाती है। कविता में वे 'रहीम' के साथ 'रहिमन' उपनाम का प्रयोग करते थे।

रहीम की मृत्यु सन् 1626 में हो गयी। इनके मकबरे के भग्नावशेष दिल्ली में अब तक विद्यमान है।

रहीम के तीन ग्रन्थ प्रसिद्ध है—रहीम दोहावली, बरबै नायिका भेद और नगर शोभा। शृंगार सोरठा और रास पंच्चाध्यायी खण्डित रूप में मिलते हैं।

मदनाष्टक जिसकी गणना लोग इनके ग्रन्थों में करते हैं, आठ छन्दों की एक स्वतन्त्र रचना हैं। इनके अतिरिक्त इनके बहुत से बरबै, कवित्त, सवैये और पद पाए जाते हैं।

'रहीम दोहावली' में रहीम के कई रूप पाए जाते हैं। पहला है नीतिकार का। उन्होंने सम्पन्नता का जीवन भी व्यतीत किया था और विपन्नता का भी, अतः सुख-दुख के अनन्त रूपों से वे भली-भाँति परिचित थे। संसार का उनका अनुभव गहरा और विशाल था। इन नीति-परक दोहों में उनके अपने अनुभव का निचोड़ पाया जाता है। ये दोहे प्रायः उपदेश का रूप धारण कर लेते हैं और कहीं-कहीं मात्र सूक्ति बनकर रह गए हैं। इतना होने पर भी इनमें जीवन के विषम पथ को सुगम बनाने की शक्ति है। जीवन और जगत के जिस रूप का उद्‌घाटन कबीर ने किया है, वह सत्य के बहुत निकट है। ऐसा लगता है कि वे सृष्टि की अनेकरूपता से ही नहीं, उसकी आंतरिकता से भी परिचित थे। अपने अहं से मुक्त हो कर यदि हम रहीम की नीति का अनुसरण कर सकें, तो जीवन में पग-पग पर धोखा खाने की बहुत कम सम्भावना है। इनके कुछ नीति-परक दोहे देखिए-

'रहिमन' ओछे नरन सों, बैर भलो ना प्रीति।
काटे चाटे स्वान के दोऊ भांति विपरीत।।
उरग, तुरंग, नारी, नृपति, नीच जाति, हथियार।
'रहिमन' इन्हें सँभारिए, पलटत लगै न वार।।
'रहिमन देखि बड़ेन को, लघु न दीजिए डारि।
जहाँ काम अवै सुई, कहा करै तरवारिं।
टटे सुजन मनाइए, जो टूटै सौ बार।
'रहिमन' फिर-फिर पोइए, टूटे मुक्ता-हार।।

नीति-परक दोहों में रहीम ने विचार को सीधे व्यक्त कर दिया है, इससे उनकी जीवन-सम्बन्धी मान्यताओं का पता नहीं चलता। किसी विषय पर विचार हम तटस्थ दृष्टि से भी कर सकते हैं, पर मान्यताएँ तो हमारे जीवन को परिचालित करने वाली हमारे व्यक्तित्व का अंग होती है। इन दोहों में बहुत से ऐसे भी हैं जिनसे उन विचारों का पता चलता है जो रहीम को विशेष रूप से प्रिय थे। उदाहरण के लिए उनका कहना है कि अपने सम्मान की रक्षा हमें प्रत्येक परिस्थिति में करनी चाहिए। इसी से मिलती-जुलती भावना यह है कि जहाँ तक बन पड़े, हमें किसी के सामने हाथ नहीं फैलाना चाहिये। याचकता मनुष्य को मनुष्य की दृष्टि में गिरा देती है। पर साथ ही भगवान ने यदि हमें इस योग्य बनाया है कि हम दूसरों की सहायता कर सकें, तो हमें दोनों पर दया करनी चाहिए। गुणी व्यक्ति तो विशेष रूप से हमारे आदर का पात्र है।

हमें अत्यधिक संयमी और सहनशील भी होना चाहिये। ये सब सात्विक तथा श्रेष्ठ ुण हैं और मनुष्य में देवत्व का विकास करते हैं, पर ऐसा लगता है कि रहीम स्वभाव से थोड़े भाग्यवादी भी थे। जीवन में सभी प्रकार के सुखोपभोग के उपरान्त उन्होंने बहुत दुःख उठाया था, अतः नियति की शक्ति को यदि वे पहचानने लगे हों, तो कोई आश्चर्य की बात नहीं। जीवन के मूल्य सम्बन्धी उनके कुछ दोहे लीजिए–

'रहिमन पानी राखिए, बिनु पानी सब सून।
पानी गए न ऊबरें मोती, मानुष, चून,।।
'रहिमन' वे नर मर चुके, जे कहुँ माँगन जाहिं।
उनते पहिले वे मुए, जिन मुख निकसति नाहिं।।
'रहिमन' निज मन की बिथा, मन ही राखौ गोय।
सुनि अठिलैहैं लोग सब, बांटि न लैहै कोय।।
राम न जाते हरिन संग, सीय न रावन साथ।
जो 'रहीम' भावी कतहुँ, होति आपने हाथ।।

प्रेम से संबंधित इनकी मान्यताएँ उच्च कोटि की है। प्रेम की अनुभूति को विलक्षण घोषित करते हुए उसके सुख को इन्होंने स्वर्ग के सुख से भी उच्चतर माना हैं। प्रेम की अनन्यता और अभिन्नता में इनका विश्वास जीवन के अन्त तक बना रहा। इस विषय पर इनके दोहे कुछ ऐसे मार्मिक बन पड़े हैं कि किसे उद्धत करें, किसे न करें, यह निश्चय करते नहीं बनता–

कहि 'रहीम' इक दीप तें, प्रकट सबै द्युति होय।
तन सनेह कैसे दुरै, दृग दीपक जरू दोय?
जिहि 'रहीम' तन-मन दियो, कियो हियो बिच भौन।
तासों सुख दुख कहन की, रही बात अब कौन?
प्रीतम छवि नयनन बसी, पर छबि कहाँ समाय?
भरी सराय 'रहीम' लखि, पथिक आप फिर जाय।
'रहिमन' इक दिन वे रहे, बीच न सोहत हार।
वायु जो ऐसी बहि गई, बीचन पड़े पहार।
'रहिमन' अँसुआ नयन ढरि, जिय दुख प्रवञ्ट करेइ।
जाहि निकारौ गेह ते, कस न भेद कहि देइ।

रहीम दुःख के निराशा, निराशा से हताश-भावना और हताश-भावना से भाग्यवाद की ओर गए हैं। अतः अपने दुःख में भगवान को उन्होंने प्रायः स्मरण किया है। 'दोहावली' में भक्ति -भावना से संबंधित दोहे बीच-बीच में मिल जाते हैं। लेकिन भक्ति भावना उनके स्वभाव में ही बद्ध-मूल थी। इस भावना से जीवन के बड़े से बड़े संकट के पल में उन्हें सान्त्वना मिलती थी।

इसमें कोई संदेह नहीं कि भगवान की करूणा में उनका अगाध विश्वास था-

रन, बन, व्याधि विपत्ति में 'रहिमन' मरै न रोय।
जो रक्षक जननी जठर, सो हरि गए कि सोय?

'रहिमन' कोऊ का करै, ज्वारी, चोर, लवार, जो पत राखनहार है, माखन-चाखन हार?

'नगर-शोभा' की रचना भी दोहों में हुई है, पर ये दोहे 'दोहावली' के दोहों से भिन्न है। 'दोहावली' के विषय अनेक हैं, जबकि 'नगर शोभा' का एक मूल आकर्षण-केन्द्र है। इस ग्रंथ में आधुनिक-काल का सा किसी नगर का संश्लिष्ट वर्णन नहीं पाया जाता। वर्णन को कवि ने नारी-जाति पर सीमित कर दिया है। नगर शोभा का तात्पर्य है किसी नगर में रहने वाली विभिन्न जाति की स्त्रियों की सुन्दरता का उल्लेख। यह विषय भी बहुत आकर्षक बनाया जा सकता था, लेकिन कवि ने प्रत्येक जाति से सम्बन्धित कर्म के वैशिष्टय को भी दोहे जैसे छोटे छंद में गूंथने का प्रयत्न किया है। इस बन्धन के कारण दोहों में कवि की भावना कुछ बँध-सी गयी है और कहीं-कहीं कृत्रिम प्रतीत होती है। जो रस है, वह अंग-प्रत्यंगों की रम्यता और उनकी उत्तेजक शक्ति को उभार कर रखने में हैं उच्च वर्ग से लेकर निम्न वर्ग तक शायद ही कोई ऐसी जाति बची हो, जिसका उल्लेख इन दोहों में न हुआ हो। एक ओर खत्रानी कायस्थनी और तुरकिनी है, तो दूसरी ओर सुनारिन रंगरेजिन और कोरिन, तीसरी ओर नटिनी, डोमनी और घसियारिन।

रूप रंग रति- राज में, खतरानी इतरान।
मानों रची विरंचि पचि, कुसुम कनक में सान।।
कैथिन कथन न पारई, प्रेम कथा मुख बैन।
छाती ही पाती मनों, लिखै मैन की सैन।।
चतुर चपल, कोमल, विमल, पग परसत सतराइ।
रस ही रस दस कीजिए, तुरकिन तरकि न जाय।।
रँगरेजिन के संग में उठत अनंग तरंग।
आनन ऊपर पाइयतु, सुरत अन्त के रंग।।
घासिन योरे दिनन की, बैठी जीवन त्यागि।
थोरे ही बुझि जात है, घास जराई आगि।।

हिन्दी में संस्कृत काव्य-शास्त्र का आधार लेकर जो रीति-काव्य की सृष्टि हुई,उसमें रस, अलंकार, नायिका-भेद एवं ऋतु-वर्णन का विस्तृत विवेचन पाया जाता है। रस-विषयक ग्रन्थों में केशवदास की रसिक-प्रिया, देव के रस-विलास और मतिराम के रसराज के नाम हम ले सकते हैं। इसी प्रकार अलंकार-विषयक ग्रन्थों में केशव की कवि प्रिया, भूषक के शिवराज-भूषण और पद्माकर के पद्माभरण थे। नायिका-भेद का निरूपण प्रायः रस-ग्रन्थों में शृंगार रस के अन्तर्गत हुआ हैं रहीम का 'बरवै-नायिका-भेद' नायिका भेद

पर प्रकाश डालने वाला एक स्वतन्त्र ग्रन्थ है।

रीति-ग्रन्थों की रचना ब्रजभाषा में हुई हैं, 'बरवै-नायिका-भेद' की अवधी में। उन ग्रन्थों में रस अलंकार आदि के लक्षणों के साथ उनकी पुष्टि में उदाहरण दिए गए हैं, इस ग्रन्थ में केवल उदाहरण पाए जाते हैं। यों 'बरवै' नायिका भेद' के ऐसे संपादित संस्करण भी पाये जाते हैं, जिनमें नायक, नायिका और सखियों के लक्षण तो 'मतिराम' के दोहों में दिए गए हैं, पर उदाहरण रहीम के बरवै में। आधुनिक काल के समान गद्य का विकास क्योंकि रीति-काल में नहीं हो पाया था। अतः यह सारा काम काव्य के माध्यम से सम्पन्न हुआ है-

लखि अपराध पियरवा, नहि रिसि कीन्ह।
बिहँसत चँदन-चउकिया, बैठन दीन्ह।।
-उत्तमा नायिका।

नीलमनिन के हरवा, नील सिगार।
किए रइनि अँधिअरिया, अनि अभिसार।।
-कृष्णाभिसारिका।।

बाहर लै के दियवा, बारन जाय।
सास ननद घर पहुँचत, देति बुझाय।
-किया विदग्धा।

प्रीतम इक सुमिरनियाँ मोहि दै जाहू।
जेहि जप तोर बिरहवा करौं निबाहू।।
-प्रवत्स्यतपतिका।।

रहीम के बहुत से बरवै फुटकर रूप में पाए जाते हैं। इनमें देवी देवताओं की प्रार्थना बहुत कुछ उसी रूप में मिलती है, जिस रूप में तुलसी कृत 'रामचरितमानस' के प्रारम्भ में। शिव, कृष्ण, हनुमान और सूर्य आदि की वन्दना पर ध्यान देने से यह बात स्पष्ट हो जाती है कि रहीम हिंदुओं के देवी-देवताओं को कितने सम्मान की दृष्टि से देखते थे। जो बरवै कृष्ण के चरित्र से संबंधित हैं, उनमें गोपियों के प्रेम का वर्णन मुख्य है। ऋतु-वर्णन की कमी इन छंदों में बहुत कुछ पूरी हो गयी है। वर्षा और बसंत के वर्णन जीवन के सुख-दुःख से घनिष्ठ रूप से सम्बद्ध है। निम्नलिखित बरवै भक्ति प्रेम और प्रकृति के क्षेत्र में रहीम की भावना स्पष्टता से व्यक्त करते है।-

भजि मन राम सियापति रघुकुल ईस।
दीनबंधु दुख-टारन, कौसलधीस।।
ज्यों चौरासी लख में मानुष देह।
त्यों ही दुर्लभ जग में सहज सनेह।।
झूमि-झूमि चहुँ ओरन बरसत मेंह।
त्यों-त्यों पिय बिन सजनी तरसत देह।।

'मदनाष्टक' चार-चार पंक्तियों के आठ छंदों की अपने स्वतंत्र एक कविता है जिसमें कृष्ण के रूप से प्रभावित हृदय के आकर्षण को स्वीकार किया गया है। संस्कृत के ऐसे वाक्यांशों जैसे 'इति वदति पठानी' तथा 'मदन शिरसि भूयः' के साथ, पूरी रचना का ढाँचा खड़ी बोली का है। ये प्रसिद्ध पंक्तियाँ इसी कविता की है-

कलित ललित माला वा जवाहर जड़ा था,
चपल चखन वाला चांदनी में खड़ा था,
कटि तट बिच मेला पीत सेला नवेला,
अलि बन अलबेला, यार मेरा अकेला।

'शृंगार सोरठा' में प्रेम-संबंधी छः सोरठे हैं। यह ग्रन्थ अभी पूरा नहीं मिला है। कोई-कोई सोरठा अपनी चित्रमयता में अनुपम बन पड़ा है, जैसे-

पलटि चली मुमुकाय दुति रहीम उपजाय अति।
बाती-सी उकसाय, मानो दीनी दीप की।।

संस्कृत-कवियों के अनुकरण पर उन्होंने भी संस्कृत में प्रार्थना-परक छंद लिखे हैं जो 'रहीम-काव्य' के नाम से जाने जाते हैं। इनमें से कुछ में संस्कृत, फारसी और खड़ी बोली की विचित्र खिचड़ी है। संभवतः ऐसे छंदों की रचना उन्होंने भाषा-ज्ञान के लिए कम, मनोविनोद के लिए अधिक की होगी। इसका भी एक नमूना लीजिए-

दृष्टा तत्र विचित्रतां, मैं था गया बाग में।
काचित्तत्र कुरंगशावनयना गुल तोड़ती थी खड़ी।
उन्मद भ्रू-धनुषा कटाक्षविशिखै घायल कियाथामुझे।
तत्सीदामि सदैव मोहजधौं, हे दिल गुजारो शुकर।

रहीम के बहुत से दोहे संस्कृत कवियों की उक्तियों का अनुवाद मात्र है। इसके अतिरिक्त कबीर, सूर, तुलसी की रचनाओं से भी इन्होंने भावों का अपहरण किया है। इसके साथ यह भी सत्य है कि हिन्दी के अनेक कवियों को रहीम के काव्य ने प्रभावित किया है, जिनमें मतिराम मुख्य हैं। बिहारी और रहीम दोहों में अनेक स्थानों पर भाव-साम्य पाया जाता है। काव्य में यह आदान-प्रदान तो चलता ही रहता है, पर जहाँ तक रहीम का सम्बन्ध है, वे हिन्दी के लोक-प्रिय कवियों में से है। भारतवर्ष के गॉावों में इनके दोहों प्रचार घर-घर में है। साहित्य प्रेमियों की बात तो दूर, अपढ़ किसानों तक को इनके दोहे स्मरण होंगे। अपनी बात को ये ऐसी मार्मिकता और स्पष्टता से कहने के अभ्यासी हैं कि उसकी बहुत गंभीर छाप पाठक के हृदय पर पड़ती है। सबसे महत्वपूर्ण बात यह है कि ये खड़ी बोली-काव्य के विकास में शृंखला की एक कड़ी है।

बिहारी

बिहारी का जन्म ग्वालियर के पास बसुवा गोविन्दपुर गाँव में सन् 1603 में हुआ। जाति के ये माथुर चौबे थे। इनके पिता का नाम केशव था जिन्हें हिन्दी के प्रसिद्ध कवि केशवदास से भिन्न समझना चाहिए। केशवदास सनाएय ब्राह्मण थे और बिहारी चौबे। अतः दोनों पिता-पुत्र नहीं हो सकते। विवाह इनका मथुरा में हुआ, जहाँ ये काफी दिन घरजमाई बनकर रहे। कुछ विद्वानों ने तुलसीदास की पत्नी के समान इनकी पत्नी को भी कवयित्री सिद्ध करने का प्रयत्न किया है।

बिहारी जयपुर के महाराज जयसिंह के दरबारी कवि थे। प्रसिद्ध है कि जिस समय ये जयपुर पहुँचे, उस समय महाराज अपनी नवविवाहिता छोटी रानी के प्रति इतने आसक्त थे कि राज्य के आवश्यक काम से भी बाहर नहीं निकलते थे। इस पर बड़ी रानी अनंतकुमारी और दरबारी लोग बहुत क्षुब्ध थे। बिहारी ने एक मालिन के द्वारा यह दोहा फूलों में छिपाकर महाराज तक पहुँचाया-

नहिं पराग, नहिं मधुर मधु, नहिं विकास यहि काल।
अली-कली ही सों बँध्यो, आगे कौन हवाल।।

दोहे को पढ़कर महाराज इसके रचयिता से मिलने को उत्कंठित हो उठे और भेंट होने पर उन्होंने इन्हें अपना राज्य-कवि बना लिया। बिहारी ने उनके आश्रय में रहकर सात सौ से ऊपर दोहे लिखे। महाराज ने प्रत्येक दोहे पर उन्हें एक मोहर भेंट की। इस प्रकार बिहारी सतसई का निर्माण हुआ।

'बिहारी सतसई'बिहारी की एकमात्र रचना है और इसी पर उनकी ख्याति अवलंबित हैं साहित्यिकों और सहृदयों को यह अत्यन्त प्रिय कृति रही है। लल्लू जी लाल ने बहुत पहले इस पर 'लालचन्द्रिका' नाम से टीका की थी। पर सबसे प्रामाणिक टीका टीका बाबू जगन्नाथदास 'रत्नाकर' की मानी जाती है। 'रत्नाकर' जी द्वारा संपादित ग्रंथ का नाम 'बिहारी-रत्नाकर' है। भारतेन्दु हरिश्चन्द्र ने बिहारी के कुछ दोहों पर कुंडलियाँ लिखकर अपनी सहृदयता का परिचय दिया था। यहीं तक नहीं, मुन्शी देवीप्रसाद 'प्रीतम' ने इनके दोहों का उर्दू शेरों में अनुवाद भी किया।

'बिहारी सतसई' श्रृंगार-रस का अमर ग्रन्थ है। भाव, भाषा, अलंकार और नायिकाभेद की दृष्टि से यह एक अतयन्त प्रौढ़ कृति है। कुछ दोहों पर आर्या सप्तशती और अमरूक शतक का प्रभाव पाया जाता है, पर इससे इसकी श्रेष्ठता में बट्टा नहीं लगता। बिहारी के दोहों का अनुकरण असम्भव मानकर पं0 पद्मसिंह शर्मा ने कहा हैः बिहारी के दोहों में दोहे मिला दिए जायें और वह न पहचाने जायँ। अंगूर को पिटारी में शक्करपारे मिला दिए जायें और वे न पहचाने जायें। डा0 ग्रियर्सन ने तो यहाँ तक लिखा है : मेरी जानकारी में बिहारी जैसी रचनाएँ योरोप की किसी भी भाषा में नहीं पायी जाती। गोस्वामी राधाचरण ने बिहारी की तुलना 'पीयूषवर्षी मेघ' से की है। इन सबके विरुद्ध रेवेरेंड एडविन ग्रीब्स उन्हें 'शब्दों का चतुर प्रयोक्ता मात्र' मानते थे।

सन् 1663 में बिहारी की मृन्यु हो गई।

पिछले एक हजार वर्ष की काव्य-निधि में से यदि हम दस सर्वश्रेष्ठ ग्रन्थों को चुनना चाहें, तो उनमें 'बिहारी सतसई' का नाम आयेगा। ये ग्रंथ हैं- पृथ्वीराज रासो, पद्मावत, सूरसागर, राचरितमानस, बिहारी सतसई, कामायनी, प्रियप्रवास, साकेत, उर्वशी और दीप-शिखा। इनमें अधिकतर प्रबन्ध-काव्य हैं। जीवन की विविधता का गहराई और सूक्ष्मता के साथ चित्रण करने के कारण प्रबन्ध-काव्य के श्रेष्ठ ग्रन्थों में परिगणित होने और उसके रचयिता को महाकवियों की श्रेणी में आसन मिलने की मुक्तककार से अधिक सम्भावनाएँ रहती है। फुटकर प्रसंगों पर लिखने की अपेक्षा मुक्तकार भी उस समय अधिक सफल होते देखे गए हैं, जब उनके संग्रह-ग्रन्थों के पीछे किसी प्रकार की एकसूत्रता-जो वास्तव में प्रबन्ध का गुण है- विद्यमान हो। सूरसागर, दीपशिखा और बिहारी-सतसई में यह एकसूत्रता भक्ति, रहस्य और प्रेम को लेकर है।

बिहारी ने मुगल-साम्राजय के समृद्धकाल में अपनी काव्य साधना की। ऐसा काल काव्य श्री के निखार के लिए सदैव उपयुक्त होता है। उस समय प्रजा सुखी थी और शासकों ने देश में शांति स्थापित कर दी थी। वे कलानुरागी थे, इसी से अनेक रूपों में कला का विकास हो रहा था। विद्रोह की भावना एक प्रकार से मिट चुकी थी। जैसा जयसिंह द्वारा बलख से शाहजहाँ की सेना को बचाकर लाने के वर्णन से पता चलता है, आक्रमण के समय हिन्दू-मुसलमान कंधे से कंधा मिलाकर लड़ते थे। एक स्थान पर बिहारी ने 'दुराज' शब्द का प्रयोग करते हुए उसके विषम परिणाम की चर्चा की है, अतः राजनीतिक बातों में शासन थोड़ा हस्तक्षेप अवश्य करता रहा होगा। धर्म की दृष्टि से यह युग साम्प्रदायिक कट्टरता का युग न था। बिहारी ने

वैष्णव धर्म और निर्गुण सम्प्रदाय दोनों का समर्थन समान भाव से किया है। एक पुराण-वाचक के प्रसंग में हमारे कवि ने उसे व्यभिचारी दिखलाया है और मन्दिरों को भी प्रेमियों का मिलन स्थान माना है, इससे सिद्ध होता है कि धर्म में ढोंग उस समय भी बना हुआ था। पर सबसे अधिक मनोरंजक है बिहारी द्वारा तत्कालीन समाज का चित्र। हो सकता है कि जिस समाज का वर्णन इन्होंने किया है, वह बहुत सीमित रहा हो। कुछ वर्णन तो निश्चित रूप से पौराणिक-काल का है, पर बिहारी के नायक-नायिका अपने काल के भी हैं। मैं कभी-कभी सोचता हूँ वह युग कैसा रहा होगा जब युवतियाँ काम के बाण से मर्माहत हो अभिसार करती थीं, बन, खेत, कुंजों, खंडहरों में अपने प्रेमियों से मिलती थीं और इस निर्द्वन्द्व जीवन में कोई हस्तक्षेप नहीं करता था।

'बिहारी सतसई' की मूल प्रवृत्ति शृंगारी हैं सतसई की रचना की प्रेरणा के सम्बन्ध में जो कहानी कही जाती है, उसे लेकर प्रायः सभी आलोचकों ने एक-सी बात कही है। यह घटना यदि सच हो, तो भी इससे यही प्रमाणित होता है कि बिहारी की प्रवृत्ति प्रारम्भ से ही शृंगारी थी। यह दोहा बोधोदय के लिए न लिखा जाकर रसोदय के लिए ही लिखा गया होगा। जयसिंह ने जो बिहारी से मिलना चाहा होगा वह इसलिए कि आदमी कैसा ही हो, पर है रसज्ञ और इसी से अशर्फियों के मोल उन्होंने उनके दोहों को खरीदा, यद्यपि यह मूल्य बहुत कम था।

संयोग-काल की कोई ऐसी स्थिति नहीं जो बिहारी की दृष्टि से बची हो। रूप से आकर्षण होता है। रूप के ये वर्णन नायिका के हैं और इस दृष्टि से नायक के आकर्षण का वर्णन होना चाहिए था, पर ऐसा है नहीं। कवि की दृष्टि नायक से अधिक नायिका पर है। नायिका आकर्षित होने पर पीड़ा का अनुभव करती है। नायक कहीं मिल जाता है, तो किसी न किसी बहाने उस पीड़ा को व्यक्त करने के उपाय खोजती है। नायक उसके हृदय के आकर्षण को पहचान कर उसें भेंट भेजता है जिसमें घुंघुचियों की माला, पान और पंख मुख्य है। आजकल की प्रेमिकाएँ शायद इतनी सस्ती भेंट स्वीकार न करें। आकर्षण के स्थायी हो जाने पर नायिका गुरूजन-परिजन की आँख बचाकर अभिसार के लिए तैयार होती है। पथ में कोई झंझट खड़ी न हो जाय, इसलिए दूती साथ रहती है। एकांत में नायक-नायकि का मिलन होता हैं। क्रीड़ा करने से पहले नायिका मदिरापान करती है और थोड़ी देर झूटी 'नाही'-'नाही' करने के उपरांत सुरति-सुख में लीन होती है। अधिक ढीठ हो जाने पर तो उसे विपरीत-रति के लियें भी तैयार किया जा सकता है-

मैं मिसहा सोयौ समुझि, मुँह चूम्यौ ढिंग जाइ।
हैस्यौ, खिसानी, गल गह्यौ, रही गरैं लिपटाइ।।

दीप उजेरे हू पतिहिं हरत बसनु रति काज।
रही लपटि छवि की छटनु नैकौ छुटी न लाज।।

इस मिलन में बिहारी ने कुछ ऐसी बातों का वर्णन भी किया है जो गंभीर रूचि वाले व्यक्तियों को शायद रूचिकर न प्रतीत हो। उदाहरण के लिए नायक पतंग उड़ा रहा है तो नायिका आँगन में उसकी छाया छूने के लिए दौड़ी-दौड़ी फिरती है या नायक नायिका की गोद से बच्चा लेते समय चुप से उसके वक्ष को उँगली से दबा देता है या दोनों घरों के बीच में जो दीवाल है उसमें बड़ा छेद करके दोनों रात-भर एक दूसरे का हाथ पकड़े खड़े रहते हैं या फिर पैरों की उँगलियों के बल खड़े होकर और दीवाल पर उचक कर दोनों एक दूसरे के कपोल चूमकर भाग जाते हैं।

बिहारी का संयोग-वर्णन जैसा सफल हुआ है, वियोग-वर्णन वैसा नहीं। एक तो यह उतना विस्तृत नहीं है, दूसरे स्वाभाविकता का स्थान यहाँ उक्तियों के चमत्कार और अतिश्योक्तियों ने ले लिया है। लगता है जीवन के संयोग पक्ष का बिहारी को जैसा अनुभव था, वियोग पक्ष का वैसा नहीं। वियोगावस्था में पहुँचते ही बिहारी की नायिका कभी प्राण बचाने के लिए चन्द्रमा और समीर के सामने दौड़ती फिरती है, कभी जुगनुओं को अंगारे समझ कर भीतर छिप जाने की सलाह देती है। साँस लेती है तो कभी छः-सात हाथ इधर, कभी छः सात हाथ उधर खिसक जाती है। रोती है तो आँसू छाती पर पड़ते ही भाप बनकर उड़ जाते है। कोई उस पर गुलाब जल छिड़क देता है, तो वह बीच ही में सूख जाता है। दुर्बल इतनी हो गयी कि मृत्यु चश्मा लगाकर भी उसे देखना चाहे, तो नहीं देख सकती। पड़ोसी उससे परेशान है। जाड़े को रातों में गीले कपड़े आगे कर उसके पास तक पहुँच पाते हैं और ग्रीष्म में तो उसके पड़ोस रहना असम्भव हो गया है। ऐसा नहीं है कि वियोग के स्वाभाविक वर्णन बिहारी में पाए जाते ही न हों, पर वे अस्वाभाविक वर्णनों से इतने दबे हुए हैं कि सहसा लक्षित नहीं हो पाते। नीचे के दोहों में ही शारीरिक दशा और मानसिक हलचल को किस स्वाभाविकता और मार्मिकता से व्यक्त किया गया है-

कर के मीड़े कुसुम लौं, गई बिरह कुम्हिलाइ।
सदा-समीपिन सखिन हूँ, नीठि पिछानी जाइ।।
जब-जब वै सुधि कीजियै, तब-तब सब सुधि जाँहि।
आंखिनु आंखि लगी रहैं, आँखें लागति नाँहि।।

पर बिहारी ने नायक को परदेश से लौटाकर प्रेम का अन्त संयोग में ही किया है। इससे पता चलता है कि उनकी दृष्टि जीवनं के सुख-पक्ष की ओर अधिक थी।

प्रेम के जिस वातावरण का सृजन बिहारी ने किया है, वह आज हमें कुछ विलक्षण लग सकता है। और अधिक अच्छा नाम न मिलने से हम इसे रीति-कालीन प्रेम कहते हैं। हिंदी-काव्य में प्रेम की भावना का विकास क्रमशः हुआ है। वीरगाथा-काल में प्रेम उस व्यक्ति के प्रति उमड़ता दिखाई देता है जो नायिका को स्वयंवर-भूमि या युद्ध-भूमि में तलवार के बल पर जीत सकता था। संतों का प्रेम-सम्बन्ध निर्गुण के प्रति रहा। सुफियों ने लौकिक-प्रेम के माध्यम से आध्यत्मिक प्रेम की व्यंजना की। तुलसी, सूर तथा अष्टछाप के अन्य कवियों ने लौकिकता से बहुत ऊँचे उठकर भगवान के चरणों में भाव का निवेदन किया है। इधर आधुनिक युग के छायावाद-काल में एक दूसरे ही ढंग से निर्गुण को प्रेम का आलंबन बना महादेवी आदि ने आत्म-निवेदन किया। और आगे चल कर व्यक्तिगत प्रेम की तीव्र अनुभूति बच्चन तथा अज्ञेय आदि में पायी गयी। फिर भी ये सारी अभिव्यक्तियाँ है सरल ही। केवल आधुनिकतम काव्य में युग की परिस्थितियों और जीवन के प्रति बदले दृष्टिकोण के कारण प्रेम-भावना उलझनमय हो गयी है। यों प्राचीन प्रेमानुभूति में भी अन्य भावनाओं से संघर्ष पाया जाता है। अन्तर्द्वन्द्व की कमी बिहारी में भी नहीं है, उदाहरण के लिये उनकी नायिका लाज और प्यार तथा गुरूजन-परिजन के भय एवं प्रणय के बीच फँसी रहती है। पर मनोवैज्ञानिक उलझनों के सूक्ष्म विश्लेषणों की ओर प्राचीन कवियों का ध्यान गया ही नहीं। इस समस्त प्रेम व्यापार के बीच बिहारी की प्रेम-भावना भिन्न प्रकार की है-लौकिक और स्थूल, पर इस भावना के सबसे प्रौढ़ विश्लेषक और समर्थक भी फिर वे ही है। बिहारी रीतिकालीन प्रेम-भावना के प्रतिनिधि कवि है।

बिहारी-सतसई में भक्ति की चर्चा होते हुए भी बिहारी को भक्त नही कहा जा सकता। किसी विशेष मत में उनकी आस्था थी, ऐसा इन दोहों से प्रकट नहीं होता। उन्होनें समान भाव से राम, कृष्ण ओर नृसिंह को स्मरण किया है। कहीं-कहीं तो पुष्ट तर्कों के आधार पर सगुण से बढ़कर निर्गुण का समर्थन वे कर बैठे हैं। प्रतिबिंबवाद और अद्वैतवाद दोनों की पुष्टि में भी उन्होंने कुछ न कुछ कहा हैं नाम-स्मरण पर भी वे जोर देते पाए जाते हैं। ऐसी दशा में पाठक के लिए यह निर्णय करना कठिन है कि उन्हें किस मत के अन्तर्गत वह माने। उनका विशेष झुकाव राधा-कृष्ण को लीलाओं की ओर है। भक्तों के समान वे कृष्ण पर विश्वास करते, उनके यश का वर्णन करते और उन्हें अलाहना देते पाए जाते हैं। पर मेरी दृष्टि से बिहारी भक्त नहीं थे, केवल कवि थे। जैसे प्रत्येक महाकवि अपने प्रिय विषय के अतिरिक्त अन्य विषयों पर भी समान सामर्थ्य के साथ लेखनी चलाता है, वैसे ही बिहारी ने भी प्रेम के अतिरिक्त भक्ति और नीति पर लिखा है। भक्त का हृदय उन्हें प्राप्त न था।

राधा-कृष्ण के जीवन को जैसा घोर श्रृंगारी और वासनात्मक उन्होंने चित्रित किया है, उससे तो इस बात में और भी सन्देह नहीं रह जाता। बिहारी अनुराग के कवि थे, विराग के नहीं। भक्तों के हृदय की सी पावनता, आर्द्रता, कोमलता कातरता, दीनता और भावमग्नता उनमें सामान्यतः नहीं पायी जाती-

कीजै चित सोई तरौं जिहिं पतितनु के साथ।
मेरे गुन-औगुन-गगन गनौ न गोपीनाथं।
यह बिरिया नहिं और की, तू करिया वह सोधि।
पाहन-नाव चढ़ाइ जिहिं, कीने पार पयोधि।।
पतवारी माला पकरि और न कछु उपाउ।
तरि संसार-पयोधि को हरि-नावैं करि नाउ।।
मैं समुझ्यौ निरधार, यह जगु काँचौ कांच सौं।
एकै रूप अपार, प्रतिबिंबित लखियतु जहाँ।।

प्राचीन कवियों में सेनापति जैसे एकाध कवि को छोड़कर प्रकृति का स्वतंत्र वर्णन पाया ही नहीं जाता। प्रकृति को वहाँ कहीं आध्यात्मिक भाव की व्यंजना के लिये, कहीं रहस्य के लिए, कहीं उपदेश के लिए और कहीं अलंकार-विधान के लिए प्रयुक्त किया गया है। बिहारी ने भी अप्रस्तुत के रूप में प्रकृति से अनंत मर्म-छवियों को चुना, पर संतोष की बात है कि षटऋतु वर्णन के अन्तर्गत उन्होंने प्रकृति की स्वतन्त्र सत्ता स्वीकार करके उसमें व्याप्त अनेक भावनाओं को भी चित्रित किया हैं लोक की क्रीड़ा को चित्रित करने के उपरांत प्रकृति में चलने वाली क्रीड़ा पर भी उनकी दृष्टि गयी-

छकि रसाल-सौरभ, सने मधुर माधवी-गंध।
ठौर-ठौर झौंरत झँपत भौंर-भौंर मधु-अन्ध।।
रनित भूंग-घंटाबली, झरित दान मधु-नीरू।
मंद मंद आवत चल्यौ कुंजर कुंज समीरू।।

प्रकृति और मनुष्य को वे एक-दूसरे के पास लाए और स्थान-स्थान पर उन्होंने यह प्रदर्शित किया कि मनुष्य के व्यवहार का बहुत बड़ा अंश प्रकृति से प्रभावित रहता है। वर्षा और शिशर दोनों का प्रभाव मानव-हृदय पर देखिए-

तिय-तरसौहैं मन किए करि सरसौहैं नेह।
घर- परसौहैं है रहै, झर-बरसौहैं मेह।।
तपन-तेज, तपु-ताप-तपि, अतुल तुलाई माँह।
सिसिर-सीतु क्यौहुँन कटै, बिनु लपटें तिय-नाँह।।

प्रकृति-संबंधी कुछ चित्र तो बिहारी के ऐसे हैं जो हिंदी के आधुनिक काव्य की तुलना में भी कम शक्तिशाली नहीं ठहरते। नीचे के दोहों में जो

ग्रीष्म का वर्णन है उनमें प्राचीनकाल के अलंकार-विधान की मार्मिकता और सूक्ष्मता तो है ही, आधुनिक युग की मूर्तिमत्ता और चेतनता भी विद्यमान है। इन दोनों खंड-दृश्यों से प्रकृति की कैसी सजीवता झलक रही है। ग्रीष्म और छाया दोनों ही जैसे यहाँ स्पंदन और गति से युक्त हो उठे हैं। पहले दोहे में तो प्रस्तुत और अप्रस्तुत दोनों ही प्रकृति के क्षेत्र से चुने गए हैं। यह विशेषता आधुनिक-काव्य में एक महादेवी की 'दीपशिखा' को छोड़कर शायद ही कहीं पायी जाती हो-

नाहिन ए पावक प्रबल लुवैं चलैं चहुँ पास।
मानहु बिरह बसंत कै ग्रीषम लेत उसास।।
बैठि रही अति सघन बन पैठि सदन-तन माँह।
देखि दुपहरी जेठ की छांहौ चाहति छांह।

हास्य बिहारी में नहीं के बराबर हैं। ढोंग से इन्हें भी चिढ़ थी, इसी से कथावाचकों और अधकचरे वैद्यों को लेकर उन्हें ऐसी स्थिति में दिखाया गया है जिससे हँसी आती हैं बिहारी निश्चित रूप से नागरिक जीवन और नागरिक रूचि के पक्ष में थे। नागरिकों के प्रति गाँव वालों के व्यवहार से ये बहुत क्षुब्ध दिखाई देते हैं। अतः जहाँ कहीं हास्य की स्थिति आयी भी है, वहाँ उसमें व्यंग्य के समावेश के कारण और गाँव वालों के प्रति थोड़ी हीन-भावना रखने के कारण ऐसे स्थल शुद्ध हास्य के नहीं रह पाए है। हमारा अनुमान है कि भारतवर्ष के गाँवों और वहाँ के निवासियों के स्वभाव का बिहारी को बहुत अच्छा अनुभव न था। हास्य के कुछ उदाहरण लीजिए-

बहु धनु लै, अहसानु कै, पारौ देत सराहि।
वैद -वधू, हँसि भेद सौं, रही नाह मुँह चाहि।।
परतिय-दोषु पुरान सुनि लखि पुलकी सुखदानि।
कसु करि राखी मिघ्र हूँ मुँइ-आई मुसकानि।
कन दैवी सौंप्यौ ससुर, बहू थुरहथी जानि।
रूप-रहचटैं लगि लग्यौ, माँगन सबु जगु आनि।।

भावना के क्षेत्र से हटकर कवि लोग कभी-कभी जीवन के अनुभवों को भी चित्रित करते देखे जाते हैं। ऐसी बातें इस धारणा को लेकर लिखी जाती है कि शेष संसार उनसे लाभ उठावे। मात्र अनुभव को चित्रित करने वाली ऐसी रचनाएँ सूक्तियाँ कहलाती है जिनमें बहुत सी नीति की बातें भी सम्मिलित रहती है। जहाँ तक बन पड़ता है, बात को सीधे-सीधे कह दिया जाता है, पर तथ्य कैसा ही हो, उसे हृदयंगम कराना तो होता ही है। इसी से ऐसी उक्तियों में तर्क और अलंकार के सहारे चिंतन के पल अंकित किए जाते हैं। बहुत सी बातें बिहारी ने सज्जन-दुर्जन, गुनी-निगुनी, दाता-सूम आदि को

लेकर कही है। कुछ सूक्तियाँ कला, प्रेम और मनुष्य के स्वभाव को लेकर भी है-

मीत, न नीति, गलीतु है जौ धरियै धनु जोरि।
खाए खरचै जौ जुरै, तौ जोरियै करोरि।।
कैसे छोटे नरनु तैं, सरत बड़नु के काम
मढ़्यौ दमामौ जातु क्यौं, कहि चूहे के चाम।।
बड़े न हूजै गुननु बिनु बिरद बड़ाई पाइ।
कहत धतूरे सौं कनक, गहनौ गढ़्यौ न जाय।।

बिहारी की कला हृदय की सहज उपज का परिणाम नहीं। वह अभ्यास साध्य है। वहाँ अभिव्यक्ति का फूल वैसे नहीं खिलता, जैसे बसंत में डालियों पर फूल खिलते हैं। कवि के भाव को ठीक से समझने के लिए उसकी कला से परिचित होना आवश्यक है। यह कला कई बातों पर निर्भर करती है जैसे (1) रस (2) अलंकार (3) नायिका-भेद (4) शब्दशक्ति (5) प्रसंग-विधान और (6) भाषा। पाठक को यदि इनमें से एक का भी अच्छा ज्ञान नहीं है, तो वह बिहारी के काव्य-सौन्दर्य से अपरिचित ही रह जायगा। उदाहरण के लिये इस दोहे को देखिये जिसका अर्थ इस प्रकार की बातों की जानकारी के बिना खुल ही नहीं सकता-

लिखन बैठि जाकी सबी, गहि-गहि गरब गरूर।
भये न केते जगत के, चतुर चितेरे कूर।।

बिहारी के भाव और कला-पक्ष की सीमाएँ हो सकती हैं और हिन्दी-साहित्य में उनके स्थान पर आलोचकों में मतभेद भी, पर मुझे जो उनके सम्बन्ध में सबसे अच्छी बात लगती है वह यह कि उन्होंने अपने से पूर्व छः सौ वर्ष के काव्य को धर्म के प्रभाव से मुक्त करके जीवन की ओर मोड़ा। यही काम आज के युग में यदि किसी ने किया होता तो वह 'काव्य में विद्रोह' कहलाता। लौकिक जीवन के एक बड़े पक्ष के सौन्दर्य, क्रीड़ा और आनन्द का जैसा सजीव वर्णन बिहारी में पाया जाता है, वैसा आज तक किसी कवि के काव्य में नहीं। यह जीवन कहीं-कहीं गँदला है, पर धरती का जीवन ऐसा ही है-क्या किया जाय? इतना तो निश्चित ही है कि उनके काव्य का एक ऐतिहासिक महत्व है। जैसे चन्दरबाई, कबीर, जायसी, सूर, तुलसी, हरिश्चन्द्र, मैथिलीशरण गुप्त और जयशंकर प्रसाद के बिना काव्य के विभिन्न युगों का इतिहास नहीं लिखा जा सकता, वैसे ही रीति-काल के दो सौ वर्ष की कड़ी टूटी हुई दिखायी देगी, यदि उसमें से बिहारी का नाम निकाल दिया जाय तो।

भूषण

भूषण का जन्म कानपुर जिले के तिकवाँपुर गाँव में, जो यमुना नदी के किनारे बसा हुआ है, सन् 1613 में हुआ। इनके पिता रत्नाकर त्रिपाठी कश्यप गोत्रीय कान्यकुब्ज ब्राह्मण थे। उनके चार पुत्र हुए-चिंतामणि त्रिपाठी, भूषण, मतिराम और जटाशंकर। इनमें प्रथम तीन की गणना रीतिकाल के प्रसिद्ध आचार्यों और कवियों में होती है। भूषण इन तीनों में मँझले थे।

किंवदंती है कि प्रारम्भ में ये कुछ कमाते न थे। एक बार इनकी भाभी ने खाना खाते समय नमक माँगने पर ताना दिया। बात इन्हें चुभ गयी और ये भोजन की थाली पर से उठ गये। इन्होंने काव्य का अभ्यास प्रारम्भ किया और फिर चित्रकूट से सोलंकी राजा रूद्र के आश्रय में चले गए, जिसने इनकी प्रतिभा से प्रभावित होकर इन्हें 'कवि भूषण' की उपाधि प्रदान की और उस समय से इनका वास्तविक नाम छिप गया और ये 'भूषण' नाम से प्रख्यात हो गए। एक विद्वान का अनुमान है कि इनका घर का नाम पतिराम था। रूद्रशाह के उपरांत ये शिवा जी से मिलने की उत्कंठा में रायगढ़ गए। ऐसा कहा जाता है दरबार में पहुँचने से पहले ही छद्मवेश में शिवा जी ने इनसे एक छंद 52 बार सुना और प्रसन्न होकर इन्हें 52 गाँव, 52 हाथी और 52 लाख रूपये पुरस्कार में दिये। उस समय एक हाथी पर नमक लदवाकर इन्होंने अपनी भाभी के पास भिजवा दिया और इस प्रकार उसके व्यंग का उत्तर दिया।

शिवा जी ने इनकी नियुक्ति राज-कवि के रूप में कर दी।

शिवा जी की मृत्यु के उपरांत भूषण दक्षिण से लौटते समय पन्ना के महाराज छत्रसाल के यहाँ गए। उस बुंदेला वीर ने इनका बड़ा सम्मान किया। विदा होते समय महाराज ने भूषण की पालकी में अपना कंधा लगा दिया, तो ये पालकी से कूद पड़े और चकित होकर इन्होंने एक कविता पढ़ी जिसके अन्त में यहाँ तक कह डाला-शिवा को सराहों के सराहों छत्रसाल को?

भूषण के काव्य से पता चलता है कि उनकी भेंट और भी राव-राजाओं से हुई थी। पर वे उनके पास पुरस्कार के लोभ से कभी नहीं गए। प्रसिद्ध है कि कुमाऊँ नरेश का एक लाख रूपया इन्होंने लौटा दिया था। काव्य के माध्यम से जिस यश, सम्मान और सम्पत्ति की प्राप्ति इन्हें पहले ही हो चुकी थी, उससे उनकी सारी ऐहिक इच्छाएँ पूरी हो गयी थीं।

भूषण के तीन ग्रन्थ प्रसिद्ध है-शिवराज-भूषण, शिवा-बावनी और छत्र-साल दशक। इसके अतिरिक्त 'शिवसिंह-सरोज' में तीन और ग्रन्थों-भूषण उल्लास, दूषण उल्लास और भूषण हजारा-का उल्लेख मिलता है। वे ग्रन्थ अभी तक अप्राप्य है।

भूषण की मृत्यु सन् 1715 में हो गयी।

'शिवराज भूषण' के आचार्यत्व को सिद्ध करने वाला एक अलंकार-ग्रन्थ है और एक सुसम्बद्ध योजना के साथ लिखा गया है। इसका एक भूमिका-भाग है जिसके प्रारम्भ में गणेश, शक्ति और सूर्य की वन्दना है। भवानी-स्तुति में शिवा जी के लिए विजय का वरदान माँगा गया है। राजवंश के वर्णन में शिवा जी को सूर्यवंशी बतलाकर उनकी उपाधियों-सरजा, खुमान तथा भोसिला-की व्याख्या की गयी है। अन्त में मराठा-राज्य की राजधानी रायगढ़ के वैभव का वर्णन कर कवि ने अपने कुल का परिचय देने के उपरांत महाराज से अपनी भेंट की चर्चा की है।

अलंकार-निरूपण वाले भाग में पहले दोहों में अलंकारों के लक्षण दिए हैं। फिर कविता, सवैया, छप्पय अथवा दोहे में उसके उदाहरण प्रस्तुत किए हैं। ये उदाहरण शिवा जी के जीवन की घटनाओं से सम्बन्धित है। आलोचकों ने भूषण के अलंकार-विवेचन में अनेक प्रकार के दोष निकाले हैं। काव्य में साहित्य-शास्त्र की मीमांसा वैसे भी कुछ स्वाभाविक नहीं लगती। विचारों के विश्लेषण और अध्ययन के लिए तो गद्य का माध्यम भी उपयुक्त प्रतीत होता है। फिर भी भूषण की रचनाओं की यदि कोई व्याख्या कर सके और अपनी ओर से थोड़ा-बहुत कहता चले, तो पूरी बात एकदम समझ में आ जाती है। भूषण उतने ही स्पष्ट अथवा अस्पष्ट है जितने उनके अन्य समकालीन। 'शिवराज-भूषण' में भूषण ने 105 अलंकार दिए हैं और कहीं-कहीं एक अलंकार के एक से अधिक उदाहरण मिलते है। कुछ अलंकारों जैसे उपमा, उत्प्रेक्षा, प्रतीप, अतिशयोक्ति एवं अपन्हुति के भेदों की ओर भी इन्होंने पूरा ध्यान दिया है। हमें तो इनके उद्धहरण अत्यन्त स्पष्ट लगते हैं।

असंगति अलंकार के लक्षण में इन्होंने लिखा है-

हेतु अनत ही होय जहँ, काज अनत ही कोय,
ताहि असंगति कहत है, 'भूषन' सुमति समोय।

अर्थात् जहाँ कारण किसी दूसरे स्थान पर हो और कार्य कहीं अन्यत्र, वहाँ असंगति अलंकार होता है।

इसका यह उदाहरण दिया है।

महाराज शिवराज चढ़त तुरगं पर,
ग्रीवा जाति नै करि गनीम अतिबल की।
'भूषन' चलत सरजा की सैन भूमि पर,
छाती दरकत है खरी अखिल खल की।
कियो दौरि धाव उमरावन-अमीरन पै,
गई कटि नाक सिगरेई दिल्ली दल की।
सूरत जराइ, कियो दाह पातहास उर,
स्याही जाय सब पातसाही मुख झलकी।

इसी प्रकार मालोपमा के लक्षण में लिखा है-

जहाँ एक उपमेय के होत बहुत उपमान,
ताहि कहत मालोपमा, 'भूषन' सुकवि सुजान।

आशय यह है कि जहाँ एक ही उपमेय के बहुत से उपमान हों, वहाँ आलोपमा अलंकार होता है।

इसके उदाहरण में जो छन्द दिया गया है, वह तो इतना लोक-प्रिय हो गया है कि काव्य के प्रत्येक प्रेमी को स्मरण होगा। इसमें शिवा जी की तुलना राम, कृष्ण, परशुराम, शिव, इन्द्र, बड़वानल, पवन, चीता, सिंह और आलोक से की गयी है-

इन्द्र जिमि जंभ पर, बाड़व सुअम्भ पर,
रावन सदंभ पर रघुकुल - राज है।
पौन वारिवाह पर, संभु रति-नाह पर,
ज्यों सहस्त्रबाहु पर राम द्विवराज है।
दावा द्रुमु-दंड पर, चीता मृग-झुन्ड पर,
'भूषन' वितुन्ड पर जैसे मृगराज है।
तेज तम अंस पर, कान्ह जिमि कंस पर,
त्यों मलिच्छ वंस पर सेर शिवराज है।

'शिवा बावनी' शिवाजी के जीवन और कर्म पर आधारित 52 छन्दों का एक वीररसपूर्ण ग्रन्थ है। 'शिवराज-भूषण' के समान यह अलंकारों के उद्धरण

के रूप में नहीं है, यही कारण है कि इसमें 'भूषण' की प्रतिभा मुक्त रूप से प्रस्फुटित हुई हैं एक वीर पुरूष के जीवन पर केन्द्रित होने पर भी यह 'लाल' कवि के 'छत्र प्रकाश' के समान प्रबन्ध-काव्य नहीं है, वरन् समय-समय पर लिखे मुक्तकों का ही संग्रह है। ग्रन्थ में कसावट के लक्षण विद्यमान हैं और कहीं भी कृत्रिमता अथवा भरती का सन्देह नहीं होता।

अभियान से सम्बन्धित छन्दों को पढ़कर ऐसा प्रतीत होता है कि जैसे वीरों की चतुरंगिणी सेना हमारी आँखों के सामने से निकली चली जा रही हो। इस सेना की धाक से चारों ओर खलबली मच गयी है, दिशाएँ हिल उठी हैं। इस आतंक का सबसे प्रीावशाली वर्णन वहाँ हुआ है जहाँ कवि ने बेगमों और शत्रु-पत्नियों के अस्त-व्यस्त दशा में इधर-उधर भागने का उल्लेख किया है।

त्रास इतना अधिक है कि लज्जा करने का अवकाश ही नहीं रह गया है। स्थानों, मुगल सेनापतियों और विशिष्ट ऐतिहासिक घटनाओं की चर्चा से कवि ने अपने चित्रण को और भी विश्वसनीय बनाया है। युद्ध के प्रत्यक्ष अनुभव के बिना ऐसा रांमांचकारी वर्णन सम्भव ही नहीं था-

(1)

साजि चतुरंग वीर रंग में तुरंग चढ़ि,
सरजा शिवा जी जंग जीतन चलत है।
'भूषन' भनत नाद बिहद नगारन के,
नदी - नद मद गैबरन के रलत है।
ऐल - फैल खैल-भैल खलक में गैल-गैल,
गजन की ठेल - पेल सैल उसलत है।
तारा सो तरनि धूरि धारा में लगत जिमि
धारा पर पारा, पारावार यों हलत है।

(2)

बाजि गजराज सिवराज सैन साजत ही,
दिल्ली दिलगीर, वसा दीरध दुखन की।
तनियाँ न तिलक सुथनियाँ पगनियाँ न,
धामैं घुरातीं छोड़ि संजियाँ सुखन की।
'भूषन' भनत पति- बाह-बहियान, तेउ

छहियाँ छबीली ताकि रहियाँ रूखन की।
बालियाँ बिथुर जिमि आलियाँ नलिन पर,
लालियाँ मलिन मुगलानियाँ मुखन की।

दूसरी विशेषता ग्रंथ के नायक और उसके प्रतिपक्षी से व्यक्तित्वों के तुलनात्मक अध्ययन में देखी जा सकती है। शिवा जी को जहाँ उन्होंने वीर दिखलाया है, वहाँ औरंगजेब को कायर, जहाँ अपने नायक को धर्मरक्षक के रूप में लिया है, वहाँ उसके प्रति-स्पर्द्धी को अधर्म के प्रतीक के रूप में। हुमायूँ।, अकबर, जहाँगीर और शाहजहाँ से तुलना करते हुए औरंगजेब की एक अन्यायी और लोक-विरोधी शासक के रूप में देखा गया है। पर उसके साथ न्याय करने के लिये मुगल सम्राट के वैभव और आतंक का पूरा वर्णन किया गया है। इसके उपरान्त उसकी जो पराजय प्रदर्शित की गयी है, वह शिवा के शौर्य में विलक्षण चमक उत्पन्न कर देती है। यह बहुत सम्भव है कि व्यक्तिगत रूप से औरंगजेब इतना डरपोक अथवा अन्यायी न रहा हो, पर भूषण ने जिन तथ्यों के सहारे उसके दुष्ट चरित्र को उभारा है, इतिहास के आलोक में उसे असत्य भी घोषित नहीं किया जा सकता-

किबले को ठौर बाप बादशाह साहजहाँ,
ताकौ कैद कियो, मानों मक्के आगि लाई है।
बड़ो भाई दारा, बाको पकरिकै मारि डार्यौ,
मेहर हूं नाहि मा। को जायो सगो भाई है।
बंधु तो मुरादबक्स वादि चूक करिबे को,
बीच दै कुरान खुदा की कसम खाई है।
'भूषन' सुकवि कहै, सुनौ नवरंगजेब,
एते काम कीन्हें, तब पातसाही पाई है।

(2)

दारा की न दौर यह, रारि नाहि खजुबे की,
बांधिवों नहीं है किधौं मीर सहबाल को।
मठ विश्वनाथ को, न बास ग्राम गोकुल को,
देव को न देहरा, न मन्दिर गोपाल को।
गाढ़े गढ़ लीन्हें और बैरी कतलान कीन्हें,
ठौर - ठौर हासिल उगाहत हैं साल को।
बूड़ति है दिल्ली, सो सम्हारे क्यों न दिल्लीपति,
धक्का आनि लाग्यो सिवाराज महाकाल को।

सबसे बड़ी बात यह है कि शिवा जी की विजय को कवि ने जनता की विजय के रूप में देखा है। उसने लिखा है-'कढ़ि गई रैयत के मन की कसक सब, मिटि गई ठसक तमाम तुरकाने की।' आतंकित जनता को अभयदान देने के कारण ही शिवा जी के प्रति भूषण की श्रद्धा-भावना उमड़ी थी। इनके वर्णन कहीं-कहीं अतिरंजित अवश्य हैं, पर वे सत्य पर आधारित है। अतः काव्य की दृष्टि से अधिक खटकते नहीं। शिवा जी और औरंगजेब के संघर्ष का अन्त इस रूप में हुआ-

जिन फन फुतकार उड़त पहार, भारे
कूरम कठिन जनु कमल बिदलिगो।
विषजाल ज्वालामुखी लबलीन होत, जिन
झारन चिकारि मद दिग्गज उगलिगो।
कीन्हों जेहि पान पयपान सो जहान कुल,
कोलहू उछलि जल-सिन्धु खलभलिगो।
खग्ग-खगराज महाराज सिवराज जू को,
अखिल भुजंग दल-मुगल निगलिगो।

'छत्रसाल दसक' में केवल दस छन्द हैं, जिनमें बुंदेला शिरोमणि छत्रसाल की वीरता का वर्णन है। छत्रसाल के राज-कवि तो 'लाल' थे जिन्होंने 'छत्रप्रकाश' में उनके जीवन का विस्तार से वर्णन किया है, पर शिवा जी के समान छत्रसाल भी मुगलों से लोहा लेते रहते थे, इसी से भूषण ने उन्हें प्रशंसा की दृष्टि से देखा है। इन छन्दों में बेतवा के उस प्रसिद्ध युद्ध का उल्लेख भी है जिसमें छत्रसाल ने औरंगजेब के सेनापति अब्दुस्समद को परास्त किया था। छत्रसाल को कवि ने 'दीन प्रतिपाल' के रूप में देखा है। छत्रसाल के इस वीर रूप के दर्शन कीजिए-

भुज - भुजगेस की वै - संगिनी भुजंगिनी - सी,
खेदि -खेदि खाती दीह दारून दलन के।
बखतर पाखरन बीच धँसि जाति, मीन
पैरि पार जाति परवाह ज्यों जलन के।
रैयाराव चंपति के छत्रसाल महाराज,
'भूषन' सकै करि बखान को बलन के,
पच्छी पर छीने ऐसे परे पर छीने वीर
तेरी बरछी ने वर छीने हैं खलन के।

भूषण का जो काव्य फुटकर रूप में हुआ है, उसमें भी अधिकतर वीर-भाव का विस्तार मिलता है। शिवा जी के अतिरिक्त इसमें देश के कुछ अन्य

वीरों की प्रशस्तियाँ भी सम्मिलित हैं। सबसे मुख्य चर्चा शिवा जी के नाती शाहू की है। इसके अतिरिक्त जयपुर-नरेश जयसिंह, रीवाँ के राजा अवधूतसिंह, बूंदी के राव बुद्धिसिंह और मेंडू के वीर अनिरूद्धसिंह के शौर्य का वर्णन यहाँ-वहाँ पाया जाता है। इन छन्दों में रूस, इंग्लैंड, चीन, अफ्रीका, अरब, ईरान, रोम आदि की भी चर्चा हुई है। इससे पता चलता है कि इन देशों की भी कुछ जानकारी भूषण को थी। मुगल-साम्राज्य के पतन के कारणों पर प्रकाश डालते हुए कवि ने तत्कालीन राजनीतिक, धार्मिक और सामाजिक दशा का अच्छा चित्र खींचा है।

भूषण के नाम से श्रृंगार-रस के कुछ छन्द मिलते हें। हो सकता है ये किसी ग्रन्थ के अंश हों और यह भी संभव है कि उन्होंने मन की कोमलता और लालसा की ओर भी कभी ध्यान दिया हो। भूषण के जीवन की परिस्थितियाँ ऐसी थीं कि शृगारी प्रवृति के विकास और निकास के लिए उन्हें कम अवकाश देती होंगी। प्रकृति-वर्णन के अंतर्गत वर्षा और बसन्त का उल्लेख है और विरह-वर्णन कृष्ण-चरित की ओट में है। प्रेम और प्रकृति-वर्णन में भी उपमान इन्होंने युद्ध क्षेत्र से उठाए हैं। पर कहीं-कहीं ये अपने भाव को शुद्ध श्रृंगार तक रखने में भी समर्थ हुए हैं। इनके श्रृंगार-परक वर्णन सामान्य कोटि के ही कहे जायेंगें रात्रि के समागम के उपरांत प्रभात-काल में नायिका के उठने का यह दृश्य लीजिए-

कोकनद - नैनी केलि करि प्रानपति संग,
उठी परजंक तें अनग-जोति-सोकी-सी।
'भूषन' सकल दलमलि हलचल भए,
बिंदु-लाल भाल फैल्यो कांति रदि रोकी-सी।
छूटि रही गोरे गोल गाल पै अलक आली,
कुसुम गुलाब के ज्यों लीक अलि दो की-सी।
मोती सीसफूल तें बिथुरि फैलि रह्यौ मानो,
चंद्रमा तें छटी है नछत्रन की चौकी-सी।

भूषण ने अपनी रचनाओं में कवित्त, सवैये, छप्पन और दोहों का प्रयोग किया है। भाषा इनकी ब्रज है जिसमें संस्कृत, फारसी, अरबी, बुन्देल-खंडी शब्दों के साथ तन्दव शब्दों का प्रयोग पाया जाता है। अनेक शब्दों को तोड़-मरोड़कर इन्होंने विकृत भी कर दिया है। युद्ध का वातावरण प्रस्तुत करने के लिए कहीं-कहीं इन्होंने भाषा को ऐसा रूप दिया है जो प्रचलित ब्रजभाषा से बहुत दूर जा पड़ा है जैसे-

(1) 'गिरत गब्भ काटैं गरब्भ चिंजी चिंजा डर

-शिवा बावनी

(2) *दुग्ग पर दुग्ग जीते सरजा सिवा जी गाजी,*
उग्ग नाचे डग्ग पर रूंड-मुंड फरके।

-शिवा बावनी

(3) *हैदर हरट्ट साजि, गैबर गरट्ट सबै,*
पैदर के ठट्ट फौज जुरी तुरकाने की।

-छत्रसाल दसक

(4) *बंकक्करि अति डंकक्कर अस संकक्कुलि खल।*
सोचच्चकित भरोच्चचलिय विमोचच्चख जल।।
तट्टट्टइमन कट्टट्टिक सोइ रट्टटट्ठिल्लिय।
सद्दद्दिसि दिसि भद्दद्दबि भई रद्दद्दिल्लिय।।

-शिवराज भूषन

जिस रीति-काल में श्रृंगार का बोलबाला था, उसमें वीर-रस का संचार कर भूषण ने अपने व्यक्तिव के वैशिष्टय को प्रमाणित किया है। उनकी ओजस्विनी वाणी एक बार तो कायर व्यक्तियों में भी प्राण फूँकने की शक्ति रखती है। जिन नायकों की इन्होंने अपने काव्य का आधार बनाया है, वे लोक-नायकों के रूप में हमारे सामने आते हैं। मराठा-राज्य के संस्थापक शिवा जी कुशल सैनिक और दक्ष राजनीतिज्ञ होने के कारण महान् नेता के श्रेष्ठ गुणों से सम्पन्न थे। वैसे भे वे बड़े चरित्रवान व्यक्ति थे और उनका सारा जीवन संघर्ष में व्यतीत हुआ था। ऐसे व्यक्ति को अपने काव्य का नायक चुनकर भूषण ने कोई भूल नहीं की। इनके काव्य के आशय को ठीक से ग्रहण करने के लिए औरंगजेब, शिवाजी और छत्रसाल के जीवन और उस काल की प्रमुख ऐतिहासिक घटनाओं की सामान्य जानकारी की आवश्यकता है, लेकिन भूषण ने इन घटनाओं का उल्लेख इतनी बार किया है कि यदि कोई औरंगजेब के शासन-काल के इतिहास का विधिवत् अध्ययन नहीं भी करता, तब भी कवि के अभिप्रेत को समझने में विशेष कठिनाई नहीं होगी। आचार्य रामचन्द्र शुक्ल ने भूषण को 'हिंदू जाति का प्रतिनिधि कवि' कहकर उनका महत्व बहुत कम कर दिया है। सच बात यह है राजाश्रय में रहते हुए भी वे जनता के कवि थे उस युग में धार्मिक कट्टरता, राजनीतिक कुचक्रों एवं साम्राज्यवादी लोलुपता और आतंक के विरूद्ध कुछ बोलना बड़े साहस का काम था। भूषण का पक्ष सत्य और न्याय का है। अतः उनकी गणना मानवता के महान प्रहरियों में होनी चाहिये। वे वीर रस के सिद्ध कवि थे।

देव

देवदत्ता का जन्म सन् 1673 में इटावा के पंसारी टोला बलालपुरा मोहल्ले में हुआ। जाति के ये कान्यकुब्ज ब्राह्मण थे। इनके पिता का नाम बिहारीलाल दुबे था। काव्य-क्षेत्र में ये देव के नाम से प्रसिद्ध हैं।

देव की प्रथम कृति 'भावविलास' है, जिसकी रचना इन्होंने सोलह वर्ष की अवस्था में की। स्वभाव से ये वैभवप्रिय और स्वाभिमानी थे और जीवन में था अर्थाभाव, अतः इन्हें अनेक धनियों का द्वार खटखटाना पड़ा। इन लोगों के आश्रमय में रहकर इन्होंने अनेक ग्रंथों का प्रणयन किया। प्रसिद्ध है कि दिल्ली के आजमशाह के लिए इन्हेांने अष्टयाम और भावविलास, दादरी के भवानीदत्त वैश्य के लिए भवानी-विलास, फफूँद के कुशलसिंह के लिए रसविलास और पिहानी के अकबरअली खाँ के लिए सुखसागर-तरंग की रचना की। इन आश्रय-दाताओं में एक भोगीलाल को छोड़कर ये सर्भ से असंतुष्ट प्रतीत होते हैं।

परिस्थितियों की विवशता से देव को अपने जीवन में अनेक स्थानों का भ्रमण करना पड़ा। इस अनुभव का लाभ इन्होंने अपने 'जाति-विलास' नामक ग्रंथ में उठाया जिसमें अनेक प्रान्तों और जातियों की स्त्रियों के सौंदर्य का वर्णन पाया जाता है। ऐसा ही एक ग्रंथ 'नगर-शोभा' नाम का रहीम का है जिसमें अनेक जातियों की स्त्रियों के सौंदर्य का चित्रण किया गया है। बहुत संभव है इस क्षेत्र में देव रहीम से प्रभावित रहे हों।

देव किसी समय इटावा छोड़कर मैनपुरी जिले के कुसमरा नामक गाँव में जा बसे थे। यहाँ इन्होंने अपना मकान भी बनवाया। देव के वंशज अभी तक इटावा और कुसमरा दोनों स्थानों पर पाए जाते हैं। इनकी मृत्यु सन् 1767 में कुसमरा में हुई।

देव रीति-काल के महत्वपूर्ण कवियों में से है। इनका स्मरण आचार्य और कवि दोनों रूपों में किया जाता है। इनकी कविता के मुख्य विषय प्रेम और वैराग्य है। उस युग में एक बिहारी ही ऐसे कवि हैं जिन्हें इनका प्रतिद्वन्दी कहा जा सकता है। काव्य में देव और बिहारी की तुलना वैसे ही की जाती है जैसे निराला और पंत की।

देव के ग्रन्थों की संख्या निश्चित करना कठिन काम है। प्रचलित धारणा यह है कि इन्होंने पचास से भी अधिक ग्रन्थों की रचना की। इनके ग्रन्थों की संख्या कुछ इसलिए भी बढ़ गयी है कि नवीन ग्रन्थ तैयार करते समय ये पूर्वलिखित ग्रन्थों के अनेक छंद उसमें चुप-से सम्मिलित कर देते थे। यही कारण है कि इनका एक ही छंद अनेक ग्रन्थों में पाया जाता है। फिर भी देव ने प्रचुर परिमाण में लिखा, इसमें संदेह नहीं। मिश्रबंधुओं ने दोहों के अतिरिक्त इनके द्वारा प्रणीत साढ़े तीन हजार कवित्त-सवैयों की चर्चा की है।

अभी तक इनके पच्चीस के आसपास ग्रन्थ मिले हैं–

भावविलास, भवानीविलास, कुशलविलास, जातिविलास, रसविलास, राधिकाविलास, पावसविलास, और वृक्षविलास।

ब्रह्मदर्शन पच्चीसी, आत्मदर्शन पच्चीसी, तत्वदर्शन पच्चीसी, जगतदर्शन पच्चीसी।

प्रेमतरंग, प्रेमचंद्रिका, प्रेमदीपिका ।

सुजानविनोद, सुमिलविनोद ।

शब्दरसायन, नखशिख-प्रेमदर्शन, अष्टायाम, राम-रत्नाकर ।

देवचरित्र, नीतिशतक, देवमाया प्रपंच (नाटक), सुखसागर तरंग।

देव मूलतः प्रेम और शृंगार के कवि हैं। मन की कामना को व्यक्त करने के लिए इन्होंने सामान्य नारी को भी लिया है, रीतिकालीन नायिकाओं को भी और नारी-ह्दय के लिए जो युग-युग से आदर्श और स्वप्न बनकर रही है, उन राधा को भी। नायिकायों के रूप के वर्णन परंपरा विहित है। नेत्रों की सुन्दरता की चर्चा है तो खंजन मीन मृग को, दन्तपंक्ति की चर्चा है तो मोती विद्युत हीरे की, वाणी की चर्चा है तो कोकिल कपोतों और चकवी को, स्मरण किया गया है। शरीर की कान्ति उन्हें स्वर्ण की चमक और पावक की लपट जैसी लगती है। मुख ऐसा है जिसे देखकर चन्द्रमा मूर्च्छित हो जाता है। जहाँ राधा के नाम का उल्लेख है वहाँ उन्हें वैभव और विलास के वातावरण के बीच प्रतिष्ठित करके देखा गया है और रूप का वर्णन कुछ और ही विशेषता लिए हुए है–

आई बरसाने ते, बुलाई वृषभानु सुता
निरखि प्रभान प्रभा भानु की अथै गई,
चक-चकवान को चुकाए चक-चोटन सों
चकित चकोर चकचौंधी सों चवैः गई,
नन्दजू के नन्दजू के नैनन अनंदमयी
नंदजू के मंदिरन चंदमयी छे गई,
कंजन कलिनमयी, कुंजन अलिनमयी,
गोकुल की गलनि नलिनमयी कै गई।

देव के काव्य में प्रेम की स्वीकृति प्रायः नायिका की ओर से है। नायक के लिए नायिका अथवा कृष्ण के लिए राधा का यह आत्म-समर्पण ऐसा है जिसमें किसी भी स्थिति में कोई परिवर्तन नहीं हो सकता। देव के अनुसार प्रेम करना अपने वश की बात नहीं। जिसका प्रेम जिससे होना होता है, उससे होकर रहता है। प्रेम में एक मन दूसरे मन से ऐसे बँध जाता है जैसे डोर से पतंग, एक मन दूसरे मन में ऐसे डूब जाता है जैसे कूप में जल-बिन्दु। और जब प्रेम हो जाता है तो वह किसी बाधा अथवा मर्यादा की चिंता नहीं करता। प्रेम करने का सुख अपने में इतना महत्वपूर्ण है कि उसके सामने संसार का बड़े से बड़ा वैभव तुच्छ सिद्ध होता है। ऐसे ही आकर्षण से उत्पन्न प्रेम की तल्लीनता का यह चित्र देखिए-

जब तें कुँवर कान्ह, रावरी कलानिधान,
कान परी बाके कहूँ सुजस कहानी सी,
तब ही ते 'देव' देखी देवता-सी हँसति-सी,
रीझति-सी खीझति-सी रूठति रिसानी-सी,
छोही-सी छली-सी, छीन लीनी-सी छकी-सी छिन,
जकी-सी, टकी-सी लगी थकी थहरानी-सी,
बीधी-सी, बँधी-सी, विष बूड़ी-सी विमोहित-सी,
बैठी वह बकति, बिलोकति बिकानी-सी।

इन्होंने उस दुःख का बहुत स्वाभाविक वर्णन किया है जो दो व्यक्तियों के दूर हो जाने से मिलता है। वियोग में न तो खाना-पीना अच्छा लगता है, न हँसने बोलने को मन करता है और न अच्छे वस्त्र धारण करने की रूचि शेष रह जाती है। प्रेमी के बिना समस्त संसार उजड़ा-उजड़ा-सा लगता है। इस दशा में सुखदायक वस्तुएँ भी दुःखदायक प्रतीत होती है। समीर तीर-सा लगता है, तारे चिनगारी जैसे, चाँदनी जलाती है, कोयल की कूक हूक उपजाती है। शरीर दुर्ब्रल पड़ता जाता है, अन्तर में पीड़ा उमड़ती रहती है और आँखों में आँसू भर-भर आते हैं। यों थोड़े अतिरंजित तो इनके वर्णन भी हैं, पर वे बिहारी की अतिशयोक्तियों से बचे हुए हैं। दोनों ओर की दशा देखिए-

(1)

कन्त बिन बासर बसंत लागे अन्तक से,
तीर ऐसे त्रिविधि समीर लागे लहकन,
सान-धरे सार-से चंदन घनसार लागे,
खेद लागे खरे मृगमेद लागे महकन,
फाँसी-से फुलेल लागे, गाँसी से गुलाब, अरू
गाज अरगजा लागे, चोबा लागे चिहकन,

अंग-अंग आगि ऐसे केसर के नीर लागे,
चीर लागे जरन, अबीर लागे दहकन।

(2)

बेइै ससि-सूरज उक्त निसि-दौस, बही
नखत-समूह झलकत नभ न्यारी-सो,
बेई 'देव' दीपक समीप करि देखे, वही
दून्यौ कर देख्यो चैत पून्यौ को उज्जयारो-सो,
बेई बन-बागन बिलोके सीस-महल
कनक मनि मोती कछु लागत न प्यारी-सी,
बाही चंदमुखी की वा मंद मुसुकानि बिन
जानि परो सब जग अधिक अँध्यारी-सी।

मिलन के चित्रों में कुछ तो वियोग के पूर्व के हैं, कुछ वियोग के बाद के। वियोग के पूर्व के जो चित्र हैं, उसमें छेड़छाड़ और परिहास की भावना प्रबल है। कृष्ण इतने ढीठ हैं कि पथ में किसी का भी अंचल पकड़ लेते हैं। कुछ चित्र दिवा-स्वप्न और स्वप्न-मिलन के हैं और कुछ प्रत्यक्ष भेंट और समागम के। मिलन का वर्णन यद्यपि मृग-मृगी, कपोत-कपोती और हंस-हंसनी पर ढाल कर किया गया है, पर उसमें मांसलता आ ही गयी है। स्थूलता बचाने का कोई उद्देश्या 'देव' का प्रतीत नहीं होता। ऐसे वर्णनों में कल्पना में एकाकार के वर्णन अधिक सुन्दर बन पड़े हैं जैसे, मोहि-मोहि मोहन को मन भयो राधामय, राधा मन मोहि-मोहि मोहनमई मई। वियोग के बाद के चित्रों में नायक के आगमन की सूचना मिलन की भूमिका बनकर आती है। नायक के आने की संभावना पर नायिका के कान किवाड़ों की हल्की खटखटाहट पर लगे हुए हैं। वह किसी न किसी बहाने आँगन से द्वारा की ओर बार-बार उत्साह से दौड़कर जाती है। गृह-काज करते समय वह बीच-बीच में स्तब्ध-सी रह जाती है। उस बेसुधपन में उसकी साड़ी सरक जाती है, कंचुकी दरक जाती है, अंग-प्रत्यंक फड़क-फड़क उठते है। इस उमंग का अपना रस ही कुछ निराला है।

देव की प्रशंसा यद्यपि श्रृंगार के मिलन-पक्ष के लिए की जाती है, पर उनके वियोग-वर्णन में जिस कोमल संवेदना के दर्शन होते हैं, वह उन्हें गम्भीर मानवीय अनुभूति के कुशल चित्रकार के रूप में हमारे सामने खड़ा कर देती है। व्यंग्य जीवन की असंगतियों पर भी किया जाता है और स्वभाव की विकृतियों पर भी, पर एक प्रकार का व्यंग्य प्रेम की विवशता और विफलता में अन्तर की गम्भीरता के भीतर से भी उमड़ता है। ऐसा ही एक

व्यंग्य देव के काव्य में राधा की ओर से आया है। हमारा विश्वास है कि प्रेम की कोमल भूमि में ऐसा अनुपम व्यंग्य सूर से लेकर रत्नाकर तक सम्पूर्ण कृष्ण-काव्य में कहीं-नहीं पाया जाता-

राधे कही है कि तें छमियो बृजनाथ जिते अपराध किए मैं,
कानन तान न भूलत ना खिन आँखिन रूप अनूप पिए मैं,
ओछे हिये अपने दिन-रैन दयानिधि 'देव' बसाय लिये मैं,
हौं ही असाधु, रही न कहूँ, पल आध अगाध तिहारे हिये में।

प्रकृति में 'देव' ने प्रायः नायक-नायिकाओं के गुणों का आरोप किया है। ऋतुएँ उद्दीपनकारी दिखाई गयी है। बसंत आदि के वर्णन में इन्होंने विलक्षण, पर रम्य कल्पनाएँ की है। चाँदनी आदि का वर्णन प्रायः सौन्दर्य की दृष्टि से किया गया हैं प्रकृति प्रियतम को निकटता से जितनी सुहावनी लगती है, उतनी उनके दूर होने पर नहीं। यदि वर्षा अपने आगमन पर परदेश गए नायक के हृदय में नायाकि की स्मृति जगाकर उसे लौटाकर ला सकती है, तब तो वह आदर की पात्री है, नहीं तो उसके साथ कुछ और ही प्रकार का व्यवहार होना चाहिए।

बसंत और वर्षा दोनों के प्रति कवि की दो प्रकार की दृष्टियाँ देखिए-

(1)

डार द्रुम पलना, बिछौना नव पल्लब के
सुमन झँगूला सोहै, तन छवि भारी दै,
पवन झुलावै, केकी कीर बहरावैं 'देव'
कोकिल हलावै, हुलसावै कर तारी दै,
पूरित पराग सों उतारो करे राई लोन
कंजकली-नायिका लतानि सिर सारी दै,
मदन महीप जू को बालक बसंत, ताहि
प्रातहि जगावत गुलाब चटकारा दै।

(2)

पावस प्रथम पिय ऐबे की अवधि, सो जो
आवत ही आवैं, तो बुलाऊँ अति आदरनि,
नाहीं तौ न हील हौन देरी झील झाबरनि,
ग्रीषमहिं राखु खाली भाखु खल खादरनि,
बीजुरी बरजु, कहु मेघ न गरजु,
इन गाजमारे मोर-मुख-मोरि री निरादरनि,
कंठ रोकि कोकिलनि, चोंच नोचि चातकनि,
दूरि करि दादुर, बिंदा करि री बादरनि।

अपने विचारों में देव बड़े उदार और विवेकशील थे। वे अन्ध-विश्वासों के विरोधी और मनुष्य-मनुष्य के बीच समता के प्रचारक थे। मृत्यु के उपरांत श्राद्ध-कर्म में उनका विश्वास न था और ब्राह्मण-शूद्र के बीच भेद-भाव को उन्होंने मिथ्या घोषित किया है। इसी प्रकार चाकरी को निंद्य कर्म बतलाया है।

स्वतंत्र विषयों में इनके द्वारा किए गए विभिन्न प्रदेशों जैसे काश्मीर आसाम गुजरात और जातियों जैसे अहीर सुनार बनजारे आदि की स्त्रियों के सौंदर्य के वर्णन रोचक बन पड़े हैं। काव्य के विविध रूपों, नायिका-भेद, रस, अलंकार, शब्द-शक्ति आदि पर अपने विचार इन्होंने अत्यन्त स्पष्टता से दोहों में व्यक्त किए हैं।

इनके काव्य में जीवन के रस के प्रति मोह के साथ संसार के प्रति विरक्ति की भावना भी पायी जाती है। हो सकता है जीवन का इनका अनुभव बहुत कटु रहा हो। अपने आश्रयदाताओं से वे असंतुष्ट ही रहे। वैसे भी किसी के आश्रय में रहना कोई बड़े सुख की बात नहीं हो सकती। बहुत सम्भव है, यह विरक्ति इन्हें भक्ति की ओर ले गयी हो। काव्य में इन्होंने राधा-कृष्ण को ही केन्द्र बनाकर अपनी भावना व्यक्त की है। पर राम-सीता, शिव-पार्वती को भी ये पूरे आदर की दृष्टि से देखते थे। विरक्ति और भक्ति का एक मिला-जुला उदाहरण लीजिए-

ऐसी जु हौ जानतो कि जैहै तू विषै के संग
एरे मन मेरे, हाथ-पाँव तेरे तोरतो,
आजु लौं हौं कत नर-नाहन की नाहीं सुनि,
नेह सौं निहारि हेरि बदल निहोरतो,
चलन न देतो 'देव' चंचल अचल करि,
चाबुक चितावतनीन मारि मुँह मोरतो,
भारो प्रेम-पाथर नगरो दै, गरे सों बाँधि
राधा-बर-बिरद के बारिध में बोरतो।

बिहारी को पढ़कर चमत्कार की ओर पहले ध्यान जाता है, भाव की ओर बाद को, देव के अध्ययन से पाठक पहले भाव से अभूत होता है, फिर कला से चमत्कृत। यही दोनों में विशेष अन्तर है। देव सभी दृष्टियों से श्रेष्ठ कवियों की श्रेणी में आते हैं। उनके काव्य में भावना की कोमलता, विचार की परिक्वता और कल्पना की उर्बरता पायी जाती है। इस काव्य की अपनी सीमाएँ हैं, पर उसमें गुण अधिक है, दोष कम।

देव उन कवियों में से हैं जिनके द्वारा ब्रजभाषा गौरवान्वित हुई है। उनके काव्य में हृदय को रस-मग्न करने की पूरी क्षमता है।

घनानंद

घनानंद का जन्म सन् 1689 में दिल्ली में हुआ। जाति के ये भटनागर कायस्थ थे। युवावस्था प्राप्त होने पर ये दिल्ली के बादशाह मोहम्मद शाह रँगीले (सन् 1719-48) की नौकरी में आ गए और आगे चलकर ये उनके 'मीर मुशी' हो गए। बचपन से ही काव्य और संगीत की ओर इनका झुकाव था। ऐसा कहा जाता है कि बादशाह को एक दरबारी वेश्या सुजान पर ये आसक्त थे। एक बार कुछ दरबारियों ने बादशाह से इनके गाने की प्रशंसा की। बादशाह ने जब इनसे कुछ सुनाने के लिए आग्रह किया, तो ये टालमटूल कर गए। उस पर किसी षड्यत्रंकारी ने मुस्कराकर कहा कि यदि यही बात सुजान ने कही होती तो ये अभी गाने लगते। बादशाह ने सुजान को वहीं बुलाकर आज्ञा दी कि गाने के लिए कहे। उसके कहने पर इन्होंने बादशाह की ओर से पीठ कर ली और उसे लक्ष्य करके गाने लगे। बादशाह इनके गायन पर जितने प्रसन्न हुए, अशिष्टता पर उतने ही अप्रसन्न। रूष्ट होकर उन्होंने इन्हें नगर छोड़कर चले जाने की आज्ञा दी। जाते समय ये सुजान के द्वार पर गए और उससे भी साथ चलने के लिए कहा, पर वह क्यों सहमत होती? इससे ये बड़े मर्माहत हुए और विरक्त होकर वृन्दावन में जा बसे। वहाँ निंबार्क सम्प्रदाय में दीक्षित हो गए। भक्त होने पर भी सुजान को ये विस्मरण नहीं कर पाए। काव्य में इस शब्द का प्रयोग इन्होंने इस कौशल से किया है कि वह कृष्ण के लिए भी प्रयुक्त लगता है और इनकी प्रेमिका के लिए भी।

कृष्ण-भक्तों में कृष्णगढ़ के महाराज नागरीदास जी से इनका घनिष्ठ परिचय बतलाया जाता है। कृष्णगढ़ से इनका जो चित्र प्राप्त हुआ है, उसमें ये यन्त्र लेकर गाने की मुद्रा में वीरासन से बैठे है।

पं० रामचन्द्र शुक्ल का विश्वास है कि इनकी मृत्यु नादिरशाह के आक्रमण के समय (सन् 1739 में) उसके सिपाहियों के हाथों से वृन्दावन में हुई। किसी ने कह दिया कि मुहम्मदशाह के मीर मुंशी के पास बहुत धन है। अतः सिपाहियों ने आकर इनसे कहा 'जर' 'जर' 'जर' अर्थात धन दो। इन्होंने धरती से धूल उठाकर उत्तर दिया : 'रज' 'रज' 'रज' अर्थात मेरे पास

तो यह धूल है। इस पर क्रुद्ध होकर सिपाही ने उनका वह हाथ ही तलवार से उड़ा दिया। थोड़ी देर-में इनकी मृत्यु हो गयी। इसके विपरीत नयी खोज के आधार पर पं0 विश्वनाथ प्रसाद मिश्र का कहना है घनानंद नादिरशाह के आक्रमण में नहीं, बल्कि अहमद शाह अब्दाली के दूसरे आक्रमण में सन् 1760 में मथुरा में मारे गये। मृत्यु के सम्बन्ध में इसी तिथि को ठीक समझना चाहिए। इनके जन्म और मृत्यु की तिथियों के सबन्ध में विद्वानों में काफी मतभेद है। आचार्य रामचन्द्र शुक्ल इनका जीवन-काल सन् 1689 से 1739 तक, लाला भगवानदीन 1658 से 1739 तक और पं0 विश्वनाथ प्रसाद मिश्र 1673 से 1760 तक मानते है।।

मिश्र जी ने अपने ग्रन्थ 'धन आनन्द' में वृन्दावनवासी 'आनंद घन' के अतिरिक्त नंदगाँववासी 'आनन्द घन' और एक जैन 'आनन्द घन' का उल्लेख किया हैं इनके अनुसार हमारे 'घन आनन्द' सखी सम्प्रदाय के उपासक थे और उनका गुप्त नाम 'बहुगुनी' था। मिश्र जी का यह भी कहना है कि सुजान भी कवयित्री थी और 'प्रवीनराइ' के समान सुजान तथा 'सुजानराइ' के नाम से कविता करती थी।

घनानन्द के छोटे-बड़े चालीस गन्थ अब तक मिल चुके हैं। इनमें सुजान-हित और पदावली मुख्य हैं। व्रजभाषा के प्रमियों में सुजानहित 'सुजान-सागर' के नाम से प्रसिद्ध है। इनके ग्रन्थों में वियोग-बेलि, इश्कलता और प्रेम-पत्रिका के नाम भी हम ले सकते है।

छंद के आग्रह से इन्होंने कहीं 'घन आनंद' लिखा है, कहीं 'आनंद घन'। इस आधार पर साहित्य के इतिहासकारों और आलोचकों ने भी इनका नाम 'घन आनंद' दिया है। इनका वास्तविक नाम घनानंद ही समझना चाहिए।

रीति-काल (सन् 1650-1850) में तीन प्रकार के कवि पाए जाते हैं- रीतिबद्ध कवि, रीति का अनुसरण करने तथा रीति-मुक्त कवि। कुछ कवि ऐसे हैं जिन्होंने लक्षण-ग्रंथों का निर्माण किया है, जैसे चिंतामणि त्रिपाठी, देव, मतिराम, भिखारीदास, कुछ ऐसे जिन्होंने इस आशय से कोई ग्रंथ तो नहीं लिखा पर उनके काव्य से रस, अलंकार, नायिका-भेद के श्रेष्ठतम उद्धरणों का चयन किया जा सकता है, जैसे बिहारी और कुछ ऐसे जिन्होंने किसी परिपाटी के पालन के लिए नहीं वरन ह्दय के आग्रह से काव्य का सृजन किया है, जैसे ठाकुर, बोधा, आलम, रसखान आदि। यह वर्गीकरण वैसा ही है जैसे आधुनिक युग में किसी वाद के प्रवर्तक कवि उससे प्रभावित कवि, और उससे मुक्त कवि। घनानंद की गणना तीसरी श्रेणी के स्वच्छंद कवियों में होती है।

घनानंद के दो रूप हैं- एक प्रेमी का, दूसरा भक्त का। 'सुजानहित' में सुजान के प्रति पाँच सौ से कुछ ऊपर कवित्त-सवैये पाए जाते हैं। प्रारंभ रूप के वर्णन से हुआ है। इसमें कुछ तो शरीर के अंग-प्रत्यंग का वर्णन है जैसे नेत्र, नासिका, कपोल, अधर, ग्रीवा और एड़ी का, कुछ हाव-भाव का जैसे कटाक्ष और लज्जा का और कुछ शृंगार के प्रसाधनों जैसे मेंहदी का। ये चित्र यौवन के हैं। तरूणाई को कवि ने जीवन का बसंत माना है। सुजान के इस अनिद्य रूप पर घनानंद आसक्त हैं। इस आकर्षण-व्यापार की तुलना उन्होंने चुम्बक और लोहे के व्यापार से की है।

आकर्षण के उत्पन्न होते ही मन की दशा कुछ और ही प्रकार की हो जाती है। ह्रदय में असंख्य कोमल कामनाओं का जन्म होता है। प्रेमी रात-दिन किसी के चिंतन में लीन रहता है और उसके बिना उसे सब कुछ फीका-फीका सा, सूना-सूना सा लगता है। इस आकर्षण में मन-मन से ऐसे बँधा रहता है जैसे डोर से पतंग। अपने प्रेम की तुलना कवि बादल के प्रति चातक की लगन से करता हैं दूरी में सामीप्य के भाव को व्यंजित करने के लिए उसने लिखा ही है-मन लैहू गये पै बसौ मन ही।

सुजान और घनानन्द के बीच प्रेम की भावना विषम कोटि की थी। इस विषमता को कहीं तो उन्होंने प्रेमिका की निष्ठुरता के रूप में लिया हैं और कहीं मान के रूप में। इतना होते हुए भी सुजान का तिरस्कार उनकी रचनाओं में कहीं नहीं पाया जाता। एक भी स्थल ऐसा नहीं है जहाँ कवि ने उसे वेश्या के रूप में हेय दृष्टि से देखा हो। सुजान के लिए कहीं भी क्षोभकारी अथवा कटु बात उसने नहीं कहीं। उपालंभ उसने कस-कस कर दिए हैं पर अनुनय के छन्द भी उतनी ही संख्या में है। वह अधिकतर इस प्रयत्न में है कि प्रेमिका के ह्रदय में उसके प्रति दया उत्पन्न हो जाय।

घनानन्द की रचनाओं से ऐसा आभास मिलता है कि सुजान के प्रेम का कुछ सुख उन्हें अवश्य मिला होगा। संयोग के कई ऐसे चित्र हैं जिनमें रति के प्रसंगों के उल्लेख के साथ उस आनंद की स्वीकृति है जो मिलन के उपरान्त प्राप्त होता है। सत्य तो इतना ही है कि बादशाह की अप्रसन्नता के कारण ये दोनों सदैव को एक-दूसरे से पृथक् हो गए थे। स्वभावतः इनका वियोग-वर्णन ह्रदय-द्रावक और मार्मिक बन पड़ा है। सुजान से दूर होकर जीवन इन्हें इतना भार स्वरूप प्रतीत था कि अनेक बार ये उसे नष्ट करने की बात सोचते थे। कभी-कभी तो घबरा कर यहाँ तक कह बैठते- देह दहै, न रहै, सुधि गेह की भूलि हू नेह को नाम न लीजै।

'सुजानहित' के कुछ छन्छ दिल्ली में लिखे गए, कुछ वृन्दावन में, अतः कहीं तो उनकी भावना उसके प्रति सीधे व्यक्त हुई है, कहीं कृष्ण के माध्यम से। दोनों कोटि की अभिव्यक्तियों के उदाहरण लीजिए-

(1)

पौढ़े 'घनआनन्द' सुजान प्यारी परजंक,
घरे घन अंक, तऊ मन रंक-गति है।
भूषन उतारि, अंग-अंगहि सम्हारि, नाना
रूचि कै विचार सो समोय सीझी मति है।
ठौर ठौर लै-लै राखै, और-और अभिलाखें
बनत न भाखैं , तेई जाने बसा अति हैं
मोद-मद-छाके घूमैं, रीझि भीजि रह झूमैं,
गहँ, चाहि रहँ, चूमैं अह कहा रति हैं।

(2)

पहले अपनाय सुजान सनेह सों, क्यों फिर तेह कै तोरियै जू।
निरधार अधार दै बार मंझार दई गहि बाँह न बोरियै जू।
'घन आनन्द' आपने जातिक कों गुन-बांधिलै मोह न छोरियै जू।
रस प्याय कै, ज्याय, बढ़ाय कै आस, बिलास में यौं रस घोरिये जू।

(3)

तब तौ छवि पीवत जीवत हे, अब सोचन लोचन जात जरे।
हिय-पोष के तोष जु प्रान पले, बिलसाय सु यों दुख-दोष-भरे।
'घनआनन्द' प्यारे सुजान बिना सब ही सुख-साज-समाज टरे।
तब हार पहार से लागत हे, अब आनि कै बीच पहार परे।

(4)

कान्ह, परे बहुतायत में, अकिलैन की वेदन जानौ कहा तुम।
हौ मनमोहन, मोहे कहूँन, बिया बिमनैन की मानौ कहा तुम।
आरतिवंत पपीहन कों 'घनआनन्द' जू पहचानौ कहा तुम।

वृन्दावन में रहकर स्वाभाविक ही था कि ब्रजभूमि के प्रति इनके हृदय में प्रेम उमड़ता। ब्रज के सम्बन्ध में इन्होंने ब्रज-स्वरूप, ब्रज-व्यवहार, ब्रज-विलास, गोकुल-चरित्र, गोकुल-गीत और गोकुल विनोद आदि में हृदय खोलकर लिखा है। 'कृष्ण-कौमुदी' में कृष्ण की लीलाओं और 'यमुना-यश' में यमुना का माहात्म्य वर्णित है। 'प्रेम-पत्रिका' में कृष्ण के नाम पत्र लिखकर उन्हें ब्रजवासियों की ओर से अनेक प्रकार के उलाहने दिए गए हैं।'सरस

किन्तु बाबा जी की ये रचनाएँ अन्योक्ति-काव्य के अन्तर्गत आती है। अन्योक्ति में कहा तो किसी और के सम्बन्ध में जाता है पर वह घटित होता है किसी और पर। लोग सीधा उपदेश पसन्द नहीं करते। वे कटुसत्य को भी सहन नहीं कर पाते। अपने सम्बन्ध में आक्षेप भी उन्हें नहीं सुहाता। इसी से कवियों ने इस शैली का आविष्कार किया है। 'अन्योक्ति कल्पद्रुम' सुन्दर, सरस और प्रभावशाली अन्योक्तियों का अनुपम भंडार है। इसके सम्बन्ध में कवि का विशवास है कि यह बुद्धिमानों को अभिमत फल प्रदान करेगा। इसका आशय यह हुआ कि ये अन्योक्तियाँ गूढ़ अर्थ से युक्त है। इसी से इनका आशय ग्रहण करने के लिए थोड़ी बुद्धि की आवश्यकता है। ये रचनाएँ ऐसी नहीं हैं कि पढ़ते ही समझ में आ जायें। अर्थ उनके भीतर से झलकता अवश्य है पर पूरा मर्महृदयगम करने के लिए व्यक्ति को थोड़ा शिक्षित होना चाहिए। इसमें कोई, सन्देह नहीं कि इन अन्योक्तियों का अर्थ खोलने के लिए कुछ अलंकारों जैसे समोसोक्ति, अप्रस्तुत प्रशंसा, ब्याज स्तुति और श्लेष, साथ ही शब्दशक्तिअभिधा लक्षण व्यंजना- के गम्भीर ज्ञान की आवश्यकता है। इसी से इनमें चर्चा है शरद हेमन्त की आशय है सज्जन दुर्जन से, चर्चा है प्रभंजन और समुद्र की, आशय है कृतघ्न और सूम व्यक्ति से, वर्णन है आकाश दीप और कमल का, लक्ष्य है ज्ञानी लोग, इसी प्रकार प्रस्तुत विषय है चन्द्रमा, दृष्टि में घूमता है कहीं दोनों की रक्षा करने वाला व्यक्ति, कहीं खल की निंदा सहन करने वाला सुशील प्राणी, कहीं अरसिंक जीव, कहीं पराधीन मनुष्य। इस बात की पुष्टि में इस कवित्त पर ध्यान दीजिए जो लिखा तो गया है कमल को सम्बोधित करके, पर कांव चेतावनी देना चाहता है किसी अनुभवहीन साधक को-

सुनो अरविंद हे, मिलिंद बिन सजै नाहि,
केलि मल-कीटन की राबरे बितान में,
जानैं कहा मंद ये मुगंध मकरंद गुन,
गावें 'दीनद्याल' तब माधुरी जहान में,
तेऊ यह कला लखि, भला नहि कहै, अब
मूंदि लेउ मुख गिने जाहुगे मलान में,
हेरि हंस ओर, फेरि खोलिहौ भए तें भोर
कीजिए सुजान बात भली जो जहान में।

दीनदयाल गिरि की सबसे सुन्दर अन्योक्तियाँ वे हैं जहाँ इन्होंनं कबीर के समान विवाह का रूपक बाँधा है। इनमें एक ओर नारी-जाति को उपदेश दिया गया है, दूसरी ओर आत्मा की यात्रा की कहानी कही गयी हैं कोई किशोरी यौवन के मद में मत्त हो उठी है। उसे पता ही नहीं कि नैहर में वह सदैव नहीं रह सकती। एक दिन उसका विवाह होता है, और गौर की बेला आ उपस्थित होती है। पर युवती अल्हड़ है कि मिलन की कला तक नहीं जानती। वह महल में प्रवेश न कर, पौरी पर बैठी हर जाती है। स्वभावतः रंग-भवन

के कपाट बंद हो जाते हैं। कवि समझाता है कि यदि जीवन का आनन्द लेना है तो मान का परित्याग कर घूँघट का पट खोल दे और प्रियतम की ओर उन्मुख हो। मिलन-पथ में जो नारी नहीं बढ़ती, वह फिर पिछड़ जाती है। साध्वी स्त्री को पता होना चाहिए कि संसार में पर पति की दूतियां घूम रही हैं, जो उसे बहकाकर ऐसा आघात करेंगी कि वह कहीं की नहीं रहेगी। अतः जार के आकर्षण-जाल में न फँस कर उसे अपने पतिव्रत की रक्षा करनी चाहिए। स्पष्ट है कि इन छंदों में परकीया-भाव के स्थान पर सतीत्व भावना पर बल दिया गया है। अध्याय-भाव को पोषित करने वाली दो अन्योत्याँ लीजिए-

(1)

भूलै जीवन के न मद, अरी बाबरी बाम।
यह नैहर दिन चार को, अंत कंत सों काम।
अंत कंत सों काम, तंत सब ही तजि दैरी।
जातैं रीझें नारह, नेह नव तातें कै री।।
वरनै 'दीनदयाल' भूष भूषन अनुकूलै।
चलि पिय गेह सनेह, साजि लखि नेह न भूलै।।

(2)

औरी पिय सों सब पिया मिलीं महल में जाय।
तू बौरी पौर घरे बाहर ही पछिताय।।
बाहर हो पछताय रही अपनी करनी ते।
अली लगी अति देर, चली कौनी सरनी ते।।
बरनै 'दीनदयाल' चूक तेरी इहि ठौरी।
अब तो लगे कपाट, भई यह बेला औरी।।

'अन्योक्ति कल्पदुम' में कुल मिलाकर 272 छंद हैं। कृति चार शाखाओं में विभाजित है। इसमें दोहा, कवित्त और कुंडलिया छंद का प्रयोग हुआ है। यह ग्रन्थ संवत् 1912 में रविवार, बसंत-पंचमी को समाप्त हुआ।

2 1 9 1
कर छिति निधि ससि साल में,
माघ मास सित पच्छ।
तिथि बसंत जुत पंचमी
रवि बासर सुभ स्वच्छ।

●●

न्परी विशेष
ध्ययन